教育部人文社会科学研究青年基金项目资助
（项目批准号：10YJC770004）

宁波大学法学文丛

总主编◎郑孟状

从会审公廨到
特区法院

—— 上海公共租界法权变迁研究

陈 策/著

中国社会科学出版社

图书在版编目（CIP）数据

从会审公廨到特区法院：上海公共租界法权变迁研究／陈策著.
—北京：中国社会科学出版社，2015.12
　（宁波大学法学文丛）
　ISBN 978-7-5161-7168-4

　Ⅰ.①从…　Ⅱ.①陈…　Ⅲ.①租借地—地方法规—法制史—
研究—上海市—清后期～民国　Ⅳ.①D927.512

中国版本图书馆 CIP 数据核字（2015）第 283571 号

出　版　人	赵剑英
责任编辑	冯春凤
责任校对	张爱华
责任印制	张雪娇

出　　　版	中国社会科学出版社
社　　　址	北京鼓楼西大街甲 158 号
邮　　　编	100720
网　　　址	http：//www.csspw.cn
发 行 部	010 - 84083685
门 市 部	010 - 84029450
经　　　销	新华书店及其他书店

印　　　刷	北京君升印刷有限公司
装　　　订	廊坊市广阳区广增装订厂
版　　　次	2015 年 12 月第 1 版
印　　　次	2015 年 12 月第 1 次印刷

开　　　本	710×1000　1/16
印　　　张	14
插　　　页	2
字　　　数	228 千字
定　　　价	55.00 元

凡购买中国社会科学出版社图书，如有质量问题请与本社营销中心联系调换
电话：010 - 84083683

目　录

绪　论

一　研究动机

近代中国的条约体系以及外国在华领事裁判权制度，使得作为通商大埠的上海成了中外频繁接触交涉平台，华洋杂居的上海公共租界更是一个前沿场域。在这样的格局下，公共租界有其自身的立法、行政、司法系统，甚至有军队性质的万国商团。因此公共租界在长达百年的历史时期，除了领土主权仍归属中国外，基本上是一个相对独立的特殊区域。

从理论上说，中国的主权保持完整，但实际上，租界是外国人自行治理的地区。在租界内，除了授予外国人治外法权的权利和特权外，公共租界的当局实际上还对中国居民行使管辖权，中国居民占人口中的绝大多数，但是他们没有参加市政管理的权利。中国当局只有得到有关的外国领事同意，才能逮捕住在租界的中国人。在上海的公共租界，中国人之间的民事或刑事案件要在会审公廨上审理，这种公廨实际上（而不是根据条约权利）常常被外国的陪审官所左右。①

民国初年，顾维钧在《外人在华之地位》中针对公共租界复杂的司法制度时指出："上海法庭之倍增，洵可谓为世界任何大商埠最繁杂之司法制度者矣。"② 相比较其他权能，公共租界的司法权则显得更加复杂一些。我们知道租界的立法权由西人纳税会行使，行政权由工部局行使，万国商团为公共租界提供了军事上的保障。唯有在司法权上，尽管租界司法

---

① ［美］费正清编：《剑桥中华民国史》上卷，杨品泉等译，中国社会科学出版社 1998 年 7 月版，第 152 页。

② 顾维钧：《外人在华之地位》，宪兵书局 1936 年印行，第 114 页。

机关纷纭复杂，西人社会对于此项权能却难以全面企及。

涉及领事裁判权案件尚可依据条约由各国领事法庭进行审理。而在华洋杂居、华人占绝大多数的公共租界，更多的案件并非属于领事裁判权管辖范围，如外人为原告华人为被告的案件、涉及到无约国人或无国籍人的案件、纯粹华人之间的案件、以及大量的租界违警案件，这些案件相比较领事裁判权案件，数量和规模都要大得多。如何管辖和审理这些案件，是摆在公共租界治理者面前，也是中方当局必须应对的重大问题，解决这一重大问题首当其冲的则是相关司法平台的创制和经营。

在公共租界充当这一司法平台的正是会审公廨以及与会审公廨一脉相承的临时法院、特区法院。这三个相继为替的司法机关见证了公共租界近百年的沧桑，而且其自身就是这一段沧桑历史的产物并演绎于其中，从司法的角度诠释了中外权力的竞逐和变迁，引出了法权这一核心问题的产生、发展、演变以及趋于回归的轨迹。"法权"这一概念在历史上即有此提法，当为司法权限，对中国而言，法权涉及到国家司法主权，对西人社会而言，法权又是和租界的治权密切相关。具体到上海公共租界这三个法院，应包括组织人事权、司法行政权、司法管辖权、领事观审会审权等，公共租界的法权变迁问题也主要是围绕这些方面展开。

这一"法权"的竞逐和变迁对中国来说无疑是辛酸的历程，即便到了20 世纪二三十年代之交，这种国家法权受制于人的民族沧桑感在国人中的感受也还是非常强烈的。如民国学者邱培豪曾感叹："吾国人民，苦于领事裁判权久矣，然在国土以内之上海公共租界，尚有流毒甚于领事裁判权之领事观审及会审制度，大肆其活动。"[①]表示出对法权问题的不满和担忧。但另一方面，这一法权的竞逐和变迁客观上给中国带来一些值得肯定的事物，对中国近代的法律观念和法律制度起过一定的积极影响。这两方面的影响正如熊月之先生在评价上海租界时所说："它存时近一个世纪，对中国的政治、经济、教育、科学、文化等方面都产生过很大的影响。这种影响是复杂的，不是单一的，有消极的一面，也有积极的一面。"[②]

会审公廨、临时法院、特区法院就是在公共租界这一时代背景和地

---

① 邱培豪：《收回临时法院问题》，《社会科学杂志》第二卷第一期，1930 年 3 月。

② 熊月之：《论上海租界的双重影响》，《史林》1987 年第 3 期。

域背景下生成、发展和演变的，尽管外国领事的观审会审制度以及租界内的法权问题应予以批判，但不可否认的是，会审公廨的生成和运行在当时是客观必要的，在司法机关林立的公共租界设立这一属于中国的司法机构无疑具有积极的现实意义；其后因租界利益的驱使以及辛亥革命时局的变化，会审公廨渐呈权限扩张的趋势乃至发生了质的嬗变；然收回会审公廨的交涉亦由此拉开，沪案后经地方交涉，会审公廨为临时法院所取代；临时法院呈现的诸多问题说明它只能是个临时过渡性质的法院，必然要被特区法院所代替；而特区法院毕竟不能与界外普通法院相等同，因领事裁判权及租界问题的继续存在，其所谓"特"仍然是表征租界特色的司法机关。

那么，从会审公廨经临时法院到特区法院，法权变迁这一历程是否有其历史发展的规律？法权问题在不同时期呈现出不同的特点，表征这些特点的究系何种推动力量？在法权问题上，不仅是会审公廨，临时法院、特区法院也在不同程度上存在，司法机关的变化本身表征了法权的变化，这其中含蕴了中外双方的司法理念和力量博弈，法权问题的当事者又是如何应对其所面临的理和力、法和利益、法权和治权等之间关系？这些都是相互关联而值得引以为思的问题。

首先，在理和力的关系上：理为一种合理依据，表现为中外双方的章程协定，体现中外双方权力和权利的配置；力为一种保障措施，既表现为西人社会的力，也包含中方的力量源泉。这在租界是如何体现的？在理和力相脱节时又是怎样处理的？

其次，在法和利益的关系上：从法理而言，法是利益的保障，公共租界具备推行法治的因素和环境，其对法和利益是持何种态度？尤其是两者发生冲突时，租界当局又是如何取舍的？

最后，在法权和治权关系上：法权是治权的一种，中外双方对此的立场和着眼点不同。对中方而言，法权关系到国家主权，对外人而言，法权又是和租界的治权直接相关的。中方关注法权和外人追求租界的全面治权往往存在冲突，此时中外双方又是如何作出反应的？

以上这些问题也是构成法权变迁实质问题的几个方面，对这几个方面的问题试图作出回应，从而揭示法权变迁问题的实质所在，遂成为本书的研究动机。

二　相关学术研究状况

　　会审公廨、临时法院、特区法院自其产生以来备受关注，时人及后世学者围绕于此作过不少论述。从学术研究的角度则大致是从 20 世纪 20 年代开始，主要集中在两个阶段：从 20 世纪 20—40 年代是第一个研究阶段；从 20 世纪 80 年代至今是第二个研究阶段。这两个时期因时代的不同，学者研究所关注的侧重点也有所不同。第一阶段研究的兴起是基于法权问题的存在及收回的考虑，具有对策研究的特点；第二阶段的兴起则是学者们从回顾和审视历史的角度，对本项研究作进一步的向前推进。又由于该问题涉及中外两个方面，不仅国内研究者给予较多的关注，国外的学者对此也表示较高的兴趣。

（一）第一阶段的研究状况

　　20 世纪 20—40 年代是会审公廨、临时法院、特区法院问题研究的第一阶段，也形成了一个研究高潮。高潮的出现在当时是有现实原因的，这与会审公廨到临时法院和特区法院自身的变迁进程密切相关。辛亥革命后，会审公廨落入领事团之手，收回公廨成为民国初年政府外交的一项重要内容；五卅运动中，收回会审公廨列为其中的交涉条件，会审公廨收回后成立的临时法院代之成为关注的对象；1930 年特区法院又在改组临时法院的基础上成立。关于这期间租界法权问题的历史和现状，以及解决的对策和收回的途径，都引起当时许多学者积极地关注和思考，出现了较多的研究成果，其中不乏有一定学术价值的。这些研究成果既有在期刊杂志上发表的论文，又有相关的专著。

　　发表的期刊论文大多着眼于史实的探讨，或者交涉过程的梳理，属本项研究的基础性工作。许多文章出自当时比较著名的学者之手，现在看来仍有一定深度，也颇具史料价值。其中较有代表性的是席涤尘的《收回会审公廨交涉》、邱培豪的《收回临时法院问题》以及钱泰的《上海特区法院成立之回顾》。这三篇文章都比较系统地阐述了相关问题，在同类论文中属于上乘之作。其中席文主要围绕 1926 年会审公廨的收回展开较为详尽地考察，并对会审公廨收回后的状况作了比较全面的介绍；邱文主要为应对当时临时法院的收回而作，对临时法院存在的问题也作出了比较中肯的分析；钱文则是在特区法院成立后所写，颇有纪念而作的味道，在行文上从会审公廨开始写起，经临时法院再到特区法院的建立，具有小史的风格，对于这三个法院相关的章程协定也都辑录在文中。现将这一时期发表的主要论文按时间顺序排列如下：

丁榕：《上海公共租界之治外法权及会审公廨》，《东方杂志》第十二卷，第四号，1915 年 4 月。

陈霆锐：《收回会审公廨问题》，《东方杂志》第二十二卷，第十四号，1925 年 7 月。

燕树棠：《解决上海会审公廨问题之捷径》，《现代评论》第 2 卷第 36 期，1925 年 8 月。

曾友豪：《法权委员会与收回治外法权问题》，《东方杂志》第二十三卷，第七号，1926 年 4 月。

甘豫立：《上海会审公廨之研究》，《太平导报》第 1 卷第 20—21 期，1926 年 5 月。

梁龙：《租借地内法权收回问题》，《东方杂志》第二十三卷，第十号，1926 年 5 月。

周鲠生：《沪公廨案的交涉》，《上海总商会月报》第 6 卷第 6 期，1926 年 6 月。

燕树棠：《评〈收回沪廨协定〉》，《现代评论》第 4 卷第 85 期，1926 年 7 月。

戴成祥：《评收回上海会审公廨章程》，《法律评论》第 185 期，1927 年 1 月。

陆鼎揆：《上海临时法院》，《法律评论》第 192 期，1927 年 3 月。

梁敬錞：《所谓上海临时法院者》，《法律评论》第 7 卷第 7—8 期，1929 年 11 月。

刘师舜：《上海会审公廨》，《中外评论》第 14 期，1929 年 12 月。

邱培豪：《收回临时法院问题》，《社会科学杂志》第 2 卷第 1 期，1930 年 3 月。

梁敬錞：《上海租界法院改组会议小史》，《时事月报》第 2 卷第 3 期，1930 年 3 月。

陆鼎揆：《上海租界法院协定》，《法学季刊》第 4 卷第 4 期，1930 年 4 月。

钱泰：《上海特区法院成立之回顾》，《中华法学杂志》第 1 卷第 3 期，1930 年 11 月。

郭子均：《领事裁判权制度下之在华外国法院》，《东方杂志》第二十八卷，第十五号，1931 年 8 月。

徐公肃：《上海公共租界内特区法院之协定修改问题》，《外交评论》第 1 卷第 3 期，1932 年 8 月。

席涤尘：《收回会审公廨交涉》，《上海通志馆期刊》第 1 卷第 3 期，1933 年 12 月。

民国时期相关的专著对于会审公廨、临时法院、特区法院问题研究则限于在论述租界问题、领事裁判权问题以及条约问题时加以带及。其中论述租界问题的主要有徐公肃、丘瑾章合著的《上海公共租界制度》，蒯世勋的《上海公共租界史稿》，夏晋麟的《上海租界问题》以及阮笃成的《租界制度与上海公共租界》；论述领事裁判权问题带及的主要有吴颂皋的《治外法权》，梁敬錞的《在华领事裁判权论》，孙晓楼、赵颐年的《领事裁判权问题》；论述不平等条约问题时带及的主要有周鲠生的《不平等条约十讲》、刘彦的《被侵害之中国》、叶祖灏的《废除不平等条约》以及张廷灏的《不平等条约的研究》。上述著作中又以徐公肃、丘瑾章合著的《上海公共租界制度》、蒯世勋的《上海公共租界史稿》以及吴颂皋的《治外法权》所作的关注较为全面系统些。

可见，在第一阶段的研究中，会审公廨、临时法院、特区法院问题受到了民国时期许多著名学者的关注，体现了一定的研究水平。但遗憾的是，专题论述仅仅局限在论文形式，缺少展开该问题的专著问世。因此值得一提的是伍澄宇在 1928 年 6 月出版的《收回沪廨章程详论及其关系法规》一书。该书由两部分组成，前一部分是关于《收回上海会审公廨暂行章程》的评论，作者对照章程的每一条款进行叙论，从章程内容的角度评价临时法院的优劣得失，可惜的是分析完章程后没有进一步深入展开论述；后一部分则是关于收回会审公廨的章程、中外双方的换文、临时法院的相关法律文本等关系法规的汇编。该书是当时专门论述临时法院不可多得的著作，具有一定的学术价值和史料价值，上海档案馆有此藏本。

第一阶段研究中应加以特别提及的是俄国人郭泰纳夫（A. M. Kote-
nov）关于会审公廨的研究。郭泰纳夫 1921 年来华，就职于一家英文月
刊，1922 年进入工部局警务处任巡捕，被派至会审公廨任俄语译员，后
升至巡长。1925 年、1927 年出版了他的两部著作即《上海会审公廨与工
部局》与《上海工部局与华人》，1930 年调入总办处，协助费唐法官工
作，1931 年负责管理工部局档案，成为工部局第一专职档案管理员。①
《上海会审公廨与工部局》（*Shanghai: Its Mixed Court and Council*）一书是
当时关于会审公廨影响比较大的著作，该书论述了 1864—1924 年会审公
廨的发展历史，认为会审公廨的演变是当时复杂的局势发展演变的结果。
由于作者多年在会审公廨和工部局工作，耳闻目睹很多当时之事，并掌握
了大量的第一手档案资料，使得本书具备较高的研究价值和参考价值。费
唐法官为此还通过工部局总董费信惇（S. Fessenden）向郭泰纳夫表示致
谢，主要是该书为其撰写《费唐法官研究上海公共租界情形报告书》提
供了必不可少的资料来源。但美中不足的是，郭泰纳夫在该书中只写到
1924 年就收笔了，因此对会审公廨后的临时法院和特区法院的研究都付
诸阙如。

（二）　第二阶段的研究状况

第二阶段的研究集中在 20 世纪 80 年代以后，学者们围绕上海公共租
界司法权相关问题的研究摆脱历史的局限，眼界更加开阔，因此在广度上
和深度上都作过不少探讨。

其中围绕会审公廨展开论述较有代表性的论文有马长林先生的《晚
清涉外法权的一个怪物——上海公共租界会审公廨剖析》，以及张铨先生
的《上海公共租界会审公廨论要》和《上海公共租界会审公廨论要
（续）》。马文认为：会审公廨作为上海公共租界内一个特殊的司法机构，
为特定的历史条件所产生，通过它，集中反映了随不平等条约而来的治外
法权不断强化的过程；它又是传播比封建法制更先进的资本主义法制的场
所，通过它引进了西方先进法制的某些制度和观念，并渗透到近代中国的

---

① 参见史梅定主编《上海租界志》附录"人物"，上海社会科学院出版社 2001 年版，第
623—624 页。

社会生活中去。① 张文则从会审公廨的建立及早期的性质、会审公廨的演变、会审公廨的审判活动等几个方面着眼，认为会审公廨是上海租界派生的产物，是了解上海租界制度的一个重要窗口。② 这几篇论文都代表了当时关于会审公廨的研究水平。此外关于会审公廨收回问题较有代表性的论文有云海、黎霞的《1926 年上海公共租界会审公廨收回交涉背景及其经过》以及徐小松的《会审公廨的收回及其历史意义》，这两篇论文主要从交涉的角度探讨会审公廨的收回过程，并对其收回的意义作出评述。③

围绕临时法院展开论述的有吴健熙先生的《上海公共租界临时法院改组问题初探》，以及姜屏藩先生的《上海租界时代的临时法院论述》。吴文论述了从会审公廨到临时法院的成立、改组临时法院的交涉过程，并对新协定作出评价，认为新协定不可能从根本上改变中国法院被外人把持的局面，但新协定带来的一些改良，使帝国主义在司法方面的势力也遭到了一定程度的削弱。姜文主要着眼于临时法院本身进行论述，在许多方面作出意见中肯的结论，对全面认识临时法院的真实面貌不无裨益。④

至于围绕特区法院展开论述的专题论文，笔者在学术史的梳理中似难发现。与之相关比较密切的还是吴健熙先生的《上海公共租界临时法院改组问题初探》，该文对新协定的评价实际上也勾勒出了特区法院的概况。可见，20 世纪 80 年代后关于特区法院的论文在目前看起来还是比较少见的。

近年来发表的有关租界法权的有代表性的论文基本上也是围绕会审公廨的相关问题展开论述。主要有：胡震的《清末民初上海公共租界会审公廨法权之变迁（1911—1912）》，胡文着眼于会审公廨在清末民初的变化来认识中国法制近代化的艰辛历程；彭晓亮的《关絅之与上海会审公廨》，彭文从考察关絅之前后担任会审公廨十余年主审官出发，评价关絅

---

① 马长林：《晚清涉外法权的一个怪物——上海会审公廨剖析》，《档案与历史》1988 年第 4 期。

② 张铨：《上海公共租界会审公廨论要》，《史林》1989 年第 4 期；《上海公共租界会审公廨论要（续）》，《史林》1990 年第 1 期。

③ 云海、黎霞：《1926 年上海公共租界会审公廨收回交涉背景及其经过》，《档案与历史》1988 年第 4 期；徐小松：《会审公廨的收回及其历史意义》，《民国档案》1990 年第 4 期。

④ 吴健熙：《上海公共租界临时法院改组问题初探》，《史林》1987 年第 3 期；姜屏藩：《上海租界时代的临时法院论述》，《上海社会科学院学术季刊》1987 年第 3 期。

之在公廨历史上的地位，认为其是上海商民的保护神；以及谷小水的《1926 年上海公共租界会审公廨收回交涉述评》，谷文则着眼 1926 年的会审公廨收回过程及结果作出评述，认为会审公廨的交涉终于一改以往屡起屡仆的僵局，迈出了利权收回的艰难一步。①

在专著方面，第二阶段的研究情况和第一阶段有点类似，即往往从书写租界史和条约史时予以带及，少有专门关于租界法权的著作问世。但值得肯定的是，尽管受篇幅的限制，这些散见于租界史和条约史中关于租界法权的论述是较有见地的。

20 世纪 80 年代后出版的相关著作如费成康先生的《中国租界史》等对上海会审公廨到特区法院都作过一定的考察和论述，对于公共租界内中国审判机关的这一段历史变迁都作出较为简要的介绍。罗苏文在《上海传奇——文明嬗变的侧影（1553—1949）》中对会审公廨体现租界内中外司法文化的碰撞进行了一些分析，指出了会审公廨法与权的冲突问题。王立民先生在《上海法制史》中有关于公共租界审判机关的内容，涉及公共租界较多的司法问题，不仅对会审公廨，而且对临时法院和特区法院都有一定的阐述。此外，论及上海公共租界法权交涉较有代表性的著作还有：王建朗先生的《中国废除不平等条约的历程》、石源华先生的《中华民国外交史》以及李育民先生的《中国废约史》等。

第二阶段研究中值得一提的是分别来自国外和中国台湾的两部专题性著作。这就是 20 世纪 90 年代初澳大利亚学者史蒂芬斯（Tomas B. Stephens）撰写的《中国的秩序与纪律——上海公共会审公廨（1911—1927）》（Order and Discipline in China——The Shanghai Mixed Court 1911—1927），以及中国台湾学者杨湘钧在大陆新近出版的《帝国之鞭与寡头之链——上海会审公廨权力关系变迁研究》。这两部著作在该领域的研究在学界较受肯定，因此颇具代表性。分别介绍如下：

《中国的秩序与纪律——上海公共会审公廨（1911—1927）》（Order and Discipline in China——The Shanghai Mixed Court（1911—1927））是由

---

① 参见胡震《清末民初上海公共租界会审公廨法权之变迁（1911—1912）》，《史学月刊》2006 年第 4 期；彭晓亮：《关絅之与上海会审公廨》，《史林》2006 年第 4 期；谷小水：《1926 年上海公共租界会审公廨收回交涉述评》，《历史档案》2007 年第 2 期。

澳大利亚学者史蒂芬斯在 20 世纪 90 年代初撰写而成，该书以会审公廨为媒介，认为西方解决纠纷用的是法律体系，中国则是秩序与纪律体系，在这个预先设定的理论框架下，认为会审公廨属于秩序与纪律体系。① 书中对会审公廨很多地方也作了比较中肯的评价，但缺乏制度、程序层面的论述，而且未能引用许多中文期刊史料，因此未能深入论及传统帝国对会审公廨的影响。② 尽管如此，本书不失为迄今为止研究会审公廨的一部力作，堪称国外学者研究会审公廨的代表。

《帝国之鞭与寡头之链——上海会审公廨权力关系变迁研究》为台湾学者杨湘钧所著，收入北京大学出版社的法史论丛系列。杨湘钧的这一专著从地理、人文、法律文化等层面探究会审公廨的生成背景及其与上海租界迈向现代化都市过程中的互动关系，并以会审公廨为载体，观察华洋政体权力之间的关系。其视角具有一定的新颖性，是多视角审视会审公廨比较成功的尝试。书中认为会审公廨是中西两种不同法律文化交战与融合的场域，而强调了法律文化差异造成了中西之间的冲突。

除以上两部已出版的专题著作外，近年来会审公廨问题的研究也成为博士论文的选题对象。如 2005 年华东政法学院法律史专业博士生洪佳期的《上海公共租界会审公廨研究》，该论文应属大陆 80 年代以来首次比较系统地从法律史角度来研究会审公廨，其对会审公廨的成立、运作、审判等进行分析，并思考西方法律与中国传统法律的融合和冲突。此后上海社会科学院历史研究所博士生王敏进行会审公廨与《苏报》案研究，系统利用了《字林西报》刊登的会审公廨审理《苏报》案的审讯记录，应属会审公廨问题个案考察的专题研究。

综合以上两个阶段的研究状况，总的来说，问题的研究已经取得了较大的进展，但仍不够深入，系统性的研究更需加强。从发表的论文来看，第一阶段对会审公廨、临时法院、特区法院的研究均有一定的论文问世；

---

① Stephens. Thomas B. , *Order and Discipline in China：the Shanghai Mixed Court* 1911—1927. Seattle：University of Washington Press. 1992, p. 121.

② 关于该书的评述，可参阅杨湘钧：《述评：汤玛士·史蒂芬斯〈上海公共租界会审公廨〉》，《法制史研究》第二期，中国法制史学会会刊 2002 年，第 323—340 页；王志强：《非西方法制传统的论释——评史蒂芬斯的〈上海公共租界会审公廨〉》，《北大法律评论》第 2 卷第 1 期，法律出版社 2000 年版，第 317—322 页。

而第二阶段所发表的论文则是以会审公廨研究的较多，对于临时法院和特区法院则较少论及。在专题著述上，两个阶段还都有所欠缺，目前问世的关于会审公廨问题的代表作仅为国外和台湾学者郭泰纳夫、史蒂芬斯、杨湘钧三人的著作，中国大陆学者方面在期刊杂志上发表了一些论文，但迄今为止仍未推出一部有影响的专题性著作。至于将和会审公廨一脉相承的临时法院和特区法院包括在内的系统性研究，除 1928 年伍澄宇编著的《收回沪廨章程详论及其关系法规》外，以专题著作面世的目前尚留许多空白。

而且，通过对学术史的梳理还发现：会审公廨、临时法院、特区法院作为公共租界的司法机关，几十年以来发挥着不可替代的司法功能。这三个前后相继的司法机关审理了公共租界难计其数的司法案件，其中不乏和其自身密切相关的法权关系案件。这些案例本身即可见证和诠释其所承审的司法机关变迁的发展轨迹、存在的问题及其本质内容。但在以往的研究中，很少通过案例评析的角度来加以论述。因此，具体结合法权关系司法案例的分析来进行研究，这也是笔者试图努力的方向。

三　写作思路与论文框架

综观前人的研究成果，可以发现：一方面，相关的研究无论是学术论文还是专题著作基本上都是围绕上海会审公廨进行研究，很少论及会审公廨的继受者上海临时法院和特区法院；另一方面，研究者虽提到法权变迁这一问题，往往篇幅所限，没有展开深入的论述，而且容易忽视案例分析对于法权问题研究的作用。鉴于学术界研究的这一状况，本书在前人所作的研究基础上，拟从会审公廨的生成出发，经临时法院，及至特区法院的设立，对上海公共租界法权变迁作出考察和分析。在研究视角的选择上，一是对公共租界法权问题的产生、发展、演变、回归展开论述；二是通过评析典型的司法案例来论证租界法权的实际运作。因此，本书试以法权问题的展开和交涉为线，以典型的案例评析作为线上的点，通过各个不同时期点与线的结合，来达到论述法权变迁这一"面"的目的。研究的时间跨度上以会审公廨的产生为起点，以特区法院的设立为结点，涉及特区法院的具体案例分析则作适当地延展。

根据以上的思路，本书以辛亥革命前的会审公廨、辛亥革命后的会审公廨、沪案前后的会审公廨、临时法院、特区法院作为章节划分的界点。在篇章结构上除绪论和结语外，共分为五章，分别作如下安排：

绪论：阐述研究动机、相关学术研究状况、写作思路和论文框架、研究方法和研究文献等。

第一章　上海会审公廨的生成和扩张

第一节论述上海会审公廨产生的背景，阐释这一机构生成的时代背景和地域背景，及其应运而生的客观必要性；第二节对《洋泾浜设官会审章程》进行解读，主要从章程的文本内容出发，分析会审公廨的组织人事、管辖范围、审判权限及程序等，并对章程作出评价；第三节是章程的修改及会审公廨权限的扩张，论述历次章程的修改过程及结果，以及会审公廨在实际运行中的权限扩张；第四节分析会审公廨法权丧失的原因及国人的反应，论述清末国人对会审公廨丧失法权的认识以及所作的反应；第五节是法权关系典型案例评析，主要就曹锡荣案、苏报案和大闹会审公廨案反映的会审公廨法权问题进行分析。

第二章　辛亥革命后会审公廨法权的嬗变及交涉

第一节论述辛亥革命后会审公廨法权的嬗变，指出会审公廨为租界当局掌控的进程及呈现的格局，并分析这一嬗变的影响；第二节是关于民国初年收回会审公廨的交涉，主要着眼于民国政府成立后一直到华盛顿会议期间中外双方关于公廨法权的交涉，对历次交涉予以适当的评述；第三节是法权关系典型案例评析，主要就革命党人引渡案件、熊希龄被拘提案、德侨管辖权案等进行分析，揭示辛亥革命后会审公廨被租界当局接管后的实际运行状态。

第三章　沪案前后会审公廨的法权交涉及问题

第一节对沪案发生的前一年会审公廨法权交涉进行梳理，主要围绕1924 年会审公廨在外交部和驻京公使团之间的交涉进行分析，并对该年所提交讨论的草案进行述评；第二节为沪案后收回会审公廨的交涉，分析五卅运动与收回会审公廨的互动关系，认为沪案为长期以来酿成悬案的会审公廨问题的解决带来了契机；第三节主要阐释国际司法调查团关于会审公廨问题的调查，对调查团在沪案问题调查中涉及会审公廨的问题进行述评；第四节是法权关系典型案例评析，主要就五卅时期会审公廨审理学生案和王云五、郭梅生受审案进行分析。

第四章　上海临时法院及其法权问题

第一节论述会审公廨移沪就地交涉，会审公廨在京交涉无果的情况下，由江苏地方当局与上海领事团就地商议，双方签订《收回上海会审公廨暂行章程》，临时法院成立；第二节围绕临时法院存在的法权问题而展开，通过对暂行章程文本内容的解读，分析临时法院的组织机制、管辖范围、审判程序以及适用的法律等，从而揭示临时法院存在的法权问题；第三节是法权关系典型案例评析，主要就临时法院在司法实践中出现的法权问题相关案例作出分析，并对临时法院时期在社会上产生很大影响的临时法院院长卢兴原免职案进行述评。

第五章　上海特区法院及其法权问题

第一节论述改组临时法院的中外交涉，重点评述中外双方关于四个方面重要问题的谈判：即领事观审会审问题、书记官长和法警问题、检察官和承发吏设置问题以及监狱管理权问题；第二节阐发特区法院收回法权的积极成就，通过对《关于上海公共租界内中国法院之协定》的解读，从协定内容分析特区法院在九大方面收回法权的成功之处；第三节分析特区法院存在的法权问题，分别从土地章程和中国法律的适用问题、工部局法律部的设立问题、检察官职权的受限问题、司法警察的推荐和法警权问题、人犯移提和监狱管理权问题以及外国律师出庭等问题来进行论述；第四节是法权关系典型案例评析，通过特区法院移提案件、牛兰案以及中山秀雄案等司法案例的分析，阐释中外双方在特区法院表现出来的法权关系，揭示法权关系下的利益原则。

结语：对从会审公廨到特区法院的法权变迁作出总结。对法权变迁客观上给中国法制近代化带来的潜移默化和深远影响给予一定的肯定，转而指出中外在这一系列的司法平台上是冲突远大于融合，其根源是基于法权问题的现实利益考虑。进而阐释法权这一核心问题的产生、发展、演变以及趋于回归的变迁轨迹，探讨这一变迁轨迹是否有其历史发展的规律；法权问题在不同时期呈现出不同的特点，指出表征这些特点的究系何种推动力量；思考法权问题的当事者又是如何应对其所面临的理和力、法和利益、法权和治权等之间关系。对这些问题分别作出回应，从而揭示法权变迁问题的实质。

四 关于研究方法与文献

在研究方法上，本书拟以法权问题的展开和交涉为线，以典型的案例评析作为线上的点，通过各个不同时期点线的结合，来达到论述法权变迁这一"面"的目的。因此，在法权问题的展开和交涉上，根据史料结合思考，主要通过史论结合的方法来论述这一问题的产生、发展、演变和趋于回归；在典型案例的评析上，则主要借鉴法学的研究方法，结合具体案例从法理分析的角度评析法权问题在司法实践层面的运行。

在研究文献上，档案资料方面：原藏上海档案馆的关于会审公廨大量文献因新中国成立初期被当作废纸处理，给该领域的研究带来了不可估量的损失和缺憾。所幸该馆仍保留有一定数量的关于会审公廨的研究文献，临时法院有近 300 卷档案留下来，特区档案除了案件审理档案，也有不少行政档案，都是本项研究的重要文献，弥足珍贵。此外相关档案文献经过编辑出版的有上海档案馆编的《工部局董事会会议录》（*The Minutes of Shanghai Municipal Council*）和《五卅运动》（共三辑）、中国第二历史档案馆编的《五卅运动与省港罢工》和《中华民国史档案资料汇编》等。史料汇编方面：除上述档案资料汇编外，还有史梅定主编的《上海租界志》、王铁崖编的《中外旧约章汇编》、上海社会科学院历史研究所编的《五卅运动史料》以及刊于《东方杂志》的《会审公堂记录摘要》和《法权会议报告书》等。报刊资料方面：这些资料多见于《申报》、《东方杂志》、《民国日报》、《国闻周报》、《现代评论》、《法律评论》、《中华法学杂志》等，当时英文报纸如《字林西报》（*North China Daily News*）、《北华捷报》（*North China Herald*）等刊载的相关内容也都具有较高的史料价值。在论著方面：学术史上如伍澄宇、郭泰纳夫、史蒂芬斯、杨湘钧等人的专著为本书的写作拓宽了视野，提供了一定的借鉴和参考。期刊专论方面：相关问题的期刊论文，尤其是民国时期的许多学者的论文多为应时而作，为本书的研究也带来不少启发。

第一章　上海会审公廨的生成和扩张

上海会审公廨生成于19世纪60年代末期的上海公共租界，是特定时代背景和地域背景下的交涉产物，系中国设在租界的混合法庭，其英文名为"Shanghai International Mixed Court"。① 一方面会审公廨的设立迎合了中外双方解决公共租界内领事裁判权案外的华洋诉讼案件的客观需要，有其积极的意义；然而在另一方面，《洋泾浜设官会审章程》条款本身的妥协性，以及实际运作中外人不断的扩权需求，使会审公廨自其产生就存在一定的法权问题。中外双方也因此展开了法权问题的博弈，这些不仅仅体现在关于会审公廨的章程协定的制定修改中，在会审公廨承审的具体案件中亦有明显的体现。而须注意的是：在辛亥革命前，尽管会审公廨的法权状况存在诸多的问题，而在其性质上，仍不失为中国政府派驻租界的具有衙门特点的司法机关。

第一节　上海会审公廨的生成

近代中国不平等条约体系下的上海公共租界具有很强的独立性和高度的自治性。在公共租界的诸项治权中，行政权为工部局所有，立法权为西人纳税会所有，警察权乃至作为租界军事力量的万国商团也都为西人社会所掌控。在各项机构之上，还有由各国驻沪领事组成的领事团，"领事团

---

① 会审公廨是近代中国出现在租界的特殊司法机构，既非纯粹的中国法庭，亦非纯粹的外国法庭，而是掺和中外因素的混合法庭。其名称在各地租界提法不一，如在厦门称鼓浪屿会审公堂、汉口称汉口洋务公所，上海有法租界会审公廨和公共租界会审公廨。这些会审公廨中，当数上海公共租界会审公廨最为典型，影响也最大，本书所探讨的会审公廨专指上海公共租界会审公廨。

总的照顾和监察租界内外侨的福利，当然尤其是他们的商业利益，领事团又为和中国官厅交涉和与各有约国本国政府联系的机关。"① 因此，唯有在和上述各项关系均比较相关的司法权问题上，尽管领事裁判权制度下租界的领事法庭林立，中国在租界的法权还没至于完全被外人所攫取，"外人在华居留地内的司法有着特殊的法律上的困难，因为在这些居留地内有许多中国人居住，而他们并不受各有约国法庭的管辖。"② 在临时法院和特区法院之前的很长一段时间内，能够对这些居留地内中国居民行使这种管辖权的正是中国政府设在公共租界的会审公廨。

会审公廨的产生和上海公共租界的形成与发展密不可分。租界的形成源于中外双方对于华洋分居达成的共识，华洋分居使得华洋各自管理自己的属民，华洋交涉案件甚少，无需专门在租界内成立会审机构。但小刀会起义打破了这一格局，华洋分居变成了华洋杂居，其结果是华洋案件日多，而且租界华人的违警案也迫切需要相应的机构予以审理。正是在这样特殊的时代背景和地域背景下，中外基于管理方便的需要，上海会审公廨应运而生。

鸦片战争后，上海开埠被提上议程：1842 年《中英南京条约》规定，上海为五口通商口岸之一；1843 年《虎门条约》进一步规定，由中国地方官和英国领事会一同商定在通商口岸租地建屋的区域；11 月 8 日，英国首任驻沪领事巴富尔（Balfour）来上海筹设领事馆；11 月 17 日，上海正式开埠。上海开埠后，紧接着中外双方创制了对公共租界影响深远、甚至可以称之为公共租界根本大法的《土地章程》。1845 年 11 月 29 日，上海道台③宫慕久与英国领事巴富尔在商妥《土地章程》的各项条款后，由宫慕久发布告示宣布该章程的生效。该告示在开头之处称：

① ［美］威罗贝著：《外人在华特权和利益》，王绍坊译，生活·读书·新知三联书店 1957 年版，第 320 页。

② 同上书，第 327 页。

③ 上海道台或称上海道，是一个通俗的称法，其正式的官名全称是：钦命监督江南海关分巡苏松太兵备道。由于名称太长致称呼不便，遂有"苏松太道""江海道""海关道""沪道""苏松道""兵备道"等称呼，当时及后人提及该官时更多的是用"上海道"或"上海道台"来称呼。参见蒋慎吾《上海道台考略》，上海通社编：《上海研究资料续集》，上海书店 1984 年 12 月版，第 61 页。

　　钦命监督江南海关分巡苏松太兵备道官为晓谕事：前于大清道光二十二年（1842 年）奉到上谕，内开"英人请求于广州、福州、厦门、宁波、上海等五处港口，许其通商贸易，并准各国商民人等挈眷居住事，准如所请；但租地架造，须由地方官宪与领事官，体察地方民情，审慎议定。以期永久相安"等因，奉此，兹体察民情，斟酌上海地方情形，划定洋泾浜以北、李家庄以南之地，准租与英国商人，为建筑房舍及居住之用，所有协议订立之章程，兹公布如下，其各遵照毋违。①

　　《土地章程》明确规定了租界范围，以及租界相关的权利义务，为租界的产生发展提供了客观的依据，标志上海租界的开辟。起初，租界仅为英人所有，1844 年《中美望厦条约》签订后，美国来华商人初期亦居住在英国租界内，直到 1848 年迁往虹口一带，开始有自己的租界，1863 年英美租界合并为公共租界，之后，各国来华侨民及领事馆相继进入公共租界。上海公共租界的英文名为"Shanghai International Settlement"，从其名称上看可知此系居留地性质，为西人社会共用的居住区。美国学者威罗贝（Willoughby）指出："上海的公共租界一般认为是外人居住区中可以恰当地称为居留地的典型。"② 而公共租界的实际主导权在英美两国，尤其是英国，这在后来公共租界发生事涉会审公廨、临时法院、特区法院等都能得到有力地证明，其影响租界法权变迁也较为直接和深刻。

　　租界开辟初期，根据《土地章程》规定，界内土地，华人之间不得租让，亦不得架造房舍租与华商，英国商人不得建筑房舍租与华人或供华人之用，这就限制华人入住租界之内。而且当时的华人尤其是士绅阶层，多视租界为"膻腥异域"，以入住租界为"深耻神明"。这样的情况下，华人在租界是为数不多的，租界基本是"洋人的世界"。而在租界设立之初外侨入住租界的数目也是不大的，根据《上海租界志》记载：1845 年底，英租界内仅有外国侨民 50 人，两年后增加到 134 人；1848 年为 159

---

① 引自蒯世勋《上海公共租界史稿》，上海人民出版社 1980 年版，第 308 页。

② ［美］威罗贝著：《外人在华特权和利益》，王绍坊译，生活·读书·新知三联书店 1957 年版，第 307 页。

人；1849 年为 175 人；1850 年为 210 人。① 因此在租界设立的前面几年内，界内的司法状况并不显得有多复杂。中外双方各自管理其属民，有领事裁判权国外人被告案件由其领事进行审理，租界内华人案件依然受界外中国衙门管理，以华人为被告的华洋诉讼案件则在上海县衙进行。因此在这样的情形下，并不存在于租界内设立会审公廨的客观需要。

然而，1853 年小刀会起义后，租界居民的构成发生了很大的变化。因租界当局声明中立，这样租界就成了安全避难所，前来避乱的华人数量激增。到 1854 年，华人居民从一年前的 500 人增加到 20000 多人。② 面对大量难民的涌入，租界当局虽然很不情愿，但也无可奈何。而各国侨商对此则兴奋不已，华人的激增为他们提供了广阔的市场和商机。因此在1853 年后，租界原先的华洋分居局面被打破，很快形成了华人占绝大多数的华洋杂居局面。

随着外人和华人的频繁接触，中外纠纷日益增多，华人中违反租界规定的治安案件也时有发生。当时在这些案件的审理上，由于小刀会起义带来的混乱局面，界外中国衙门几乎处于瘫痪状态，然而客观上又需要司法机构来解决这些纠纷。在这样的情形下，英国领事乘机接收了本不属其管辖的案件，开始组织法庭审理华人及无领事裁判权国人的违警案件。在租界违法的华人，通常是先将其解送至英国领事馆由领事法庭进行预审，对于拘役、苦工等刑罚直接作出判处，犯罪情节严重的则移交清政府地方处理，其中 1855 年英国领事审理的华人违警案件就有 500 多起。1856 年小刀会事件过后，清政府上海地方政权恢复，租界内由工部局逮捕的华人本应由界外中国衙门管辖，但租界当局仍采取惯行的做法：即先将案件经领事法庭预审，查有确切的犯罪证据后，才解往中国官厅发落，华人的犯罪情况，书成公牍，随同罪犯一起送往地方政府。③ 这种做法与后来乃至临时法院和特区法院时期对移提案件的处理必先经过租界的预审程序有着一定的渊源关系，由此略见外人对于界内案件移提界外的思维及态度。

这种处理租界内华人犯罪的办法实际上是侵犯了中方对租界华人的司

① 史梅定主编：《上海租界志》，上海社会科学院出版社 2001 年版，第 4 页。
② 蒯世勋：《上海公共租界史稿》，上海人民出版社 1980 年版，第 347 页。
③ 《上海租界问题：公共租界会审公堂一八六四年至一九一一年》，上海档案馆藏，档号：Y7-1-4-39。

法管辖权，"理论上，中国居民属于清朝政府管辖，但若干年后，清朝当局也失去了对居住在租界内的中国居民的司法管辖权。"① 尽管如此，因中方当时对司法权问题没有足够的重视，小刀会事件中形成的这种有损中国法权的做法一直延续到 1864 年。而在 1864 年要求改变这一现状的提议并非出自中方的维权考虑，而是外国领事为管辖方便起见，要求在租界内设立专门的司法机构来处理该类案件。

1864 年 2 月，驻沪领事团提议组织违警法庭审理租界内华人违警案件，但该提议遭到英国领事巴夏礼（Henry Parkes）的反对而未获通过。巴夏礼的理由是这种做法对于中国法权的侵夺过于直露，定然得不到中国当局的同意。巴夏礼自己倒提出了更隐蔽而不失为高明的办法：即在租界内设一由中国官员主持的审判机关，专门处理租界内发生的华人违法案件，凡案件涉及外人时，外国领事可参加会审。巴夏礼这项提议和中外条约的有关规定不直接发生冲突，这是其隐蔽之处；其高明之处在于该提议使得外国领事参与审判的案件不仅仅以违警罪为限，租界内除领事裁判权管辖外的一切案件都可参加。因此这个提议既达到了租界当局管辖案件的目的，在操作上又具一定的现实可行性。

巴夏礼的这一提议正如其所预料，并没有招致中国当局的反对，反而是得到了积极的回应。3 个月后即 1864 年 5 月，上海道台应宝时委派一名同知来到英国领事馆，和英方共同组成一个混合法庭，专门审理租界内华人为被告的民刑案件，无领事裁判权国的外人为被告的民刑案件亦在其审理范围之内。这个混合法庭就是上海会审公廨的前身——洋泾浜北首理事衙门。

理事衙门内设立违警庭、刑庭及民庭，其中违警庭审理租界内之违警事件；刑庭审理洋原华被之刑事案件，及无领事代表之外人为被告之案件；民庭审理洋原华被之民事案件，及洋人或华人为原告而无领事代表之外人为被告之民事案件。又该法庭并为上诉庭，受理民刑上诉案件。② 理事衙门成立的当年，就展开了较为可观的案件审理工作，从 1864 年的 5

---

① ［法］白吉尔著：《上海史：走向现代之路》，王菊等译，上海社会科学院出版社 2005 年 5 月版，第 125 页。

② 徐公肃、丘瑾章著：《上海公共租界制度》，载《民国丛书》第四编第 24 册，上海书店 1992 年版，第 132 页。

月 2 日到该年年底，理事衙门对涉案的 2178 名华人经过审理后，无罪开释 557 人，移送中国官厅讯办 295 人，申斥 612 人，处笞刑 363 人，枷刑 55 人，罚做苦工 104 人，科处罚金 192 人。[①]

以上这些数据同时也表明，在案件审理的权限上，理事衙门受到了严格的限制。长期供职于会审公廨的俄国人郭泰纳夫（A. M. Kotenev）也曾提到这一问题：关于刑事案件，以不到 100 天的监禁，服役苦工；或 30 天以下的枷锁；或 100 以下的杖笞，或代以 100 元以下的罚金为限。关于民事案件，诉讼总额以 100 元为限。[②] 可见会审公廨成立之前的理事衙门所审理的都是一些轻微的案件，其司法管辖权是非常有限的，超出这一权限的案件则移提到上海县审理。

对于洋泾浜北首理事衙门的这一状况，外国领事在表示不满的同时，已着手加以改变，这种改变就是在以理事衙门作为会审公廨的雏形的基础上进行。1867 年，英国领事温切斯特（Winchester）和上海道台应宝时开始商讨组织正式法庭事宜。同年 11 月 20 日，应宝时提出设立会审公廨草案 10 款，该草案获得英国领事的同意后提交总理衙门和英美两国驻华公使审核。草案送呈北京后几经讨论略微作了一些修改，正式命名为《洋泾浜设官会审章程》，于 1869 年 4 月 20 日颁布，并宣布当天即行生效。当时规定章程有效期为一年，一年后本应由双方提出该章程是否继续有效的声明，但双方都无反应。因此，尽管在 1911 年会审公廨被领事团接管后实际情形已发生了极大的变化，这一章程仍作为会审公廨的依据，一直延续到 1927 年临时法院取代会审公廨为止。《洋泾浜设官会审章程》的颁布实施，宣告了理事衙门时代的结束，上海公共租界会审公廨正式成立。

可见，会审公廨是在特定的时代背景下，在特定的地域环境中产生的。澳大利亚学者史蒂芬斯（Stephens）在述及会审公廨的产生时也指出："上海公共租界会审公廨并不是依据任何条约或国际协议建成的。一开始它只是上海县署设在租界内的一个分支机构，目的是为方便处理针对发生在界内的华人居民的违警指控。因为十九世纪中期之后，中国与西方

① A. M. Kotenev, *Shanghai：Its Mixed Court and Council.* North – China Daily News and Herald, 1925, p. 60.

② Ibid. , p53.

列强之间达成的条约要求应在中国法庭审理和判决对华民的指控和诉讼。"① 在当时的历史条件下，会审公廨的设立迎合了公共租界日益增多的华洋诉讼案件的客观需要，它使中外双方明确各自的权责，保证相关案件审理的规范有序。而且会审公廨对于租界内出现大量亟需处理的违警案，维护租界治安环境也起了积极有效的作用。时人就曾有对会审公廨作出肯定的咏叹："会审纷纭有异同，从来治事贵和衷。主持公道无私见，都在堂皇一讯中。"② 因此，对于会审公廨产生的必要性及其历史意义都是应当值得肯定的。

第二节　《洋泾浜设官会审章程》解读

在会审公廨的历史上，《洋泾浜设官会审章程》占据十分重要的作用。它不仅是会审公廨产生的依据，是会审公廨的权力来源，而且还深刻地影响到了临时法院和特区法院时期中外双方的权力和权利配置，可以称之为是整个租界法权变迁问题的基石。本节对于《洋泾浜设官会审章程》内容，包括组织人事、管辖范围、审判权限及程序等进行解读，并对章程进行客观的评价，以期从文本内容这一层面上对会审公廨法权问题加以认识和探讨。

该章程用极其简约的文字对会审公廨所要涉及的诸多方面作出了规定，其主旨是：清政府在公共租界设一具有衙门性质的司法机关，由上海道委派一名同知担任谳员，与外国领事或领事所派代表会同审理公共租界内发生的领事裁判权外的案件。在这一主旨下，中外双方对各自的权限作了一定的划分，这些权限分别散布在章程的 10 条内容上：

1. 遴委同知一员，专驻洋泾浜，管理各国租地界内钱债、斗殴、窃盗、词讼各等案件。立一公馆，置备枷杖以下刑具，并设饭歇。凡有华民控告华民及洋商控告华民，无论钱债与交易各事，均准其提讯

① Stephens. Thomas B. , *Order and Discipline in China: the Shanghai Mixed Court* 1911—1927. Seattle: University of Washington Press. 1992, p. 44.

② 葛元煦著：《沪游杂记》，上海书店出版社 2006 年 10 月版，第 208 页。

定断，并照中国常例审讯，并准其将华民刑讯、管押及发落枷杖以下罪名。

2. 凡遇案件牵涉洋人必应到案者，必须领事官会同委员审问，或派洋官会审；若案情只系中国人，并无洋人在内，即听中国委员自行讯断，各国领事官，无庸干预。

3. 凡为外国服务及洋人延请之华民，如经涉讼，先由该委员将该人所犯案情移知领事官，立将应讯之人交案，不得庇匿。至讯案时，或由该领事官或由其所派之员，准其来堂听讼，如案中并不牵涉洋人者，不得干预。凡不作商人之领事官及其服役并雇用之人，如未得该领事官允准，不便拿获。

4. 华人犯案重大，或至死罪，或至军流徒罪以上，中国例由地方正印官详请臬司审转，由督抚配定奏咨，应仍由上海县审详办。倘有命案，亦归上海县相验，委员不得擅专。

5. 中国人犯逃避外国租界者，即由该委员选差径提，不用县票，亦不必再用洋局华巡捕。

6. 华洋互控案件，审断必须两得其平，按约办理，不得各怀意见。如系有领事管束之洋人，仍须按约办理，倘系无领事管束之洋人，则由委员自行审断，仍邀一外国官员陪审，一面详报上海道查核。倘两造有不服委员所断者，准赴上海道及领事官处控告复审。

7. 有领事之洋人犯罪，按约由领事惩办，其无领事之洋人犯罪，即由委员酌拟罪名，详告上海道核定，并与一有约之领事公商酌办。至华民犯罪，即由该委员核明重轻，照例办理。

8. 委员应用通事、翻译、书差人等。由该委员自行招募，并雇洋人一、二名，看管一切；其无领事管束之洋人犯罪，即由该委员派令所雇之洋人，随时传提管押。所需经费，按月赴道具领。倘书差人等有讹诈索扰情弊，从严究办。

9. 委员审断案件及访拿人犯，须设立一印簿，将如何拿人、如何定断缘由，逐日记明，以便上司查考。倘办理不善或声名平常，由道随时参撤，另行委员接办。

10. 委员审断案件，倘有原告捏砌诉词诬控本人者，无论华、洋，一经讯明，即由该委员将诬告之家，照章严行罚办，其罚办章程即先由该委员会同领事官酌定，一面送道核准，总期华、洋一律，不得稍有偏袒，以昭公允。①

从以上 10 条内容来看，《洋泾浜设官会审章程》规定了会审公廨的组织人事、管辖权限、外国领事的审判权、拘提犯人的办法以及上诉办法和程序等。尽管所作的规定比较笼统，所提各项均能从章程中理出对应的条款，体现出了中外双方关于权力和权利的分割和配置。

关于公廨的组织人事。见章程的第 1 条和第 8 条，由上海道委任同知一名，即章程中所称委员，担任会审公廨的主审官，该委员在当时及后人提及时通常都称之为谳员。会审公廨内部所设的办公人员如通事、翻译、书差等人，均由谳员自行招募。此外会审公廨还可另雇 1—2 名的外人，目的是为办理无领事裁判权国人的案件提供方便。于此可知，会审公廨的设立之初的组织人事权是由中方主导的。

关于公廨的管辖权限。管辖权限是会审公廨法权问题至关重要的着眼点，也是租界当局力争扩权的主要着力点。管辖权限的内容分布在章程的第 1、2、4、7 条，这些条款概括起来分为三个主要方面：即对人的管辖、对物的管辖以及对土地的管辖。

（1）对人的管辖。公廨受理的是华人为被告或无约国人为被告的民刑案件，所谓无约国人系指该外人所在国没有和中国签订载有领事裁判权条款的在华外侨。法权讨论委员会在《上海会审公廨概述》中将之分为三类：（甲）华人为被告之刑事案件（无论其被害者属于何国）；（乙）华人为被告之民事案件（无论其原告为何国人）；（丙）无约国人为被告之民刑案件（无论原告或被害者为何国人）。② 可见，会审公廨在对人的管辖上既有纯粹华人间的案件，又有华洋案件，还有外人间的案件。华人间案件的管辖权比较简单，当属会审公廨受理范围；华洋诉讼就较为复杂，根据被告主义原则，被告是华人即为会审公廨管辖，即外人为被害人华人为加害人的刑事案件和外人为原告华人为被告之民事案件；外人间的

---

① 《洋泾浜设官会审章程》，王铁崖编：《中外旧约章汇编》第 1 册，生活·读书·新知三联书店 1957 年版，第 269—270 页。

② 法权讨论委员会：《上海会审公廨概述》，《东方杂志》第二十卷，第二十号，第 128 页。

案件，会审公廨得以管辖的是无约国人之间的民刑案件，以及无约国人为被告或加害人的民刑案件。有约国人为被告或加害人的案件按领事裁判权则由各国领事法庭管辖。

（2）对物的管辖。根据《洋泾浜设官会审章程》，会审公廨对物的管辖是指民事案件的管辖范围以及刑事案件的罪罚权限。关于民事案件，会审公廨可以提讯定断钱债与交易各事；关于刑事案件，则限于发落柳杖以下罪名。若军流徒罪以上案件，则由上海县审断。倘有命案，亦归上海道相验。但会审公廨外国陪官往往不顾章程，对应该移送上海县衙审理的案件先进行审判，初期在最大权限内实行处罚。

（3）对土地的管辖。土地管辖是指管辖区域，会审公廨的管辖区域以公共租界为界。停泊在上海港外国船只内犯罪者，如系华人亦归公廨管辖。公廨的土地管辖范围有两点值得关注：一是关于华人刑事案，若在租界犯罪而逃于租界外者，由中国送付会审公廨。若犯罪行为在租界外而遁于租界内者，则由会审公廨审理一次，其有特别缘由者则移送中国官厅；二是关于华人民事案，被告华人居住租界外或该案发生在租界之外而与外人有关者，由会审公廨或该国领事要求中国地方官相助，于会审公廨传讯之。① 土地管辖的通例是以原就被，即以被告人的住址为标准。如被告现在管辖地域以外，则原告虽在管辖以内，其案件仍由被告所在地的法院管辖。由此可见，会审公廨在涉及外人时，虽然被告华人居住租界外或该案发生在租界之外，也拥有专属管辖权，这样就出现了管辖上以外人为中心属地属人并存的不合理现象。在法理上，这是和当时世界已普遍通行的管辖属地主义背道而驰的，作为西人社会主导的公共租界出现这一现象是应受到批判的。

关于外国领事的审判权。章程第 2、3、6、7 条具体规定了外国领事得以参与会审的案件有下列三种情况：（1）以外人为原告，华人为被告的民事案件，以外人为被害人，华人为加害人的刑事案件，由领事或其派员参与会审。（2）为外人所雇用或延请的华人为被告的案件，由领事或其派员参与听讼。（3）华人与无约国人的互控案件，由外国官员陪审。

---

① 法权讨论委员会：《上海会审公廨概述》，《东方杂志》第二十卷，第二十号，第 128 页。

至于纯粹华人间的案件，无论民事还是刑事，均不在会审范围之内。《洋泾浜设官会审章程》虽然对领事会审的案件类别作了明确的规定，但对领事会审的权限没有进一步规定。会审、听讼、陪审概念不清，导致了法权界限的模糊，对陪审员的权力缺乏必要的约束。1931 年工部局邀请的费唐（Richard Feetham）法官在其关于上海公共租界情形报告书中指出："外人陪审员，因其训练经验与人格，逐渐占有伟大势力，其性质亦浸成为会审而非陪审。"①

关于拘提犯人的办法。见章程第 3 条和第 5 条，为外国服务以及外人延请的华民涉案，先由谳员将案情通知所在国领事，然后要求将应讯之人交案。章程一方面规定外人不得为其提供庇护；但另一方面又规定未经领事同意公廨也不能直接拘捕。至于华人涉案逃避租界的，即可由谳员派差役直接加以拘捕，不用县票，也不用工部局巡捕。此点为中方排除租界当局警力干预案件的有效规定，但不久外人对此渐感不满，要求中方拘票经过外国领事的签字认可后方可在界内执行。

关于公廨的上诉程序。此项规定即章程第 6 条中的"倘两造有不服委员所断者，准赴上海道及领事官处控告复审。"也就是说，对于会审公廨审判案件表示不服的，原被告双方都可提出上诉，由上海道和相关外国领事进行复审讯断。

《洋泾浜设官会审章程》的内容基本如上所述。② 该章程的出台，在当时是具有一定的积极作用。会审公廨和洋泾浜北首理事衙门相比，收回了一些司法管辖权，取消了外国领事对纯粹华人案件的会审权，也收回了外国领事对中国官府提传界内华人的核准权。而且为日益繁多的华洋诉讼

---

① 费唐：《费唐法官研究上海公共租界情形报告书》（卷一），工部局华文处译述 1931 年版，第 349 页。

② 民国时期著名学者邱培豪也曾对该章程作出言简意赅的概括，体现了章程的主旨内容，颇值得参考：（一）公廨委员系同知品级，由中国政府遴委。（二）审判权限，限于钱债斗殴，窃盗词讼等案。（三）所能判决罪名，限于枷杖以下。（四）原告为外人，被告为华人之华洋诉讼，始准外国官员会同审判。（五）纯粹华人间案件，外人不得干预。（六）军流徒罪以上重案，须由地方正印官，详情臬司，转由督抚奏咨，仍由上海县审断详办。（七）审断后，如两造不服，可赴上海道及领事官处上诉。（八）公廨一切编制及形式，概照中国官署办理。（九）公廨经费，由上海道拨给。（十）公廨内部一切用人行政，概归委员全权办理。参见邱培豪《收回临时法院问题》，《社会科学杂志》第二卷第一期，1930 年 3 月。

提供客观依据，对租界内案件审理起了有章可循的规范作用，这些无疑都是必要而应值得肯定的。

同时更应当看到的是，《洋泾浜设官会审章程》也存在不少缺陷。如一些条款内容存在歧义，或者没有明确的界定，这为以后领事越权干预公廨事务种下隐患。如章程第 3 条规定涉及洋人案件时，领事便有会审权，至于牵涉的具体情况，章程并没有进一步作出规定。而实际上租界里的许多案件都和租界管理和租界秩序有关，在外人看来，即使是华人之间的案件，只要涉及租界利益的，就一概须由领事参与会审。因此，这个章程对中国法权的侵犯也是较为明显的。归纳起来主要有三：一是对于无约国人民与华人混合案件，领事有陪审权，无约国人民之间案件，领事亦有会审之权；二是领事与谳员可会同审案，又可与道台处理上诉案件，能够变更谳员的判决；三是提传外人雇佣的华人，其权操于领事手中。对此，民国学者徐公肃也认为："此项章程之侵犯我国法权者，有三要点，一为领事会审制度；一为上诉办法；一为传提办法。"[①]

尽管从中国方面而言，《洋泾浜设官会审章程》已经构成了对国家法权的侵犯。但对外人而言，这个章程也无法令其满意，他们对会审公廨存在问题的不满也溢于言表。这些不满来自会审公廨管辖范围的限制、领事陪审权的限制以及中国谳员级别太低等问题。这些问题在司法实践也屡为外人所指责并被迫切要求改变。如英国领事麦华陀（Walter Henry Medhurst）在 1874 年年度贸易报告中指出，会审公廨仍由于完全不足以达到该机构的原定目的而引起公众的关注。麦华陀进而认为会审公廨迫切需要做到以下三点：第一，首席会审员应享有比目前更适合租界需要的民法和刑法方面的裁判权；第二，会审公廨应较能独立和正直地执行有关的公职；第三，应有较完整的过程，彻底从租界内驱逐那些已定罪和判刑的坏人。[②]麦华陀的观点代表西人社会此时对会审公廨所持的态度：即要求会审公廨加以改革，扩大陪审官在公廨的权限，以适应租界发展的客观需要。

---

①　徐公肃、丘瑾章著：《上海公共租界制度》，载《民国丛书》第四编第 24 册，上海书店 1992 年版，第 135 页。

②　李必樟译编：《上海近代贸易经济发展概况：1854—1898 年英国驻上海领事贸易报告汇编》，上海社会科学院出版社 1993 年版，第 356—357 页。

　　而且，《洋泾浜设官会审章程》存在较重要环节的盲点。如会审公廨的法律适用问题就没有明确规定，"在会审公廨中根本没有什么法律体系或法典，案件的判决是根据法庭认为怎么才是公平的笼统看法，法庭也不受判例的拘束。它也没有确定的程序，今天可以判决一件事，明天可以判决另一件"，"在这种法庭中，审讯情况就往往演变成为陪审员和谳员的争吵"。① 又如会审公廨虽对会审案件作出了比较具体的规定，至于在会审中公廨的谳员和外国陪审员的权限章程却没有作出明确的规定。比如在最为重要的庭审判决问题上，陪审官是否拥有发言权，该章程并未做任何的说明，这也就为日后双方的争执埋下了隐患。

第三节　章程的修改及会审公廨权限的扩张

　　在肯定《洋泾浜设官会审章程》在当时环境下必要性和积极作用的同时，不可否认，章程在协调中外法权和利益难以做到两全其美。对中方而言，其有损司法主权是较为明显的；对外人而言，章程对所赋予会审公廨的管辖权和陪审官的权限，均作出了严格的限制，章程生效初期，西人社会的不满情绪已日见明显。因此会审公廨成立后不出几年，西人社会就要求修改章程，力图扩大其在会审公廨的权限。费唐（Richard Feetham）法官也指出租界当局的这一需求，"会审公廨初系一纯粹中国法院，其被外人控制之逐渐发展，系由于外侨社会之一种自然意愿，欲将公共租界司法之程度提高，使与西方各国之程度相近。"②

　　西人社会的这种努力在 1875 年到 1905 年间表现的比较突出，具体由驻沪领事团在其中牵头，并设法通过驻京公使团予以回应。中国方面对外人扩权的强烈要求，则尽力不使外人的权限超越《洋泾浜设官会审章程》的框架范围。总的来看，在章程修改的交涉中，外人并没有取得实质性的进展。但西人社会在修改章程不能如愿的情况下，则在事实上从事积极的扩张，因此会审公廨在实际运作过程中，权限渐次扩充的倾向是较为明

---

① Willoughby, Westel Woodbury, *Foreign rights and interests in China*, The Johns Hopkins Presss, 1920, p. 53 – 54.

② 费唐（Richard Feetham）著：《费唐法官研究上海公共租界情形报告书》（卷一），工部局华文处译述 1931 年版，第 350 页。

显的。

修改章程首先提上议程的是在 1875 年。这一年驻沪领事团召开外国陪审官会议，共同商议如何改良会审公廨的办法。会上，当时英国在会审公廨担任陪审官的副领事阿拉贝斯特（C. Alabaster）认为："除非根本改正法章，予陪审官以较大之权限，并制定中国新刑法，而公布之，公堂事务，殊鲜改良之望，不仅城内中国当道之藉端推托，须求应付之方，且有更大之困难，即欧人视为重大之罪犯行为，华官视为轻琐而可恕，而外人视为轻琐者，华官反视为重大而应惩办也。"① 阿拉贝斯特对会审公廨的意见在外人中具有代表性，在外人看来，改良会审公廨的根本在于修改公廨章程，增加陪审官权力，并要求改良法制，制定与西方司法理念相契合的新刑法。此次会议还提出了比较具体的要求，即陪审官对于较重罪名也应有处罚权，并应减少移送人犯于界外审理。

这次会议不久，更有外人在沪团体向驻京公使团请愿，要求修改章程。主要有三个方面的要求：一是认为应设置警务官一员，由外人充任，以代会审公堂之责；二是要求领事及其代表应与中国主审官有同等权限；三是提出中国刑律及审问办法，有认为不适用时，应照依英国刑律及审问呈式定谳。② 公使团考虑到该提议在现实中操作的难度，最主要的原因是在公使团看来，这些要求不能作为合理的交涉依据提出，定然得不到中方的接受。因此公使团以约定必须遵守为由，对于沪上外人的此项请愿没有予以支持。

1876 年《中英烟台条约》的签订，给要求改变会审公廨现状的西人社会带来了很大的希望。该条约涉及上海会审公廨的内容有以下规定："……中国亦在上海设有会审衙门，办理中外交涉案件；惟所派委员审断案件，或因事权不一，或因怕招嫌怨，往往未能认真审追。兹议由总理衙门照会各国驻北京大臣，请将通商口岸，应如何会同总署议定承审章程，妥为商办，以昭公允。"③ 此项规定只是代表外人对会审公廨审理案件表

---

① 《上海租界问题：公共租界会审公堂一八六四年至一九一一年》，上海档案馆藏，档号：Y7 - 1 - 4 - 39。

② 同上。

③ 王铁崖主编：《中外旧约章汇编》第 1 册，生活·读书·新知三联书店 1957 年版，第348 页。

示不满，应当对承审章程通过会商进行议定，但这只是总的规定，没有规定出可供具体操作的改良办法。此种情由对于希冀修改公廨章程的沪上外人而言，显然大为失望。

1879 年驻京公使团召开的一次司法会议上，美国公使西华德提交了改良上海会审公廨的备忘录，主要有以下 5 点：一是要保证谳员的同知官衔；二是要保证会审公廨的改革，避免上海知县的干涉，即使不行，也要道台与知县同在会审公廨审理案件；三是让政府为公廨及其工作人员提供资金及薪俸；四是要求外国陪审官尽力在审判中实践修改的程序规则；五是鼓励外国陪审官提出更多的令人满意的惩罚原则等。① 这 5 点要求表达了外人对会审公廨中国谳员级别太低、公廨受到华方的干涉、领事陪审权的限制等问题的不满，转而较《中英烟台条约》提出改良会审公廨的具体办法。第二年即 1880 年 4 月，西华德还就会审公廨这些改良要求和总理衙门商谈，试图取得总理衙门的支持，但最后也没有达到改良会审公廨的目的。

在上述几次交涉无果的情形下，1898 年上海西人自行集会，单方面讨论修改会审章程事宜。会上围绕公廨的改良共起草了 19 条规则，具体内容主要涉及以下几项：一、会审公廨委员的地位、职权，命令的签署及执行权问题；二、凡涉及外人的案件，均由领事参加会审，无约国人案件，由委员和有约国的领事会审；三、对于级别比较高的华人为被告的涉外案件，必须由道台和原告所在国领事会审；四、所有人犯都要关押在公廨和工部局的监狱；五、会审公廨及监狱的开支要受到道台和领事的监督；六、公廨的书记官长须受到道台、领事和委员的监督。② 这些规则是外人在《洋泾浜设官会审章程》的基础上修改的，因此比起会审章程来，这些规则显得更加具体和详细些，更明确地表达了外人在会审公廨的权限和利益要求。但这是由西人社会单方面作出的修改意见，并没有得到中国官方的积极回应，外人一厢情愿的章程修改自然也不会生效。

1905 年，驻沪领事团修改章程的努力进一步展开。相比较前几次，

① Willam Crane Johnstone, *The Shanghai Problem*, Stanford University Press 1937, p. 142.

② A. M. Kotenev, *Shanghai: Its Mixed Court and Council.* North - China Daily News and Herald, 1925, p. 103 - 104.

这一次虽然在提出章程修改的细则上仍未获中方的认可，但实际上已促使会审公廨发生重大变化。此次章程修改是以《洋泾浜设官会审章程》续订条款的形式出现，总共分为 11 条。《续增洋泾浜设官会审章程》出来后，驻沪领事团将此呈送给驻京公使团，并由公使团出面照会清政府外务部。这 11 条的具体内容是：

第一，（甲）上海会审公堂所有词讼案件，应立华文册档，将每案分注册中，按次编号，收状日期，两造姓名，籍贯何处，控告何事，开审后所有按口堂谕，堂断，以及复讯，上控，讯办各事，亦须一一注明，并将结案之堂谕详注册中。（乙）所有刑名案件亦须照立华文册档，一切详注各条与上文同。（丙）以上两项册档凡与本案确有关涉之人，皆许随时查阅。

第二，会审公堂所审各案，除中外会审官员商定有关风化之案应行密讯外，其余各案均须任人公听。

第三，会审公堂华官应以实缺同知任为正堂，凡控告洋泾浜北租界内无论何品之中国人员均可一律审断。又应有一二华员任为副堂，以便承讯正堂交审之案，其品位应不亚于候补同知，其委撤之权均操之上海道。

第四，（甲）除通体关涉华人案件外，其余各案均应有外国官员会审，此外国官员应视各国商民照约应得之利权由各国领事官分别委派。（乙）中外堂官如有意见不合未能结案之处，应请上海道及案内外国人之本国总领事官或领事官复核。

第五，会审公堂牢狱须照洋泾浜北租界工部局止疫章程办理，并由该工部局医官稽查。

第六，凡居住洋泾浜北租界内之华人，无论何案经会审公堂提究传讯，所出之提传各票应由领衔总领事画押盖印，方能施行，若被告系外国商民雇用者，其提票兼须该东人之本国领事画押盖印，方能行提。

第七，凡词讼刑名各案如有外国会审官在座，两造均可聘用律师，惟律师先须呈明已在驻沪本国领事署堂下邀准，方能在会审公堂充当律师。

第八，凡审讯案件，本案之中外堂官如以为律师不遵命令，即可暂禁其在本堂充当律师，其暂禁限期不出一个月。如经该律师之本国领事官允诺，则暂禁之限可展至六个月。

第九，凡审讯案件如照华例并无成案可查，会审公堂应照商民相沿之法公平断谳。

第十，凡案内所有之人，务须悉遵会审同知随时所定由各国领事公允之堂断。

第十一，凡原有之章程各条与此项续改章程不相抵牾者，仍照旧施行。①

这次修改，也是西人社会的单方表示。清政府外务部在收到驻京公使团的照会后，认为有损国家主权，没有同意所议条款。然而，此后上海会审公廨的实际运行已经基本上照此办理。因此，尽管租界当局没有达到其费尽心机所要修改《洋泾浜设官会审章程》的目的，但会审公廨此后实际运行的状况是符合租界当局的意图。须注意的是：面对租界当局的扩权，清政府声称会审公廨最多只能判处 60 天徒刑，因驻沪领事团提出抗议，最后双方核定会审公廨判决权限扩大到 5 年有期徒刑。②

西人社会的意图不外乎摆脱《洋泾浜设官会审章程》的约束，达到权限的扩大化。西人社会修改章程的真实意图在于此，实际干预会审公廨的目的也在于此。这种权限扩大化既需会审公廨管辖权限的扩大化，又要外国陪审官在会审公廨权限的扩大化。

（一）管辖权限的扩大化

按照《洋泾浜设官会审章程》的规定，会审公廨的管辖范围是比较有限的。但事实上无论是在审判权限上还是管辖范围上，在外人力量的作用下，会审公廨的权限都得到很大的扩张。

①　法权讨论委员会：《上海会审公廨概述》，《东方杂志》第二十卷，第二十号，第 125—126 页。

②　此点与清末法制改革有关，1905 年清政府将笞杖之罚改为罚金，无力完纳罚金者，则在罪犯习艺所服役折抵。因此，当时清政府把会审公廨的判处枷杖之权相应地改为判决徒刑 60 天。参见费成康《中国租界史》，上海社会科学院出版社 1991 年 10 月版，第 139—140 页。

在审判权限上，章程明文规定是限于窃盗斗殴案件，所用刑罚是以枷杖以下为止，但会审公廨在运行了一段时间后，尤其到 20 世纪初年，往往越出章程规定，肆意扩大管辖权限，判处数年监禁甚至无期徒刑的不乏其例。例如 1902 年万福华案，由英领判处 10 年监禁；闹天宫案，竟判处无期徒刑，而英领尚以处刑过轻，向上海道提出抗议；又据 1905 年工部局报告，公廨审理盗犯，处以 10 年徒刑 1 人，7 年者 1 人。①

在管辖范围上，也超出了章程对会审公廨只能管辖租界内发生案件所作出的规定，实际管辖范围延伸到了租界之外。如与外人有关的案件，虽然案件发生在租界以外，相关领事往往要求界外当局协助会审公廨办案，传讯至租界进行审理。当时在会审公廨担任陪审官的美国副领事曾指出："公堂审案之权，略经推广，即对临近租界之界外外人，有刑事行动之案件，亦得接受。盖此等案件，以便利故，胥在会审公堂进行。"② 该陪审官对于会审公廨管辖权的扩张用"便利"加以解释，但遮掩不了此举乃是对中国法权的侵犯。

（二）外国陪审官权限扩大化

《洋泾浜设官会审章程》对外国陪审的权限规定是比较明确的，但在实际运行中陪审官行为往往超越章程规定。陪审案件中从华洋混合案件，发展到纯粹华人案件外人也来干涉，从而影响对案件的判决。不仅如此，在陪审官权限的扩大化下，外人在人犯的提传以及公廨判决的执行上也加以干涉。如 1874 年一起一位广州人被控犯严重伤害罪的案件中，因案情较重，谳员陈福勋主张把犯人移提到上海县审理，遭到陪审官的反对，其理由是几天前一个犯人被控非法藏有武器，送到县城受审，但过了一两天又出现在租界，并再次违法而被抓。陪审官认为会审公廨的最大权限仅是判杖责 300 及枷号 3 个月，因此主张此案最好的解决办法就是直接判处笞杖，并枷号 3 个月，期满后由领事安排与道台会面讨论对这名犯人进一步的处罚。谳员对此建议予以默许并照此执行。③

---

① 参见蒯世勋《上海公共租界史稿》，上海人民出版社 1980 年版，第 382 页。
② 夏晋麟：《上海租界问题》，中国太平洋国际学会 1932 年版，第 53 页。
③ North – China Herald，November26，1874，p. 522 – 523.

　　陪审官权限的扩大还表现在其和谳员的关系上，在公堂上外国陪审官挑战谳员的主审地位不乏其例，1905 年因审理黎王氏案而大闹会审公廨即是著名的案例。曾经在会审公廨担任陪审官的一位英国副领事描述过陪审官和谳员在法庭上的权威："法庭的判决由谳员和陪审官共同作出，如果两人出现意见相左时，判决就不能生效。而实际上判决权为陪审官所掌握，因为在执行判决命令的巡捕看来，陪审官的判词应当视为有效。"①可见陪审官在会审公廨的实际地位已经超越作为主审官的谳员，于此可知外人权限扩张的程度。

　　此外按照章程，人犯提传本由中国谳员派差径提，不用工部局巡捕。但领事和工部局对于廨差提传人犯常加干涉，最后发展到拘捕人犯的拘票先由领袖领事签字，并经工部局巡捕协助才可以进行拘捕。会审公廨的判决执行权按照章程规定属于中国一方，而事实上经公廨判决关押的罪犯，往往是由巡捕带到捕房加以执行。

　　正是在外人对会审公廨的日益觊觎下，公廨本身的权限发生了上述这些变化。导致这一变化的原因是多方面的，这里面既有领事和工部局积极侵夺的因素，也有中方官员消极退让的因素。如在拘提人犯上，章程里明确规定不用巡捕，但实践中，廨差提人若未得到领袖领事签字以及工部局捕房协助，则要受到租界当局的惩罚。如 1903 年 3 月 22 日，会审公廨差役奉谳员令在闵行路拘捕人犯，因事先没有得到领袖领事的签字和工部局巡捕房的协助，由会审公廨处以 200 杖笞。这表明在外人主导的公共租界，《洋泾浜设官会审章程》对会审公廨所起的限制作用是比较有限的，租界的实际话语权是由掌控"力"的一方来决定的。

　　从权限变化来解读会审公廨的变迁，既要看会审公廨自身的权限变化，还应关注公共租界会审公廨与法租界公廨以及与界外当局主要是上海县衙发生的冲突。这种冲突主要是因管辖权问题而起，中方在其中所充当的角色和所处的地位都有较为明显的体现。

---

　　① Hsia Ching-lin, *The Status of Shanghai: a Historical Review of the International Settlement, its Future Development and Possibilities through Sino-Foreign Cooperation*, Shanghai: Kelly&Walsh, 1929, pp. 58-59.

（一） 会审公廨与法公廨的冲突及解决

长期以来会审公廨和法公廨因管辖权限发生纷争，1902 年双方就此事进行磋商，讨论解决办法。并于当年 6 月 10 日两公廨就管辖权问题达成协议：（一） 两造皆为华人之民事案件，原告应向被告住居界内之会审公堂控告。（二） 两造皆为华人，与外人无涉之刑事案件，及关于界内华人之政治犯案件，必须由犯罪地界之会审公堂受理。（三） 关于华洋民事诉讼案件，1. 若原告乃非法籍之外人，而被告为华人，住居公共租界，应向公共租界会审公堂控告。2. 若原告为法人，而被告为华人，住居法界，应向法界会审公堂控告。3. 若原告为非法籍之外人，而被告为华人，住居法界，仍应向公共租界会审公堂控告。公共租界会审公堂可出传票，经法总领事副署后，由公共租界会审公堂差役连同法租界会审公堂之扶助，拘传人犯到案。4. 若原告为法人，而被告为华人，住居公共租界，应向法租界会审公堂控告，法界会审公堂可出传票，经领袖领事副署后，由法界会审公堂差役连同公共租界巡捕之扶助，拘传人犯到案，公共租界会审公堂不得有预审情事。（四） 原告为非法籍外人之刑事案件，公共租界会审公堂有权受理。原告为法人之刑事案件，法界会审公堂有权受理。① 这样，两租界以协议的方式规定了各自的管辖范围。须加注意的是：作为租界领土主权国的中国在协议的讨论及签订过程中，始终被排斥在外而没有发言权。中国所能做的仅仅是在协议签订的次日，上海道对这项有损中国司法主权的协议表示同意而已，中国在租界的法权受侵于此可见一斑。

（二） 会审公廨与界外当局管辖权的冲突及解决

和租界外的中国司法机构（主要是上海县衙）的冲突是会审公廨管辖冲突的重要方面。这些冲突基本上发生在三个方面：一是会审公廨向界外移送案件、人犯等；二是界外当局到租界内执行公务等；三是会审公廨的判决及裁定在界外执行问题。

---

① 上海档案馆编：《工部局董事会会议录》（*The Minutes of Shanghai Municipal Council*），第十五册，上海古籍出版社 2001 年版，第 575 页。

　　关于第一方面，即会审公廨向界外当局移送案件、人犯等问题。租界内外发生案件需要移送是界内外当局经常遇见的问题，案件和人犯能否得到移送往往取决于租界当局的态度。因此租界内外在该问题上发生的冲突不在少数，几乎是伴随租界存在的始终，在1911年领事团接管会审公廨之前，这样的问题就已非常突出。发生的著名案例有曹锡荣案和苏报案，这在下文的法权关系案例中会专门加以探讨。案例所折射出租界当局对案件和人犯的移送的出发点是很清晰的，界内外发生冲突主要不是基于章程和制度性的规定，而是中外双方各自利益的着眼点。

　　关于第二方面，即界外当局到公共租界执行公务的问题。主要通过三种途径：一是通过奖励等酬劳方式要求巡捕房予以协助；二是通过外籍律师作为中方代表向会审公廨活动；三是通过公文的形式请求会审公廨予以协助。会审公廨初期，上海县差在公共租界内得以径直逮捕人犯。后租界当局认为这有妨工部局及巡捕房职权，遂有如下协定：华人官吏除必须经过租界捕房同意，并由租界捕房人员或协同租界捕房外，不得根据界外中国官署，或会审公廨华人承审员自身所发的拘票，在公共租界内逮捕人犯。[①] 1903年4月，工部局作出明确规定，公共租界内华人外人均须经过会审公廨核明，否则一律不许捕捉出界，而界外差役亦不许入界擅自捕人，界外华官所出拘票，需交会审公廨定夺，并派员协捕。可见这些都是租界当局对界外力量涉足界内所作的种种限制，目的是加强公共租界的自主性和独立性。

　　关于第三方面，即会审公廨的判决及裁定在界外执行问题。判决发生在公共租界内，而执行则要在租界外，这样的情形在会审公廨时期是屡见不鲜，也是无法回避的。如会审公廨扣押被告在内地的财产就必须通过界外当局的协助才能得以执行。而实际上，租界内外在这一问题上往往协助的不密切，在外人看来，界外当局的态度是令他们非常失望的。"中国官员以能抵制外国人提出的不论正确与否的任何要求而自豪，因此内地的官员几乎总是以蔑视性的沉默来对待会审公廨提出的要求，对会审公廨的公

函大多数不予答复。"① 租界当局因得不到界外有效的司法协助所表现的无奈于此可见，反映出在失去"力"的保障租界之外，外人的利益诉求也有难以企及的一面。

以上三个方面基本上囊括租界内外出现的管辖权冲突问题。导致这些问题的原因主要有二：一是原订章程规定得太笼统，没有对司法管辖范围及各种情形加以具体的明确。二是外人立足于租界利益，以租界治安原则为理由，极力扩张管辖权。这在以下两则史料中得到明显的体现：1898年 10 月 27 日工部局总董致领袖领事函中提及"在中国官厅所欲求达之目的，未经明白了解以前，无论如何，界内之统治机关，不能一任中国官厅之利用，完全民事案件之尽量给予合法保护，以及此种案件倘须移交知县办理，其必先经会审公廨之预审，均似有特别之必要。"② 此外，1902 年 5 月 16 日纳税人特别会议决定："对于各种案件，绝无任何例外，公共租界内之华人居民，如有被逮，而未经界内会审公廨预审，即被强迫移交界外讯办情事。工部局将使用其最为坚强之努力，加以制止。"③ 这些都表明了管辖权冲突的缘由，以及租界当局力争案件管辖的出发点，归根到底无非是要扩大外人的权限。

更甚者，租界当局不仅在会审公廨内谋求权限的扩张，而且还直接干涉公廨谳员的任命。1904 年会审公廨谳员张炳枢去职，上海道委派法公廨谳员孙建臣前来代理。这本是中国政府行使较为普通的人事调动权限，却遭致了英美德三领事的具文干涉："廨务日繁，孙某年老不胜任，张某撤差难予同意，应转令其永留此任；否，亦当暂时留任。"而且在该函的结语中强调指出："嗣后更换谳员，必须先行知照，俟本总领事照允，始可办理。"④ 按照《洋泾浜设官会审章程》规定，公廨谳员由上海道遴委，也就是说，由谁出任该职乃是中国政府内部的事，外人不应干涉。领事们此举虽属过分，却反映出外人力量在会审公廨的强势。

---

① 李必樟译编：《上海近代贸易经济发展概况：1854—1898 年英国驻上海领事贸易报告汇编》，上海社会科学院出版社 1993 年版，第 420 页。

② 费唐：《费唐法官研究上海公共租界情形报告书》（卷一），工部局华文处译述 1931 年版，第 196 页。

③ 同上书，第 198 页。

④ 梁敬錞：《在华领事裁判权论》，商务印书馆 1930 年版，第 109—110 页。

　　然总的来说，自会审公廨 1869 年成立至 1911 年因辛亥革命被驻沪领事团接管前，尽管租界当局通过各种方式和手段不断染指会审公廨，外人势力在会审公廨也日渐得到扩张。但是，会审公廨所充当的角色仍然是中国政府在公共租界设立的具有衙门特点的司法机关，会审公廨的主审官即谳员是清政府任命的同知官衔的官员，公廨的上级机关为上海道台，谳员办案也是秉承上海道的意旨而行。因此，会审公廨这一基本性质是租界当局无论通过修改章程还是在实际运行中的扩权都无法也是无力改变的。

第四节　法权丧失的原因及国人的反应

　　从《洋泾浜设官会审章程》原本对中外权力和权利所作的规范性配置，发展到《续增洋泾浜设官会审章程》在司法实践上的运行，外人在会审公廨的权限逐步扩张，同时也是宣告了中国在租界法权的日渐丧失，这是不争的事实。民国学者邱培豪谈及这一问题时指出："所谓设官章程，不过为中国之一种特殊诉讼法，当时公廨尚不失为纯粹中国法庭之一，其后外领在租界之势力日增，而当地华官，懦弱无能，遇事放弃，致积久浸润，外领在公廨所有之权力，远超过于设官会审章程。"① 邱培豪先生寥寥数语当中也提到会审公廨失权的原因。仔细推敲起来，法权丧失的个中原因不一而足。有当事官员主权意识的缺失淡薄；有西法优于中法的自然规则；也有外人基于租界利益的扩张需要，而且某项法权的失去往往又是糅合了几个方面的因素。

　　一、当事官员主权意识的缺失淡薄。会审公廨成立之时中国处于社会转型时期，传统士大夫出身的当事官员昧于时势，缺乏近代国家观念和主权意识。在中外交涉中对条约、协定及章程的认识不足而贸然批准，致使法权一开始即已让与，这在租界问题上也是不乏其例的。如 1863 年美国领事西华德和上海道台黄芳在订立租界划界章程时，其中就载有限制中国政府在租界的司法权的条款。该章程第三款规定："中国官厅对于美租界内中国人民之管辖权，吾人当绝对承认，惟拘票非先经美领事加签，不得

————————

　　① 邱培豪：《收回临时法院问题》，《社会科学杂志》第二卷第一期，1930 年 3 月。

拘捕界内任何人等。"并且在第四款又作出规定："无约国人民,凡事均应受美领事之处置,但该项人民苟向任何有约之领事馆呈文立案,愿受该领事馆之管辖,曾经该领事馆认可,且发给凭证,证明该民已经立案,应受该领事馆之管辖者,得不受美领之管辖。"① 对于这一明显无法理依据的章程,当事官员黄芳居然予以允准,造成中方在租界地区司法权的丧失。这直接导致了会审公廨正式成立后,中国政府若要在租界拘提人犯,其拘票必须盖有领事的印章,并应得到工部局巡捕房的所谓协助,中方办差人员如若违反此项规定就会受到租界当局的严惩。如 1903 年 3 月 17 日宝山县差役,奉宝山县命,在新闸路拘捕人犯,因该差役所持拘票没得到领袖领事的签字,以及不经过工部局巡捕房的协助,经会审公廨判处 300杖笞。②

　　传统官员主权意识的淡薄为外人介入司法大开方便之门,正如马士(Morse) 所说,中国官员更为关注的是诸如征税一类的行政权,司法只是作为一种手段。"中国官员是极希望征税的,并且只要行政权能够像在中国一般地方那样联系着征税权力,就会欣然去办理司法;可是,如果没有这种权力,司法对于政府就是一种负担。"③ 于此可见,中国官员对司法权所表现出来的重视程度是比较微弱的,在中外交涉之初司法作为国家主权最重要的组成部分往往遭到忽略。当事官员处理中外司法关系时这一轻率让与的思维,直接影响到中国法权在租界的行使。及至民初以来近代国家观念和主权意识进步时,租界法权问题木已成舟,给交涉平添了许多麻烦。

　　二、西法优于中法的自然规则。中国审判官和外国陪审官同堂理案,实际上是中西两种不同法律制度和法律观念的对接和碰撞。他们之间由于立场的不同,法律文化的迥异,在对同一案件的处理上经常存在着完全不同的理解和认识,双方发生矛盾和冲突也就不可避免。中国传统法文化的保守落后常常授外人以口实,转而使会审公廨的审判为外国陪审官所主

---

① 梁敬錞:《在华领事裁判权论》,商务印书馆 1930 年版,第 102 页。
② 见《工部局报告》,引自徐公肃、丘瑾章著《上海公共租界制度》,载《民国丛书》第四编第 24 册,上海书店 1992 年版,第 139 页。
③ 〔美〕马士著:《中华帝国对外关系史》第二卷,张汇文等译,上海书店出版社 2000 年9 月版,第 144 页。

导。比如，由于中国传统法律民刑不分，缺乏独立的民法，公廨谳员在处理民事案件时和界外的中国衙门一样，也采用对待刑事案件同样的处罚方式，这在外人看来显然不合适，外国陪审官遂坚持按照西方处理民事案件的理念和方法进行审判。在这一落后和先进之间的碰撞当中，中国审判官也只好听任陪审领事的做法。

　　而且，会审公廨自身存在的办事不力及腐败等问题，也为外国陪审官提供夺取法权的借口。这些问题并非只在会审公廨存在，在租界外的中国衙门也是司空见惯的，是长期以来中国传统社会形成的制度弊病，相比较当时西方国家的制度和规则也是显得有些落后。当时国人谈及会审公廨这些问题时也指出："……案件之延搁，官绅之请托，判决执行之无效力，不特为西人所借口，即华人之身经其事者，亦无不叹其腐败，而莫能改革也。"又指出："公廨之审理华案，亦与前异。从前委员收呈，无一定规则。或于晚堂时面呈于委员，或由公廨差转递，或由其他官绅函交。被告之传提审问，无一定期限，一案常延至数年。讼费已无确实之制定。判决以后，执行之方法，惟在管押与交保。而交保一事，亦无严切之办法。保人之信用如何，亦不查究。"① 正是类似于这些问题的存在，给外人批评会审公廨落下了口实。在外人看来，这些问题都是必须要加以纠正的，这就为其干预公廨法权提供理论和事实上的依据。

　　三、外人基于租界利益的扩张需要。这一点是会审公廨法权丧失最根本的原因，这在下节具体的法权关系案例中都可以得到证明，在此仅作理论上的分析。租界利益是解释外人在会审公廨举凡行为的出发点和落脚点，保证在租界完整的治权应是外人最大的租界利益。在公共租界的诸项治权中，行政权为工部局所有，立法权为西人纳税会所有，警察权乃至作为租界军事力量的万国商团也都为西人社会所掌控，唯有司法权有中国在公共租界设立的会审公廨，属中国的司法机构，而且司法权又和外人生命财产紧密相连、息息相关。这就决定了外人染指公廨法权的意图和实践，表明了外人为什么处心积虑将势力渗入公廨，而不遗余力地排斥中方在租

---

　　① 丁榕：《上海公共租界之治外法权及会审公廨》，《东方杂志》第十二卷，第四号，1915 年 4 月。

界的力量。这也诠释了外人在获得各项特权之后，为什么仍对公廨表示诸多的不满，直到 1911 年辛亥革命后会审公廨完全被领事团接管而脱离中国司法系统之外为止。

　　会审公廨是在特定的时代背景下在特定的区域产生的特殊司法机构。"会审公廨可说就是领事对于租界内居民行使裁判权的一个畸形的法庭，但当时公廨内部的组织以及适用的法律，与该章程所规定者，还没有十分僭越的地方。自一八六九年后，种种特别的惯例应时而起，于是领事在此方面所行使的司法权力，益觉漫无限制，超脱原来章程的规定。"① 这一畸形的法庭存在于中外接触频繁的通商大埠以及其本身存在的各种问题，尤其是在法权上的丧失，势必会招致国人的批判。在清末，尽管该问题还没提到外交层面加以解决，但国人对痛失法权的意识是比较清醒的，要求收回会审公廨法权在清末就已呼声不断。

　　在清末国人看来，会审公廨问题是国家法权问题的一个重要组成部分。其对法权现状的不满，由对领事裁判权制度的批判出发。近人郝立舆先生在其《领事裁判权问题》一书的"中国要求撤销领事裁判权之进行状况"一章中，用极简短的文字将清末国人对法权的看法作了概括："数十年间，我领土主权，其受外人之蹂躏者何限！我通商口岸居民，其受外人不公平待遇者又何限！顾何以经此长久期间，决未闻我政府国民积极做撤销之进行耶？此其间正自有故：以其时政府当局，尚多笃信天朝法律不能保护野蛮人之谬说，一般明瞭大势者，以国势陵夷，日趋纷纠，无暇为撤回之进行，亦仅为一种外交上概括的声明，将撤回之条件列入约章而已，至于如何撤回，何时撤回？则均未之计及。而一般内地居民，又以内地未经开放，与外人尚少接触，对外亦少交涉，对于领事裁判制度之存在，亦未觉直接感受若何之不便，直视为于己无与者，以是亦未能督促政府进行。"② 郝立舆先生的这一段论述以强烈的语气道出了清末法权存在的问题以及交涉中的困顿。其所提到的"将撤回之条件列入约章而已"，

---

① 吴颂皋：《治外法权》，商务印书馆 1933 年 1 月版，第 267—268 页。
② 郝立舆著：《领事裁判权问题》，商务印书馆 1930 年 4 月版，第 81 页。

系指清末与列强续订的新商约里关于列强允弃治外法权之条款。① 这一外交成果为张之洞力争所得，因此对之寄望甚高。列强的这一态度启动了清末的法制变革和司法改良，也构成了清末法制改革的主要契机。但清政府法制的改革并没有得到列强交还法权的立即回应，事实上除了将撤回之条件列入约章，清末在法权交涉层面直如郝立舆先生所言，仅如此而已，别无建树。

　　然而，暂搁法权交涉现实层面的困顿，在思想层面，清末国人对法权问题并非如郝立舆先生所说的这般漠然。如御使吴钫的一道奏疏道出了国人对于失去法权的痛心疾首和收回法权的强烈诉求："中国通商以来，即许各国领事自行审判，始不过以彼法治其民，继渐以彼法治华民……。民习于他国之法律，遂忘其为何国之子民，法权既失，主权随之……若复因循苟安，坐待法权之侵夺，则逃犯不解，索债不偿，赴愬多门，人心大去，无论治外法权不能收回，恐治内法权亦不可得而自保矣。"② 虽然没有直接提到会审公廨，但从内容来看，作为处在通商大埠的上海公共租界，会审公廨无疑是标志中国法权丧失与否的一个风向标，这道奏疏可以证明清末国人对痛失法权是比较清醒的，法权意识比及近代初年也大为进步。③

　　对于会审公廨本身，清末有识之士对其认识是入木三分的。1903 年，修订法律大臣伍廷芳与办理商约大臣吕海寰联名向清廷上呈《上海会审公廨选用熟谙交涉人员会审片》，对其进行了强烈的批判：

---

　　① 1899 年，同样被领事裁判权困扰的日本成功的收回了失去的法权，在此前后，英国政府首先表达了鼓励中国改良法律和司法的意见。1902 年 9 月订立《中英续订通商行船条约》，第 12 款即为英国允弃治外法权的内容："中国深愿整顿本国律例以期与各国律例改同一律，英国允愿尽力帮助中国以成此举。一俟查悉中国法律情形及审断办法与其他相关之事皆臻妥善，英国即允弃其治外法权。"其他列强包括美国在内亦将相近之条款载入与中国的新商约中。

　　② 故宫博物院明清档案部编：《清末筹备立宪档案史料》下册，中华书局 1979 年版，第 823 页。

　　③ 蒋廷黻在《中国近代史》中曾述：协定关税和治外法权是我们近年所认为不平等条约的核心，可是当时的人并不这么看。治外法权，在道光时代的人大目光中，不过是让夷人管理夷人。他们想那是最方便，最省事的办法。参见蒋廷黻著《中国近代史》，上海世纪出版集团 2006 年 4 月版，第 13 页。

　　洋官于互控之案，大率把持袒护，虽有会审之名，殊失秉公之
道。又往往干预华民案几归独断。至华民犯罪，本有由委员会核明重
轻照例办理之条。寻常枷责而外，或应羁禁或应罚锾，事涉琐细，诚
不能一一绳以定律。相沿日久，遂至任意为高下，莫衷一是。又无论
案情若何，动辄票提拘押，往往送至洋人巡捕房，任其凌虐。甚至有
拘禁数年不行开释者，其劣差蠹役，从中勒索，犹其小焉者也。商民
每怀冤愤，无可告诉。上海租界繁盛甲于他处，似此因仍弊玩，不特
地方难期安谧，抑于中国体制有关。况中西刑律差殊，外人夙所借
口。今于租界公共之地，复侵华官自理之权，流弊何所底止。且无划
一刑律，不中不外，小民受此荼毒，为之恻然。①

　　伍廷芳和吕海寰针对会审公廨中外人的专横侵权作出痛斥，对会审公
廨的流弊表示忧虑，对于法律适用的随意性表示愤慨，这些批判代表了清
末国人对会审公廨丧失法权的清醒认识以及所作的强烈反应。清末江苏巡
抚程德全考虑到公共租界华人之众，以及办理上诉案件的复杂性，也曾建
议"在上海设特别高等审判庭，以受理公廨上诉。"② 尽管这些反映还没
付诸外交实践因辛亥革命清政府就已土崩瓦解，会审公廨在法权归属问题
上也面临更大的变局，但国人对会审公廨问题的重视及呼吁为日后的收回
交涉提供了先声。

第五节　法权关系典型案例评析

　　作为公共租界重要司法机关的会审公廨，其司法功能是界内其他权力
机构所无法取代的，而且工部局等机构往往要借助于会审公廨而展开工
作。在司法实践中，会审公廨承审公共租界相关的大量案件，在这些具体
案件的审理问题上，尤其是和法权关系密切相关的一些案件，会审公廨所
充当的角色和所处的地位可以得到清晰的勾勒。它既是案件审理的司法机

---

　　① 伍廷芳：《奏沪会审公廨情形黑暗请订章程片》，《清季外交史料》卷173，书目文献出
版社1987年版，第11页。
　　② 曾友豪：《法权委员会与收回治外法权问题》，《东方杂志》第二十三卷，第七号，1926
年4月。

构，同时又是中外力量博弈的前台。辛亥革命前会审公廨法权关系的典型
案例主要有：曹锡荣案、苏报案和大闹会审公廨案。其中曹锡荣案涉及公
廨较早出现的界内外移提问题；苏报案则是发生在租界当局和清政府之间
的移提问题；大闹会审公廨案是因女犯关押权问题引发的中外冲突。这些
案件的审理及结果，对于会审公廨本身的变迁在一定程度上也起着极为深
远的影响。

一　曹锡荣案

曹锡荣案是会审公廨早期历史上一起比较著名的案件。曹锡荣系公共
租界工部局华籍巡捕，这本是一起较为普通的命案，但由于曹锡荣身份的
特殊性和案情的复杂性，该案引起租界当局的关注并积极介入其中，中外
之间的冲突和争执有着较为明显的体现。

该案发生在 1883 年 7 月，然具体案情不太明朗，根据《工部局董事
会会议录》记载：曹锡荣涉嫌挟怨报复，殴打原包探伙计王阿安，致其 3
天后死亡。王阿安之妻及其亲属遂扭送曹锡荣至会审公廨，在庭审中曹锡
荣不承认王阿安的死与他有关系，声称自己仅仅是在执行逮捕过程时踹了
王阿安一脚。在双方各执其词，案件审理难以定断的情况下，会审公廨谳
员陈福勋一方面将曹锡荣关押；另一方面将案情详报上海县衙。由于曹锡
荣供职于工部局巡捕房，系属洋人延请的为外国服务的华人，因而巡捕房
督察长获悉该案后到会审公廨将其取保候审。

由于该案涉及人命，按照《洋泾浜设官会审章程》第 4 条 "华人犯案
重大，或至死罪，或至军流徒罪以上，中国例由地方正印官详请臬司审转
由督抚配定奏咨，应仍由上海县审详办。倘有命案，亦归上海县相验，委
员不得擅专" 的规定，谳员陈福勋力主将曹锡荣移送上海县衙审理，因此
在 7 月 16 日的会审公廨庭审中裁定将曹锡荣移送上海县。然事后不久，
工部局表示异议，其理由是《洋泾浜设官会审章程》第 3 条 "凡为外国服
务及洋人延请之华民，如经涉讼，先由该委员将该人所犯案情移知领事
官" 的规定，认为会审公廨没有做到这一点，要求将曹锡荣带回。这样中
外双方就该案的管辖产生分歧，最后双方议定曹锡荣是否移送上海县由会
审公廨再开庭审理。8 月 1 日，会审公廨发布堂谕，宣布了庭审结果：

曹锡荣案本分府、本副领事会同审讯，既据尸主在地方官衙控称王阿安被曹锡荣打死有证，并详核两造及人证供词，是否曹锡荣打死，在会审公堂究未能判实。现查照会审章程第六款，自行归上海县衙门审断。①

会审公廨的预审程序在经过租界当局的认可后，8 月 2 日，曹锡荣案正式移交上海县候审。该案在界外由中国衙门按照中国传统案件审理模式进行，开始依据当时《大清律例》规定将曹锡荣判决死刑，后又考虑到曹锡荣之母年事已高无人奉养，最终以存留养亲以及补偿王阿安家属结案。在曹锡荣被移送到上海县后，租界当局仍保持了对该案的密切的关注，认为案情没有做到水落石出，而中方未作详查即作判决。而且即使王阿安之死和曹锡荣的行为有因果关系，论罪曹锡荣也不至于被判死刑。租界当局对案件的关注和所持的异议，对于曹锡荣最终能免于一死也起到了一定的作用。

从曹锡荣案的审理程序和具体做法来看，尽管中外双方就曹锡荣是否移送上海县存在分歧，曹锡荣也因此在会审公廨与上海县衙之间往来多次，但中外双方都是基于《洋泾浜设官会审章程》中的条款而行的。最终也是依据会审公廨无权审理命案的规定，将该案移交界外当局自行审理。这说明了《洋泾浜设官会审章程》在会审公廨前期，对于规范中外双方的司法行为起了积极有效的作用。虽然案发在公共租界，租界当局对该案也有自己的认识和异议，但尚不至于跳出章程的约束，而是遵守中外关于权力划分的配置，这也体现出了《洋泾浜设官会审章程》这一"理"的规范性作用。

该案中值得引起关注的是会审公廨在移提案件中预审程序的确立。租界内涉嫌犯罪需移提界外当局审理，这在公共租界历史上经常发生，不仅是会审公廨时期，即便后来的临时法院和特区法院时期也是屡见不鲜。曹锡荣案就是会审公廨前期预审程序得以确立的重要案例，在曹锡荣案后，涉及移提界外的案件事先经过会审公廨的预审程序已经成为一种惯例。民国学者徐公肃称曹锡荣案"为公廨第一次实行预审程序，嗣后 1886 年 11

---

① 汤志钧编：《近代上海大事记》，上海辞书出版社 1989 年版，第 415 页。

月 15 日王泰记与魏作泰盗劫案，1887 年魏缔有诱拐罪，均由公廨现行审问，然后移送上海县。"① 这种惯例是在具体的司法实践中形成的，而没有《洋泾浜设官会审章程》所设条款的依据，这对会审公廨后来乃至临时法院和特区法院的影响都是非常深刻的。

此外，该案中租界当局的积极介入也值得加以评析。由于曹锡荣的身份是工部局巡捕房的巡捕，工部局在该案的始终给予了高度的关注。在曹锡荣到案后，先是巡捕房督察长出面将其从会审公廨保出，表示如若传讯即行交案。在曹锡荣经过预审程序移提到上海县衙后，工部局董事会甚至为此召开特别会议，并讨论是否聘请律师到上海县衙为曹锡荣辩护。在曹锡荣被界外当局判处死刑后，工部局也表示了曹锡荣罪不至死的高度关切。那么，一个普通的华人巡捕涉嫌犯案，引起工部局的如此关心，其出发点在于何方？仅仅是出于保护曹锡荣救其一命？显然不是。在曹锡荣案不久的 8 月 27 日《工部局董事会会议录》中记载，董事们甚至主张："除非履行了和道台达成的协议，即在审讯时必须有一位外籍陪审员和一位工部局代表在场，否则领事团今后将坚持把所有同受西人雇佣的华人有关的案件交会审公堂审判。"② 工部局董事的这一论断鲜明地表示外人对于会审公廨扩权的强烈要求，这种要求在很大程度上是从曹锡荣案中得到提取。如董事会通过对该案的讨论，要求："会审公堂处于完全不同的地位，同时要任命一位级别较高的官员来主持。"③ 反映出了租界当局介入会审公廨的积极心态。因此，需要引起注意的是：尽管曹锡荣案基本上是规范在《洋泾浜设官会审章程》的框架体系内，但租界当局力图扩权，加强其在司法上的影响力在会审公廨早期即已渐露端倪。

二　苏报案

针对《苏报》刊登评论邹容《革命军》的一些文章，清政府当局认为这些言论危及统治秩序，要求公共租界工部局巡捕房逮捕邹容、章太炎

---

① 徐公肃、丘瑾章著：《上海公共租界制度》，载《民国丛书》第四编第 24 册，上海书店 1992 年版，第 138 页。

② 上海档案馆编：《工部局董事会会议录》(*The Minutes of Shanghai Municipal Council*)，第八册，上海古籍出版社 2001 年版，第 528 页。

③ 同上书，第 528 页。

等人，并把他们移交给界外中国衙门审理，而最后该案则在会审公廨进行审理。苏报案是中外冲突的典型案例，涉及的问题方方面面，其中案犯的引渡问题、量刑问题是冲突的主要方面。

苏报案案情简述如下：《苏报》原是一份普通小报，1896 年 6 月 26 日创刊，早期刊载一些市井琐事、社会新闻，没有太大影响。后因经营不善，《苏报》出售给陈范。1898 年陈范接办以后，《苏报》政治色彩日趋明朗，先是抨击顽固守旧，宣传改良维新，继而不满专制独裁，宣传反清革命。1903 年章士钊担任主笔后，革命色彩更为强烈。他应聘当天便发了一篇《论中国当道者皆革命党》，并发表邹容《革命军自序》。《革命军》在 1903 年 5 月底印成单行本，6 月，《苏报》相继发表章士钊等人的《读〈革命军〉》、介绍《革命军》的广告和章太炎为《革命军》作的序文，推荐《革命军》为"国民教育之第一教科书"，称赞《革命军》"宗旨专在驱除满族，光复中国。文极犀利，语极沉痛"。书本来就写得好，加之名人作序，报纸宣传，一时间《革命军》不胫而走，广泛流行。[1]

6 月 22 日，两江总督魏光焘致电上海道袁树勋，令其查禁爱国学社演说，并指出邹容所作《革命军》，章炳麟为序，肆无忌惮，也一并查拿。6 月 23 日，署湖广总督端方致电魏光焘查办《苏报》："上海《苏报》系衡山陈编修鼎胞兄所开，悖谬横肆，为患非小，能设法收回自开至妙。否则，我办一事，彼发一议，害政惑人，终无了时。"[2] 魏光焘遂命袁树勋查禁《苏报》，并点名捉拿邹容和章太炎。魏光焘在致端方的电文中亦提及："设在上海租界之《苏报》馆刊布谬说，而四川邹容所作《革命军》一书，章炳麟为之序，尤肆无忌惮。因饬一并查禁密拿。"[3]

6 月底，上海道和租界当局达成协议拘捕涉案人员，"所拘之人，须在会审公廨由中外官会审，如果有罪，亦在租界内办理。"但等章太炎、邹容等人被捕后，清政府要求将涉案人员押赴南京，由中国政府自行审理。7 月 1 日，工部局董事会讨论此案，会议认为："不管该案将怎样判处，都必须在租界内执行。"关于会审公廨谳员发给公差要求封闭《苏

---

① 熊月之主编：《上海通史·晚清政治》，上海人民出版社 1999 年版，第 307 页。

② 《苏报鼓吹革命清方档案》，中国史学会主编：《辛亥革命》第 1 册，上海人民出版社 1957 年版，第 444 页。

③ 中国史学会主编：《辛亥革命》第 1 册，上海人民出版社 1957 年版，第 421 页。

报》馆的指令，董事会指示"在审讯并判决前不准执行，即使执行也应由工部局巡捕负责。"①

因案件发生在租界，故而双方就司法管辖权问题发生冲突。引渡问题涉及案件的司法管辖权问题，张之洞力主将案件移提界外审理，并在致端方密电中呼吁借此机会收回相应的法权："查历年以来，上海租界工部局遇事侵我主权，不遵条约，不有公理，视为固然。闻此次上海洋人私议，深虑此案中国必向其公使及外部理争，一经揭破，恐将工部局历年攘夺之权从此减削，可见外人亦自知理屈。我能趁此极力争回此项治权，将来再有缉拿匪犯之事，便于措手。利益所关甚钜，所包甚广，其有益尚不仅此六犯一案也。"② 从张之洞的这一番言论中可以看出他对于会审公廨法权问题的认识是比较深刻的。然而这也只是作为一个问题提出，虽然清政府就此作积极努力，但引渡问题很难有妥善的解决方案。7月4日，上海道袁树勋与租界当局会商案犯移交、查封《苏报》等问题。租界当局表示"租界事，当于租界治之"，没有答应清政府的引渡要求，也没有立即答应查封《苏报》。7月8日，军机处致电两江总督魏光焘，要求转饬袁树勋等切实办好苏报案犯的引渡交涉。7月9日，美国公使康格（Edwin H. Conger）致电美国驻沪总领事古纳，转告清政府关于引渡章、邹等人的要求。美国总领事转达租界对此事的处理意见，要求清政府收回要求，打消引渡念头。因此在引渡问题上，清政府尽管做出努力，最后还是以失败告终。

7月15日开始，会审公廨组织额外公堂审讯苏报案。审判官由会审公廨谳员孙建臣、上海知县汪瑶庭以及英国副领事迪比南（B. Giley）共同组成，迪比南主导了案件的审判。法庭上，章太炎和邹容对于被指控鼓吹革命的事实供认不讳，并据理力争。当被告律师问及原告究系何人时，孙建臣承认他是奉清政府之命担任原告，并当场将江苏巡抚饬令拘拿章太炎、邹容等人的札文出示。这样在公共租界中会审公廨公堂之上出现以清政府为原告，以章太炎、邹容等为被告，租界当局主导审判的有损中国国家形象和国家法权的特殊司法审判活动。

---

① 上海档案馆编：《工部局董事会会议录》（*The Minutes of Shanghai Municipal Council*），第十五册，上海古籍出版社 2001 年版，第 610 页。

② 参见李贵连著《近代中国法制与法学》，北京大学出版社 2002 年 11 月版，第 40 页。

此后很长一段时间，案件审理没有取得实质性的进展。9 月 17 日，工部局总董致信驻京公使团，道出了苏报案处理与公共租界的利益关系。信中强调指出："在未经审讯和未被证实犯罪之前，不得从公共租界逮捕或带走任何本地居民，这是多年来本地施政既定原则。外侨居留地之安全与不断繁荣有赖于此项原则之维持。"并声明了租界当局不支持引渡的理由："若不给被告证明自己无罪的机会就把他们引渡，使立即受到裁决，会使有关列强在外侨居留地的良好统治蒙受长久的耻辱，并将大大不利于今后的管理。"而且指出，租界当局对苏报案做出的逮捕命令，是与中国官方达成明确协议后进行的，"即定罪后，惩办被告须在公共租界执行，故工部局敢请转告中国政府，公认的做法必须遵守。"最后为了照顾清政府一方的情绪，提出了一个比较详细的意见，避免今后在公共租界再次出现与苏报案同样的事件。"工部局建议公使团使中国政府确信，为了防止租界今后可能出现的攻击性或煽动性的出版物，领事团和工部局将立即采取步骤监督和控制当地报纸，使服从当地法律，根据《土地章程》第三十四条附则批准它们的出版。此项无疑会消除今后可能引起的一切麻烦。"①

1903 年 12 月 1—24 日，会审公廨额外公堂连续多次开审苏报案，并于 24 日判决章太炎和邹容永远监禁。结果公布后，驻沪领事团对此表示异议，社会舆论在此案中也声援章太炎和邹容。这样一直拖到 1904 年 5 月 21 日，经过 5 个月的酝酿，额外公堂最后作出判决：章太炎监禁 3 年，邹容监禁 2 年，自到案之日起算，期满逐出租界。

会审公廨最后作出的宣判结果表明：清政府在公共租界司法审判的掌控上已是无可奈何，力所不及。这一案例反映了中国在租界法权的危机，如在审理苏报案的一次法庭辩论上，就出现了关于陪审官地位和权限问题的争执，对话在陪审官和代表中国政府诉讼的英国律师怀特·库柏（White Cooper）之间进行。

　　陪审官（回答怀特·库柏的问话）：当然，不用说，判决并不只

---

① 《上海公共租界工部局董事会关于〈苏报〉案的会议记录》，《档案与历史》1986 年第 1 期。

是由知县作出。

　　怀特·库柏：你的意思是任何判决都不能由他单独作出？

　　陪审官：我指的是，在案件审理过程中的任何问题，未经我的同意，不能作出任何的宣判和判决。①

　　可见，苏报案的意义，已经不仅仅停留在案件的本身。就会审公廨而言，从中我们可以看出会审公廨在公共租界中所处的地位和所扮演的角色，虽然是中国的机关，但在行使职权上亦不能唯清政府之命是从，而是受到租界当局的制掣。陪审官在法庭扬言"未经我的同意，不能作出任何的宣判和判决"正是基于外人已在会审公廨扩权的事实做出宣告，从而对抗清政府的权威。案件的审判结果则表明外人的这一对抗获得成效，这也说明中国在租界法权所表现出来的力所不及。本案中也体现出了近代西方法制的一些理念，在租界当局看来，苏报案仅涉及舆论问题，不应处以重刑，而且章太炎、邹容等系国事犯，并非因私获罪，按照西方对于政治犯庇护的原则，是不能做出引渡的裁决的。因此，此案虽然表明中国法权在租界的薄弱，而西方的先进司法理念亦得以传入，客观上有利于中国革命的宣传和展开，其正负影响兼而有之。

三　大闹会审公廨案

　　大闹会审公廨案，又称大闹会审公堂案或黎王（黄）氏案，是继苏报案后，发生在会审公廨的又一起涉及中外冲突的著名案件。如果说苏报案是因案情的发展牵涉到中外的法权问题，那么大闹会审公廨案就是因法权问题而起，该案涉及司法主权的争夺与反争夺，中外双方为此剑拔弩张，是会审公廨历史上影响十分深远的案件。

　　1905 年 12 月 8 日，广东籍已故官员黎廷玉的妻子黎王氏，携带 15 名女孩由四川搭乘"鄱阳号"班轮途经上海，准备回广东原籍。工部局巡捕房此时收到镇江一名传教士打来电报，该电报声称黎王氏系拐匪，来上海贩卖这些女孩。根据这一信息，捕房于是在码头以拐骗人口的罪名将黎

---

　　① 　A. M. Kotenev, *Shanghai: Its Mixed Court and Council*. North – China Daily News and Herald, 1925, p. 112.

王氏等拘捕，送会审公廨审理。案件由谳员关絅之①担任主审官，金绍成为副审官，外国陪审官则是英国副领事德为门（B. Twyman）。经审讯，因捕房指控黎王氏串拐证据不足，关絅之和金绍成裁定相关人等到会审公廨女押所候审。德为门则坚持认为此案应当查核，并主张黎王氏等人须由捕房带回押入西牢。关絅之根据《洋泾浜设官会审章程》中没有关于女犯押于西牢的规定，且又未经道台批准，因此拒绝由捕房将一干人等带回。两种不同意见遂在会审公廨大堂上发生激烈争执，德为门骄横无礼地说："本人不知有上海道，只遵守领事的命令。"被激怒的关絅之也针锋相对地说："既如此，本人也不知有英领事。"并即饬廨役将黎王氏等带下。德为门则命令巡捕将黎王氏等夺下，扭夺过程中中方二名廨役被打伤，金绍成上前制止，朝珠补服均被扯破。堂下乱作一团，巡捕挟被告等无法出门，向关絅之索取钥匙，关怒斥道："毁门可，打公堂可，即杀官亦无不可。"然后愤然离去。巡捕强行打开公廨大门，将黎王氏押赴西牢，女孩15 人被送济良所。②

　　大闹会审公廨事件发生后，上海各界反响非常强烈。第二天即 12 月 9 日，上海各界人民聚集商务公所以示抗议。"到者约有数千人，无不义愤填膺，有激烈慷慨之意，聆至演说痛切处，呼号奋发，万臆一声，人心

---

① 关絅之是会审公廨历史上非常著名的谳员，现对其作一简要地介绍：关絅之，名炯，字絅之，号别樵。1879 年 4 月 13 日生于湖北汉阳，1942 年 7 月 3 日卒于上海。17 岁中秀才，24 岁中举人，26 岁代理会审公廨谳员，27 岁正式任谳员，28 岁捐升知府，29 岁任通州直隶州知州。辛亥革命前夕秘密加入同盟会，辛亥革命后再次出任会审公廨正审判官，一直到 1927 年 1 月 1 日会审公廨被改组为临时法院为止。参见彭晓亮《关絅之与上海会审公廨》，《史林》2006 年第 4 期。黎王氏案的审理使关絅之一举成名，此后在会审公廨被领事团接管后以及五卅运动等时期都有出色的表现，具有崇高的民族正义和民族气节。"他如停止刑讯，在当时州县衙门恒多抗不奉命，独公廨毅然撤除刑具，以为之倡，使吾华人此后不再裸体受辱，亦关君斡旋之力也。"参见陈伯熙编著《上海轶事大观》，上海书店出版社 2000 年 6 月版，第 226 页。

② 参见岑德彰编译《上海租界略史》，1931 年版，第 219 页。关于大闹会审公廨案，关絅之后来在《会审补阙记》也曾作简要的记述："大闹公堂一案，粤妇黎黄氏携带女孩十余口，捕房以串拐控。无据，炯主开释，英领主押西牢。商交保，不允，商押女所候查，仍不允。炯判交官媒看管，西捕即起而夺人，伤廨役，攫黎黄氏及女孩等去。炯详道惩治凶各捕，开释黎黄氏等，一面停讯交涉。沪人罢市，捕房火起，秩序大乱。各国团练弹压无效。炯随上海道苦口徒步沿门劝谕，实仍不开。领团仍要求炯率领中西探捕，荷枪策骑周巡马路，具言商允领团开释黎黄氏等，嗣后女犯永远不押西牢，秩序方渐复。"参见关絅之《会审补阙记》，《档案与历史》1988 年第 4 期。

震动。"① 上海地方官员也表现出了少有的坚决态度。12 月 10 日绅商代表面见上海道袁树勋，要求官府维护主权，据理力争。袁树勋表示："今日各绅商到此，甚感盛情，此事由本道一人任之，如有一分之力，即尽当一分之心，去留利害，在所不计。"② 随后向驻沪领事团和英国领事馆提出抗议，并嘱关絅之、金绍成暂停与英国副领事会审。而领事团一方对于袁树勋提出的释放黎王氏、撤换德为门、惩治行凶巡捕等项置之一边，不加理睬。12 月 11 日，因不满黎王氏案的延期审理，工部局巡捕房还以拘留所内罪犯拥挤为由，建议领事团成立一个独立于会审公廨的法庭开审此案。"对当前审讯工作的任何拖延将会造成在巡捕房拘留所内罪犯的严重拥挤，而现在拘留所已经到了饱和的地步。显然，有必要对这一事件立即采取措施，我谨建议领事团成立一个独立于会审公堂的法庭。"③

对于此案的态度，中方的立场是比较坚定的。据 12 月 13 日《工部局董事会会议录》记录称："当时道台的态度是格格不入的，并且是十分专横武断的，他拒绝重开会审公堂，除非领事团接受一些根本无法接受的条件。"④ 在同一天，驻京公使团根据清政府外务部的抗议，电令驻沪领事团将黎王氏押回会审公廨女押所释放，领事团则秉承公使团的意旨要求工部局照办。工部局在接到领事团的这一命令后表示惊奇，认为根据《土地章程》，领事团无权作出此类指示，总董称："这种默认中国人的要求等于直接纵容混乱，必将对本埠行政管理产生不利影响。"⑤ 尽管工部局有其自身考虑的理由，但也没有置公使团及领事团的命令于不顾。因此直到 15 日下午，工部局巡捕房始将一干人等径直送往广肇公所释放，故意没有按照公使团的命令递交给会审公廨。

案件到此虽已草草了结，但上海的群众运动并没有结束。12 月 18 日，公共租界中国商号纷纷罢市，19 日上午，事态发展到愤怒的人群围

① 《商会集议对付情形》，《申报》1905 年 12 月 10 日。

② 《纪中国官绅在洋务局会议情形》，《申报》1905 年 12 月 11 日。

③ 《工部局警务处给总办勃兰特先生的信》，1905 年 12 月 11 日。金跃东：《1905 年大闹会审公堂案史料》，《档案与历史》1986 年第 1 期。

④ 上海档案馆编：《工部局董事会会议录》(*The Minutes of Shanghai Municipal Council*)，第十六册，上海古籍出版社 2001 年版，第 611 页。

⑤ 同上书，第 611 页。

攻工部局老闸捕房和市政厅等处，巡捕开枪镇压，华人死伤 30 余人，酿成血案。"是役也，华人死于市政厅前者三人，死于南京路与江西路转角者一人，死于附近各处者三人，总计死者七人。因伤致死者数人，受伤者若干人。"① 事件扩大后，工部局总董于 12 月 19 日下午会见上海道台，探讨相关事宜。1. 关于女犯押所问题，经协商同意，在会审公堂重开后，女犯将送往公堂监狱。2. 撤换德为门问题，租界当局拒绝讨论，待由英国和中国政府解决，但道台提出重新开庭时，应该由另一人代替英国陪审员听审。3. 巡捕房捕头由另一警官替代问题，双方争议很大，未能达成妥协。② 12 月 21 日，两江总督周馥来沪下令会审公廨开审，其余问题留待后商。23 日，英方仍派德为门为陪审官参加会审，当即被关絅之拒绝。但是最后中外双方还是达成妥协：1. 中方允许巡捕到庭；2. 领事团允许以后女犯将由公廨收禁；3. 英方不撤换副领事德为门；4. 捕头木突生等，工部局以未经审判，是非莫属，不允惩罚。英国肇事凶犯没有得到惩罚，相反涉案的华人却被判了 10 年徒刑以内的较重刑罚。

由大闹会审公廨案演化成声势浩大的民族主义运动，对于会审公廨本身的影响是很深刻的。这场运动因会审公廨法权问题而起，为世人所瞩目，这在 1925 年 10 月国际司法调查团在调查沪案时对该问题也有所追查。当时担任工部局警务处督察长的威尔逊和庭长的对话记录中有较切合实际的反映：

　　　　庭长：你是否能回忆一九〇五年骚乱的一些起因？
　　　　答：那是华人反对由工部局监管会审公廨。
　　　　问：还有其他原因吗？
　　　　答：没有，阁下，那次全都为了会审公廨。
　　　　问：那么，根据你的判断，一九〇五年十二月十八日的骚乱事件是由于工部局干预会审公廨而引起的？
　　　　答：对。

---

　　① 岑德彰编译：《上海租界略史》，1931 年版，第 221 页。另见熊月之主编《上海通史·晚清政治》，上海人民出版社 1999 年版，第 272 页。
　　② 《关于会审公堂事件会见上海道台的备忘录》，1905 年 12 月 20 日。金跃东：《1905 年大闹会审公堂案史料》，《档案与历史》1986 年第 1 期。

问：你是否回忆一下具体情况——工部局是用什么方法干预会审公廨的？

答：不，目前我靠回忆是说不出什么来的。

庭长：根据你现在回忆，导致一九〇五年的骚乱是否还有其他原因？

答：不，除了会审公廨以外，其他我就不知道了。人们后来经常把那次事件称为大闹会审公廨。①

这一案件以中国的失败告终，对于会审公廨而言，其失权之处是很明显的：

首先是外国陪审官对审判权的侵占。按照会审章程规定"若案情只系中国人，并无洋人在内，即听中国委员自行讯断，各国领事官无庸干预"，但自从纯粹华人刑事案犯由工部局捕房拘提后，外人陪审的权限强行扩大到此类案件，而且外国陪审官擅自裁判，导致和中国谳员时时发生冲突。德为门陪审黎王氏案本已违反章程规定，对于关絅之的合法裁判反而横加干涉，显然是非法侵占审判权。关絅之尚属具有民族正义感的谳员，才有如此抗争，若换成别的人充任主审官，国权的维护也就难以想象了。这个案件反映的是会审公廨审判案件的实际支配权以及谳员和陪审官关系的真实写照。

其次是租界当局对法警权的侵占。本来会审公廨内是不容许外国巡捕进入的，按照会审章程规定，会审公廨的差役由谳员选定，不用工部局巡捕。然而从黎王氏案的拘捕和审判来看，法警权却都是由捕房来行使。正是基于这一实权，才有巡捕在公堂上的大打出手，强行将女犯押赴工部局西牢。因此该案在事实上表明会审公廨自身法警权的丧失，保障司法裁判的警力已为外人所占。在12月7日，工部局为总董与领袖领事会谈而准备的关于会审公堂问题的备忘录中，郑重地提到在会审公廨设置巡捕问题，要求领事团采取一致立场，对抗中国方面对巡捕的排斥。"工部局在公共租界内的公堂上设置巡捕监督的目的不仅是为了保证执行正当刑罚，

---

① 《威尔逊的证词（1925年10月22日）》，上海市档案馆编：《五卅运动》第三辑，上海人民出版社1991年10月版，第670—671页。

也是为了公共社会的利益，不管是外国人的，还是当地人的。会审公堂不是一个单纯的本地人的法庭，它所管的事务对西人社会是直接有关的，对工部局来说，是有关法律和秩序，以及保护生命和财产的问题。工部局诚挚地相信，领事团将恪守在这一重要问题上所采取的立场，并将保持统一战线，以抵制中国当局反动的和有障碍的立场。"工部局也明白通过和中方交涉的方式修改会审章程难以行得通，以施压的方式往会审公廨派驻巡捕不失为一个好办法。"很明显，要按照领事团和外交使团同意的条款来修改会审公堂章程，在中国当局现时的气氛下是没有希望的，唯一改进现状的希望在于领事团不断的压力，加上工部局在现场的努力。"① 大闹会审公廨案发生后，在驻沪领事团施压下和工部局的努力下，中外达成妥协，其中第一条就对巡捕进入会审公廨做出了明确规定。这样租界当局除了领事出席陪审外，进一步以利用巡捕这一警力的渗入来掌控会审公廨。

　　值得肯定的是：此案对于激发中国民众的民族向心力来说，具有一定的积极意义。人们进一步认识了租界的情势，对于外人的侵权行为有了更为清醒的认识，而且由此激发了情绪高涨的民族主义运动。12 月 10 日，《申报》刊文对此案所作的评论，可以说明这一点。文章指责租界当局以所谓文明国身份行野蛮行为，指出黎王氏案是西人违背约章的侵权侮辱行为："查租界约章，本谓西人犯案归西官审断，华人犯案归华官审断，今黎王氏之案照约而言，岂非应由华官判断乎？乃英副领必欲强令带回，已为背约，更遽起用武，是非特侵权，且有意轻辱华人也。"并指出会审公廨和谳员在租界的地位事关国体，受到侵犯是对国体的蔑视，"且公堂国体所系，而华官在租界内华民之代表也，今乃公堂可哄，是蔑视我国体也，而何论乎小民！官役可击，使贱视我华人之代表也，而遑论乎华人！"文章最后号召国人觉醒起来与租界当局进行抗争，"呜呼！我中国之见轻于外人也，固已久矣，然上海租界为我全国商埠之枢纽，而公堂尤为主权所系，西人此举，实奴隶我、牛马我之见端，我华人苟稍有人心者，讵肯袖手坐视、一任其凌辱蹂躏而漠然不动于衷耶？"②

---

① 《工部局为总董与领袖领事会谈而准备的关于会审公堂问题的备忘录》，1905 年 12 月 7 日。金跃东：《1905 年大闹会审公堂案史料》，《档案与历史》1986 年第 1 期。
② 《论会讯公廨哄堂事》，《申报》1905 年 12 月 10 日。

　　因此在此案发生后，公共租界内的民族主义空前高涨。"自十二日公堂哄闹以来，合埠人民感情接触，骎骎乎有舆论合一之势。"民众的舆论和运动对于官方的交涉也起了很大的声援作用，"舆论之势力实足为官吏之后援者也。"① 民族主义运动汇成的合力是不可忽视的，这一力量是中国民众对于外人侵权的一种觉醒和自救。在强大的民族主义浪潮下，租界当局也不能对此等闲视之，其震撼力唯有 20 年后掀起更大狂澜的五卅运动与之相媲美。

---

　　① 《论今日舆论之资格》，《申报》1905 年 12 月 17 日。

第二章　辛亥革命后会审公廨
法权的嬗变及交涉

　　辛亥革命之前，尽管会审公廨法权已在一定程度上存在，但会审公廨仍是中国在公共租界设立的法院。"会审公廨仍然是一中国法庭，是中华帝国行政体系不可分割的一部分。"① 辛亥革命之后，驻沪领事团全面接管会审公廨并按照西人社会单方的要求对其进行改组，公廨的性质遂发生了根本性的变化，中国在公共租界的法权几乎丧失殆尽。对于会审公廨发生的这一嬗变，民国政府外交上力争收回法权的努力也开始展开，从民国初年到巴黎和会及华盛顿会议，中外双方发生了多次法权问题的交涉，然始终未能获得实质性的进展。尽管辛亥革命后会审公廨的变局缺乏法理和条约上的依据，而对会审公廨的掌控却是租界当局在革命前难以企及的客观需要，反映出法权问题对于公共租界的利益攸关性。

第一节　辛亥革命后会审公廨法权的嬗变

　　辛亥革命在会审公廨的历史上有着深刻的影响，上海光复不久，会审公廨即面临巨大的变局。1911 年 10 月武昌起义后，时任会审公廨谳员宝颐和副谳员德胜臣因均系满人，闻讯后各自逃匿，致使公廨积案很长一段时间延宕不理。11 月 3 日上海光复后，上海道刘燕翼也避入公共租界洋务局继续办公，并于 6 日委派关絅之为正谳员，王嘉熙、聂宗羲为副谳员，接办会审公廨。《法权会议报告书》针对这一变局称："一九一一年

---

　　① Stephens. Thomas B. *Order and Discipline in China: the Shanghai Mixed Court* 1911—1927. Seattle: University of Washington Press. 1992, p. 47.

革命时，会审公廨能否继续执行职务，实属一大疑问。"① 此种情形无疑为西人社会提供了难得的契机，驻沪领事团遂以"临时救济之办法，以免该廨解散"为理由，② 乘机接管了会审公廨并按照自己的意图对其进行改组。

司法机关牵涉到公共租界治权的切身问题，在租界享有高度的法权是西人社会在司法上的强烈需要，这种需要是涉及租界利益的一个实际问题。租界当局一直以来在会审公廨所作的努力无非是扩大自身在其中的影响力，辛亥革命带来的变局正是西人社会向来所极力追求的。如此，租界当局就可将历年来对会审公廨的改革意见付诸实施，而免去了中外交涉的麻烦，况且交涉往往会受到多方制掣而未能如愿。因此对租界当局而言，接管会审公廨，"此举适符上海民众之需求，以为上海民众，国籍复杂，早已超乎中国公理之维系矣，非如此不足为公堂图独立，而求进步也。换言之，即外人早已以华人有权干预公堂事务为厌烦，至是外人乃得任意进行无阻也。"③

在辛亥革命的变局下，驻沪领事团不失时机地对会审公廨进行单方面接管。民国学者吴颂皋对此曾作评论："不啻全由领事团一方操纵，中国政府毫无置喙余地。"④ 这一接管工作分为以下几个环节完成：11 月 7 日，在会审公廨担任陪审官的美国副领事赫德雷（Frank W. Hadley）就辅助公廨管理条陈六点意见上书驻沪领事团；9 日，领事团召开会议，讨论并赞同赫德雷的建议，并认为应采取必要的措施；10 日，领事团以通告的形式宣布了对会审公廨的接管，并于第二天将该通告张贴在会审公廨门口。以下为通告内容：

"为通告事，照得界内有多数华人居住营商，故特设一会审公庭

① 《法权会议报告书》，《东方杂志》第二十四卷，第二号。英文见自：Report of the Commission on Extraterritoriality in China, as published in Washington by the Department of State.

② 同上。

③ 《上海租界问题：会审公堂及临时法院》，上海档案馆藏，档号：Y7－1－4－56。另见：Ching－Lin hsia, Status of Shanghai. Kelly and walsh, Limited and at Hong Kong and Singapore, 1929, p. 60.

④ 吴颂皋：《治外法权》，商务印书馆 1933 年 1 月版，第 268 页。

处理民刑诉讼事件。为界内之和平及秩序起见，该公庭及其附属各监牢，实有继续进行之必要，因此各条约国领事，以其地位及权限关系，特定一种处变暂时办法：重委谳员关絅之、王嘉熙、聂宗羲诸员为公堂谳员，秉陪审官之指导及同意处理公堂事宜。又命租界工部局巡警管辖该公堂各监牢，并传达公堂传票、拘票、及各项曾经陪审官付署之各种命令，并出全力扶助公堂，以维护公堂之尊严。凡尔各色人等，须知租界附近之上海不靖时局，不能影响界内之中国守份居民，此等守份居民，仍得各安生业，如有不逞之徒，以干涉或恐吓手段，阻碍此等居民生业之安全，或以干涉恐吓手段，勒索此等居民捐助任何党派款项，一经查出，定即严惩，决不宽贷。凡尔中外各色人等，务使咸知，切切无违，此示。"①

　　该通告的要旨非常明确，即鉴于会审公廨在公共租界的重要性，驻沪领事团宣布予以接管，并要求界内各方遵守公廨规定。领事团在通告行文中虽然称接管会审公廨是权宜办法，不过是一种委婉提法，"这种所谓的临时措施不论在哪一方面都没有法律依据"。② 而这一权宜办法在辛亥革命前是西人社会力争所不能及的，时局的变迁正好实现了他们梦寐以求的夙愿。但另一方面通告所称办法的权宜性，也为民国初年中方要求收回会审公廨提供依据。英国人基敦（Keeton）在其《在华治外法权》一书中对这一通告也作过比较中肯的评论："该通告为一奇特文件，认可原有的中方谳员，表示领事团不愿超过原有会审公廨的范围。但又说会审公廨的中方谳员，审判时须受陪审官的指导并得其同意。虽然上海外人一直是如此期望，但在以前，对于这种做法，中国官员是难以同意的。"③

　　领事团在发出通告后，又于 12 月 1 日由领袖领事宣布，称如认为必要时，会审公廨可处罚一切刑事案件；只有当判处死刑时，须报告领事

---

　　① 《上海租界问题：会审公堂及临时法院》，上海档案馆藏，档号：Y7-1-4-56。该通告英文见自 the Shanghai Municipal Gazette, November 16, 1911.

　　② ［美］费正清编：《剑桥中华民国史》上卷，杨品泉等译，中国社会科学出版社 1998 年 7 月版，第 168 页。

　　③ G. W. Keeton, *The development of extraterritallity in China*, Longmans, Green and Co. London, hfew fork and Toronto, 1928, p. 376.

团，由领事团核准后，方得执行。第二天，领袖领事命令工部局以领事团的名义办理：（1）支付公廨内一切费用（除谳员薪金外）；（2）接受一切罚金；（3）设置一独立财政机关于公廨内，以工部局职员一人为专员，专门处理一切与特别案件有关之公廨存款。① 12 月 6 日，工部局召开董事会，对于领事团的这一决定作出积极回应："领袖领事来函已递交董事会由各董事传阅，函中询问工部局是否准备接管公堂内刑事部门和民事部门的财务及文书工作。董事们一致同意，因此发出肯定的答复。"② 1911 年12 月 22 日，领袖领事致函驻京公使团领袖英国公使朱尔典（John Newell Jordan）汇报公廨接管状况，函中所述基本上反映了会审公廨发生的重大变化。该函文内容如下：

公使阁下：谨将上海领事团在任何形式的中国政府尚未成立以前，为保证公共租界会审公廨的工作徂以照常进行，所采取的几项权宜措施，报告如下：

（一）领事团确定会审公廨三位中国谳员，应在外国陪审官指导之下，并和其协同一致，继续执行其任务。

（二）附属于会审公廨的监狱与押所，现由工部局巡捕房负责管理。

（三）会审公廨的传票与拘票，均由工部局巡捕房予以执行。

（四）所有审讯事宜，均由会审公廨中国谳员会同外国陪审官进行。

（五）所有在公共租界内发生的刑事案件，包括应判五年以上徒刑的案件在内，概归会审公廨处理。

（六）工部局对会审公廨的财务行政代表领事团予以监督，它经收会审公廨一切罚款，并支付除谳员薪俸以外的一切经费与薪金。

（七）谳员的薪俸由领事团用存于领袖领事手中中国政府的经费支付。

---

① 谳员的薪水则由领袖领事负责，在道台的担保款内拨发。参见徐公肃、丘瑾章著《上海公共租界制度》，载《民国丛书》第四编第 24 册，上海书店 1992 年版，第 140 页。

② 上海档案馆编：《工部局董事会会议录》（*The Minutes of Shanghai Municipal Council*），第十八册，上海古籍出版社 2001 年版，第 574 页。

　　（八）对于纯粹华人民事案件的审讯，外国陪审官将予以监视；这项改革大致将于下星期内开始实行。①

　　结合领事团的接管通告和领袖领事致领袖公使的函文可知，领事团对会审公廨进行了一系列的改组，改组的幅度很大，几乎涉及会审公廨的方方面面，深刻地影响了公廨法权的变迁。这在下列几项表现得最为显著：

　　1. 谳员的任命权。会审公廨谳员由驻沪领事团任命，其薪俸亦由领事团拨给。这样一来谳员的身份发生质的变化，辛亥革命前是中方任命的官员，此时领事团取代中国政府而直接任命。"公廨谳员，不复为中国之官吏，而变为外领之一雇员。"② 作为会审公廨主审官谳员的任命是公廨最重要的组织人事权，领事团掌握了这一重要权限，实际上等于控制了会审公廨。对于谳员作如此安排，那么对于公廨内的其他用人权也均由外人把持。

　　2. 司法管辖权。会审公廨的司法管辖权限大为扩充，关于民事案件已没有任何限制。关于刑事案件除死刑须报告领事团核准外，③ 其余包括10年乃至20年徒刑在内公廨皆可作出直接判决。管辖的地域范围已超出公共租界，延伸到越界筑路区和上海港外国商船上的案件。

　　3. 领事会审观审权。在领事的会审观审方面，根据《洋泾浜设官会审章程》，纯粹华人案件均归华官单独审理，外人不得干预。自会审公廨被领事团接管后，不仅华人间的刑事案件，即使纯粹华人的民事案件，外国领事或其代表也得以会审。公廨的判决必须要由陪审官签字才能生效。

---

　　① 英国蓝皮书1912年《中国三号》，第111号，第138页。上海社会科学院历史研究所编：《辛亥革命在上海史料选辑》，上海人民出版社1966年2月版，第1144—1145页。

　　② 徐公肃、丘瑾章著：《上海公共租界制度》，载《民国丛书》第四编第24册，上海书店1992年版，第70页。

　　③ 根据调查中国法权委员会报告书中记载，"判决死刑时，照现在惯例，公廨须该犯送交上海中国官吏执行，但中国官吏寻常于收到该犯后，仍须加以复审，始执行之。"事实上在中国当局未再予审讯前，这个判决通常是不执行的。参见《法权会议报告书》，《东方杂志》第二十四卷，第二号。英文见自：Report of the Commission on Extraterritoriality in China, as published in Washington by the Department of State.

这样，"陪审官逐渐占有主审官的权力，在裁判权上与谳员享有同等的地位"。① 1914 年公廨又参照英国在华高等法院拟定诉讼程序，包括刑事、民事、上诉三部分。"自是公廨内一切纯粹华人案件，无论民刑，领事均有过问之权。"②

4. 案件上诉权问题。辛亥革命后，会审公廨取消了上诉程序，所有判决的案件均为终审判决。会审公廨在被接管之前，其上诉机关为上海道；接管后由于会审公廨已经和中国的司法系统脱节，原来可向上海道上诉的案件，也因工部局及领事团的反对而取消。民国时期上海设有上海道尹，1915 年道尹杨晟因审理郑华、金小云因地产上诉一案，拟设上诉法庭于道尹署。中国政府曾颁布章程规定此上诉法庭的程序，后因领事团抗议而未成。这样会审公廨审结的案件即为终审判决，无上诉途径。对于辛亥革命后会审公廨这一现象，时人撰文指出："无论民刑事案件，凡被告为租界中之华人者，概以会审公廨为唯一法庭，无其他法庭可以干预之，此时会审公廨居然成为最高级之法庭，其案件之多，民事案中价值之巨，除北京大理院以外，他种法庭，殆无其匹"。③

5. 适用法律问题。接管后的会审公廨在名义上规定适用中国法律，而实际上，"则仅有会审官自行酌定，无所谓适用之法律"，判案"任意轩轾"。诸如此类，"久为世人所诟病"，其"违约悖理，显而易见"，世界上之恶制度，无有"过于此者"。④ 可以想象，会审公廨既已不是中国在公共租界的司法机关，在外国陪审官主导审判下，中国法律要在租界真正推行无异于空中楼阁。

6. 检察处的设置。会审公廨被接管后廨内的一切用人行政权都在外人手里。公廨内设立检察处，检察员一人由工部局推荐，领事团委任。检察员掌管分配案件，指定审理日期，收发文件，保存案卷等公牍及诉讼事务。民事羁押所和女监的管理权也由检察员行使。附设于检察处的有交保

---

① A. M. Kotenev, *Shanghai: Its Mixed Court and Council.* North – China Daily News and Herald, 1925, p. 177.

② 蒯世勋：《上海公共租界史稿》，上海人民出版社 1980 年版，第 170—171 页。

③ 丁榕：《上海公共租界之治外法权及会审公廨》，《东方杂志》第十二卷，第四号，1915年 4 月。

④ 公展：《评收回沪公廨运动》，《国闻周报》第 1 卷，第 3 期。

间、收支间、总写字间、洋务间和华务间，均听命于该外国检察员。检察处的设立是租界当局控制会审公廨的重要手段之一，即使讯判之权不在该处，而实则殊可左右一切，名义上是会审公廨的附属部分，实则最高机关。①

　　以上6个方面反映出辛亥革命后会审公廨发生的嬗变，而与《洋泾浜设官会审章程》的规定已经相去甚远。"自是租界内之司法权，遂全入于外人之手，中国政府无权过问矣。"② 尤在领事观审会审方面，陪审领事几乎无案不审，陪审违警案件则称这是与洋商利益有关，陪审纯粹华人案件则称租界系外人居住地，不能听任廨员自专。因此举凡涉及租界的大小案件，陪审领事则事无巨细，均事必躬亲来堂听讼。马士（Morse）在其《中华帝国对外关系史》一书中也提到这个问题，认为辛亥革命后没有一个案件是由会审公廨里的法官单独一人审讯的。"领事所派的陪审员每逢审案都是审判官之一——对于警务案件，是因为顾到外侨公众的利益，对于中国人之间的讼案，是因为中国官吏，有他的传统的执行判决的方法，在那'保留为外人贸易和居住之用的区域'内决不容许他有不加限制的管辖权。"③ 这实际上表明会审公廨已经成为服务外人的附属机构，职责就是维护租界的秩序和利益，以适应租界的治权需要。费唐（Richard Feetham）法官在报告书中也称："会审公廨由外人控制，使工部局对于公廨之组织与施行，能大加改善。"④ 因此，辛亥革命后会审公廨完全独立于中国司法体系之外，成了租界当局控制的一个司法机关。"从此上海会审公廨既非中国的机关，尤未经中国何等正式的同意，乃纯成为外人侵害中国司法之一种事实矣。"⑤法国学者白吉尔针对1911年驻沪领事团

---

　　① 上海档案馆藏，档号：Q179 - 4 - 6。

　　② 徐公肃、丘瑾章著：《上海公共租界制度》，载《民国丛书》第四编第24册，上海书店1992年版，第140页。

　　③ ［美］马士著：《中华帝国对外关系史》第二卷，张汇文等译，上海书店出版社2000年9月版，第145页。

　　④ 费唐：《费唐法官研究上海公共租界情形报告书》（卷一），工部局华文处译述1931年版，第351页。

　　⑤ 《沪公廨案的交涉》，《现代评论》第4卷第79期，1926年6月。

接管会审公廨事件也称："从此会审公廨完全置于外国人的控制之下。"①

我们从会审公廨这一深刻变化的影响因素来看，时局的发展和会审公廨的命运息息相关。会审公廨是中外双方契约的直接产物，实际的运行基本上也是在章程的体系内双方合议的结果。而作为契约方的清政府面临辛亥革命而彻底崩溃，会审公廨发生如此的变化也是势所必然。一方面，辛亥革命没有推倒也无法推倒会审公廨，而会审公廨作为公共租界的重要司法机关的功能也不能缺失，这是辛亥革命后会审公廨继续存在的客观事实；另一方面，必须看到正是因为会审公廨的支配力量失去了平衡，才导致了一边倒的格局。我们从领事团的通告中也能读出：租界当局正是在会审公廨继续存在必要性的掩护下，不费周折且堂而皇之的将之接管。不难理解，会审公廨的变化就是基于力的平衡被打破所导致的必然结果。

对中方而言，司法权关系到国家主权，法权的进一步沦丧实为国家主权的重大让与，这对国格和国家形象都是莫大的损害。正因为如此，以关絅之为首的审判官竭力维护会审公廨的中国国家形象。如 1918 年为庆祝"一战"中协约国的胜利，会审公廨悬挂中国国旗，各国领事则认为会审公廨作为混合法庭，不应只挂中国国旗。关絅之则告知领袖领事，按租界《土地章程》，公廨实为完全中国衙署，"况此次公理战胜强权，美大总统宣言以保护万国主权为宗旨，当此庆祝战胜，因升旗而啧有烦言，殊非公理之平。"在领袖领事的斡旋下，才平息了各国领事的异议。"光复以来，实此次初得高揭国徽，以表示公廨为完全之中国法庭，是后恭逢双十国庆节，均悬挂如仪。"② 关絅之出于维护国家形象所作的努力应当值得充分肯定，但在会审公廨悬挂中国国旗改变不了其被租界当局全面掌控的事实。民国学者钱泰谈到领事团接管下的会审公廨称："计自辛亥领团攫取公廨，至民国十六年临时法院成立为止，此十五年之间，公廨完全在外人掌握之下，无所谓章程，更无所谓权限，一听外人之主宰，华官伴食而已。"③

然这一事实从西人社会的角度来看，无疑是一个巨大的胜利。原因是

---

① ［法］白吉尔著：《上海史：走向现代之路》，王菊等译，上海社会科学院出版社 2005 年版，第 125 页。

② 参见关絅之《会审补阙记》，《档案与历史》1988 年第 4 期。

③ 钱泰：《上海特区法院成立之回顾》，《中华法学杂志》第 1 卷第 3 期，1930 年 11 月。

辛亥革命前，租界的行政权通过工部局已牢牢掌握在外人手里，而行使租界司法权的会审公廨还是中国政府派驻租界的机构，行政权的实施往往需要得到司法权的保障。全面控制会审公廨是租界当局为之不懈努力的目标，辛亥革命的变局给租界当局带来了难得的契机。因此基敦（Keeton）曾言："在公共租界业已发展到令人不可思议的情形下，而允许界内存在中国的审判机关，这是令人疑惑的，因此租界当局经常思考如何对其进行收管。从 1911 年到 1926 年间，这一收管的意向实际上是得到了实现。"①而且在外人看来，会审公廨发生这一深刻变化颇具积极意义。领袖英国公使朱尔典在向英国外交大臣葛雷的呈文中，高度肯定这一积极成果："会审公廨在工作程序上所作的变更，至少作为临时权宜的办法，已蒙外交团的批准；这种变更的意义是极为深远的，它们包括若干陪审官多年来所主张的，关于会审公廨的审理程序以及罪犯的看守办法所应进行的改革。"②朱尔典之所以认为会审公廨"这种变更的意义是极为深远的"，就是基于中国政府在公共租界的法权基本上已被排除在外的事实而言。

　　一位在华美国律师在会审公廨辛亥革命前后比较中也肯定了变化的意义，认为这是革新除弊的显著成果。他先将辛亥革命前会审公廨存在的种种弊端作了概括，并列 9 条予以批判：1. 外人民事判决后不易实行；2. 上自法官下至走役无不勒索受贿；3. 某书记在福州路另设机关为法官接洽贿赂，该员因双方受贿，被人暗杀；4. 某案有一华人在租界内，被城内法吏捕去，欲租界保护，因此反受苦刑打至皮肉分裂；5. 庭役狐假虎威，借法庭之命四处勒索；6. 已判定之监禁期限每不照算，有时期满已久未放，有时不及期先放；7. 重要案件被告人之保释由法官随意照准；8. 民事案之重要人物每雇苦力代其声明；9. 法官之判断常受高级或地方要人与团体之干涉或请求改轻。在列举了辛亥革命前会审公廨的种种"罪状"后，该律师对领团接管后的会审公廨作了肯定。如法官与外籍陪审员会同审判，中国官吏不能干涉，公廨财政涓滴归公，引渡必有真实凭据方可，法官均以领团选委官俸，到期即发，不致因欠薪而思违法收入。

---

　　①　Keeton George Williams, *The Development of Extraterritoriality in China*. New York：H. Fertig, 1969, vol. l378.

　　②　英国蓝皮书 1912 年《中国三号》，第 111 号，第 138 页。《辛亥革命在上海史料选辑》，上海人民出版社 1966 年 2 月版，第 1143—1144 页。

从程序方面而言，则是会审公廨对于证据最为研究，不若中国法庭的草率。[①]

　　该美国律师对辛亥革命前后会审公廨的看法和比较，在很大程度上代表了外人的普遍态度。在他们看来，会审公廨被接管后所发生的改良变化是应该值得肯定的。1914 年左右，后来曾担任美国驻上海总领事及一度担任会审公廨陪审官的美国人田夏礼（Charles Denby）建议：中国要在外国律师的帮助下编纂法典，建立一系列由中外法官共同审理华洋诉讼的特别法院。[②] 田夏礼的此项主张显然认同作为特别法院的会审公廨被接管改组后的状态。客观的来说，会审公廨在 1911 年后也存在种种弊端和问题，但其中的一些改良变化是具有积极意义的。不仅外国律师持这样的看法，国人中亦有肯定公廨此后案件审理的规范化及其效率的显著提高。"公廨经领团之干涉改革后华案由副领事观审，又由捕房委派检察员行检察之职务，于是公廨之审理华案亦与前异。从前委员收呈无一定规则，或于晚堂时面呈于委员或由廨差转递或其他官绅函交，被告之传提审问无一定期限，一案常延至数年。讼费亦无确定之制定。判决执行以后执行之方法在管押与交保，而交保一事亦无严切之办法。保人之信用如何亦不查究。改革以后诉讼之文牍皆须交与检察员，不能直接交与会审委员。传单之发出至迟不出四日，案之重要者则五点钟内可以传到被告，二次传不到即改用提票或登报后缺席判决。讼费以诉讼事件中之财产价值为标准而取其3%，至少以五元为限，至多以二百元为限，由败诉者出此讼费。交保一事限于铺保，而交保处西人则必调查此具保之铺与所保之数是否相宜而后定之。故不能滥保。此皆捕房所派检察员之助力而使公廨中办理华案得有进步之事实也。"[③]

　　外人在会审公廨所作的一些具体改良措施固然值得肯定，但领事团侵占会审公廨对中国法权造成的侵害不容淡化，此举的合法依据仍应受到严重质疑。法权会议报告书也提到会审公廨缺乏条约上的依据："故现在之

　　①　参见《美国律师维持公廨谬论》，《法律评论》第 160 期，1926 年 5 月，第 16 页。

　　②　Tomas F Millard, *The End of Exterritoriality In China*, The A. B. C. Press, Shanghai 1931, pp. 44 - 45.

　　③　希白：《领事裁判与会审公廨之权限》，吴圳义编：《上海租界问题》，正中书局 1981 年版，第 197 页。

会审公廨，自一九一一年十一月以来，其存在已无条约上之根据。"① 费唐（Richard Feetham）法官在其报告书中也将之称为新奇的制度："自一九一一年至一九二七年间，会审公廨系按照一种新而且奇之制度办理。"② 当时美国学者威罗贝在分析会审公廨的法理依据时也指出租界当局接管会审公廨的这一举动是并无法律或其他条约权利为依据的。"从严格的法律观点来看，列强对北京政府一再表示恢复中国的管理权的要求这种拒不接受的态度，是无法辩解的；但是，从实际的行政效率来看，列强觉得，在列强认为使该法院工作有效率所必需的某些改革未经中国同意以前，它们有理由保持它们的控制权的。"③ 威罗贝的这一分析是比较符合客观事实的，在此后中外关于收回会审公廨的交涉中，代表列强发言的驻京公使团在口头上表示愿意交还，在实际的谈判中往往附加条件，其中最重要的条件就是要求会审公廨收回后要维持辛亥革命后所做出的改良状态，以及以推广租界范围作为交换条件。

第二节　民国初年收回会审公廨的交涉

会审公廨是在清政府土崩瓦解之际，民国政府又还没成立的背景下被领事团接管，租界当局在接管通告中虽称这是一种处变权宜的办法，但会审公廨的变局所带来的法权问题的严峻则不容忽视，国人要求收回的呼声亦随之而起。1911 年 11 月 23 日《申报》的一则短讯反映了时人对会审公廨问题的焦虑："工部局拟加会审公堂谳员官俸及裁汰差吏，已志前报。兹闻此项官俸经各西官议定，按月由工部局发给。至书差人等则将于西历 12 月 1 日起所有差役一律裁汰，书吏一项另行考充。惟如此情形，从今公廨全权，均归外人掌握，未识主持交涉者若何对付也？"④ 可见即

---

① 《法权会议报告书》，《东方杂志》第二十四卷，第二号。英文见自：Report of the Commission on Extraterritoriality in China, as published in Washington by the Department of State.

② 费唐（Richard Feetham）著：《费唐法官研究上海公共租界情形报告书》（卷一），工部局华文处译述 1931 年版，第 351 页。

③ ［美］威罗贝著：《外人在华特权和利益》，王绍坊译，生活·读书·新知三联书店 1957 年版，第 330 页。

④ 《公廨将归西人掌握矣》，《申报》1911 年 11 月 23 日。

便是在时局未靖之际，时人业已关注会审公廨的交涉问题。民国政府成立后，会审公廨的收回问题很快提上中外交涉的议程。中方多次提到要求会审公廨恢复到辛亥革命前的状态，这种努力在国人的请愿中、中外双方的照会上乃至在巴黎和会和华盛顿会议的提案中都有体现。

在 1912 年 1 月 1 日南京临时政府成立的当天，伍廷芳起草并以中华民国外交总长的名义颁布了《中华民国对于租界应守之规则》，其中就有专门涉及会审公廨问题，表示要急需采取措施。"上海会审公堂，前此所派清廷官吏，大半冗阘，是以腐败不堪。上海光复后，该公堂竟成独立，不复受我节制，此种举动，理所必争，尤宜急图挽救。外交部自当向各领事交涉，使必争回，然后选派妥员接管，徐图改革。但交涉未妥之前，我军民不可从旁抗辩，致生枝节。"① 以上这些内容实际上成了民国初年中方解决会审公廨问题的指导方针。一方面对于租界当局的越权行为表明了中方要收回会审公廨的决心；另一方面也在约束我方军民，避免产生事端，这些都反映出会审公廨问题解决的必要性和迫切性。但《中华民国对于租界应守之规则》只是中方一种态度的表示，对于所提问题并无可操作的具体解决方案。1912 年 1 月 5 日，关絅之因纯粹华人案陪审问题面禀外交总长伍廷芳，考虑到当时临时政府处境艰难，伍廷芳不赞成在目前提出过多的外交问题，主张暂时维持现状，以待将来再行采取措施，并表示暂且认可领团观审。② 南京临时政府实际上默认会审公廨的现状，尽管有其处境艰难的时局因素影响，但其"软弱的态度也丧失了恢复公廨主权的好时机"。③

1912 年初，条约委员会曾具体筹划如何收回会审公廨，并拟定《章程》17 条，"于设官观审等项，依据条约，剖理明详"。但由于当时民国政府还没有得到各国的承认，收回章程虽然拟定，却没有展开实质的交涉。1912 年 3 月，民国政府通商交涉使曾致函公共租界工部局："民国成立，与列国益敦睦谊，前清条约，继续履行，断无异议。若前清无知官

① 《中华民国对于租界应守之规则》，中国第二历史档案馆编：《中华民国史档案资料汇编》，第二辑，江苏人民出版社 1981 年版，第 9—10 页。

② 石子政：《关絅之与辛亥革命后的会审公廨》，《档案与历史》1988 年第 4 期。

③ 胡震：《清末民初上海公共租界会审公廨法权之变迁（1911—1912）》，《史学月刊》2006 年第 4 期。

吏，含糊所办之事，不载于前清政府与各国名定之约款，民国万难承认。"① 阐述了民国政府对租界当局在条约外扩张的抵拒态度，会审公廨问题首当其冲。

政府外交层面基于主权的考虑已作收回的宣示，会审公廨自身在具体的运行中也在期盼回归。如 1913 年公共租界发生了一起移提案例，会审公廨正审官关絅之在函复江苏高等检察厅时指出收回会审公廨的迫切性和必要性。案因是该年被害人徐宝山购买古瓷花瓶，回至江北军署后一启匣就被函弹炸死，案发后嫌疑犯古董商管复初等人被租界巡捕逮捕。江苏高等检察厅致函会审公廨欲将管复初等移提内地讯办，因遭到英国领事的反对而未成。关絅之在给检察厅函文中具列会审公廨司法权丧失的由来，以及该案难以移提的底因。"租界二字之名义不明，双方之见解愈误，种种窒碍，非从根本解决，必不足以挽已失之国权而固将来之领土，此又不能不仰望钧厅之力与维持者。又有进者，论者每谓租界丧权之举大半发生于光复以来，各项官制尚未正式厘订，故统系淆而办事之困难愈甚。即就敝廨而论，在前清时代为完全审判机关，遇有声明条约及其他交涉事项发生，均由沪道提出于领事团，故得力多而收效速。若以敝廨当外交之冲，不特于交涉上难操胜利，且于本案上易起决裂之端，此又敝廨光复以来办案之困难情形也。"② 此案的结局以及会审公廨正审官关絅之所作的分析和主张表明，唯有中外就会审公廨的法权问题通过交涉作一清晰的厘定，案犯移提以及公廨办案所面临的困难问题才能在根本上得到解决。

1913 年 12 月，会审公廨收回问题正式进入交涉层面。北京政府外交部照会领袖英国公使朱尔典："现在中国正式政府成立，已经各国承认，所有公共租界会审公廨承审人员自应规复旧制，由本国自行遴员接充办理，以符原章。"外交部在照会中还提出了关于遴选会审公廨廨员的办法，并主张由外交部出面选派优秀司法人才担任该职："慎选熟谙欧美法律，精娴西文，品学兼优之司法官，呈请大总统任命，直接由部监督。遇有交涉事宜，仍会同特派交涉员办理，而不受节制，以明统系，而专责

---

① 《时报》1912 年 3 月 10 日，引自徐公肃、丘瑾章著《上海公共租界制度》，载《民国丛书》第四编第 24 册，上海书店 1992 年版，第 70 页。

② 陈伯熙编著：《上海轶事大观》，上海书店出版社 2000 年 6 月版，第 235—236 页。

成"。① 此外，外交部明确指出此次收回会审公廨要以"审查条约上与主权上有无窒碍为第一要义"。② 强调中外之间要以条约为依据，约外扩张是不能得到承认的。在发出照会的同时，外交部还指示上海特派交涉员杨晟与驻沪领事团进行谈判。

1914 年 6 月 11 日，朱尔典代表公使团照会北京政府外交部。先是表示各国公使愿意将会审公廨交还中国，并作出保证称：公使团会相应告知驻沪领事团予以执行。但在照会中，朱尔典提出了交还会审公廨的前提条件：即要求中国政府保留 1911 年驻沪领事团接管会审公廨后所实行的改良做法，并具体提出了改良会审公廨的五条办法。这些办法包括：

（一）会审公廨之状态。会审公廨之承审员四人，应与值日之外国会审员或何位领事，先行函致公廨，声明此案，关于本国人之利益所派之会审员等，会同办事。该四承审员应由中国政府委任，由领事团认可。该承审员长应有高等审判厅长之职，与其享平等之权。只关于华人民事案内，中国政府应认外国会审员在堂时，作为领事团之会审员。

（二）刑事案内，会审公廨之资格。所有租界内犯法之案，其中应处 5 年以上之监禁者，全归公廨办理。命案内公廨应有定死刑之权，其执行应在租界之外，由华官监视行刑，所有验尸之事，应由公廨之承审员与会审员办理。

（三）会审公廨办事之法。凡隶公廨之监狱，应归工部局之巡警管理。所有公廨之命令及传讯票捕拿票，亦应归工部局之巡警管理。昔日廨役之隙法，确行取消。只关于华人民事案内，应准律师到堂预闻，其预闻之办法，应遵民国元年四月之则例而行。

（四）公廨上控之办法。凡华洋民事案内，在观察使暨有关之领事上控之办法，仍旧保留。倘观察使与领事未能合意，以原审公廨会同判决之词为定。其华人民事上控之案，应以交涉员及公廨原审会审

---

① 《上海会审公廨之史的回顾》（四），《大公报》1926 年 10 月 4 日。

② 《外交部关于拟改派江苏交涉员陈贻范呈送上海会审公堂章程的报告》（北洋政府外交部档案），中国第二历史档案馆编：《中华民国史档案资料汇编》第三辑外交，江苏古籍出版社1991 年 6 月版，第 82 页。

员之本国领事为上控之地。倘交涉员与领事未能合意，亦以原审公廨会同判决之事为定。

（五）公廨办公与监督度支各事。凡办公与度支各事，应交与外国之检察员及其所属之书吏管理。该检察员之职司，即管理廨内所用之人，并妥行监督廨内之度支。该检察员及办公事之人，应由领事团荐举，由中国政府任用。①

从这五条被公使团标榜的所谓改良办法来看，无论是会审公廨的组织人事决定权、案件的司法管辖权，还是法警权、上诉权、公廨的财务权，都是掌握在租界当局手里。而交还中国的则是一些表面上形式上的东西，这五条改良办法的意图无非是将会审公廨在辛亥革命后的实际情况用书面的形式表述出来。因此，公使团要求中国政府在收回会审公廨之际承认实行这些改良办法，实质上是要求中国政府承认会审公廨被接管后的现状合法化。

针对公使团提出如此苛刻的条件，北京政府外交部认为这有碍中国主权，无法予以承认。7月22日，外交部照会朱尔典，指出本国政府也筹及会审公廨的积弊和应改善之处，并认为6月11日朱尔典提出的五条改良办法与会审公廨历来的章程办法不符。于是在照会中就这五条改良办法提出相应的修改意见：针对第一条，外交部主张会审公廨的廨员由中国政府自行委任，将人员姓名通知领事团；廨长一职由外交部会同司法部荐请大总统任命，在官秩级别上与地方审判厅厅长相等，并具有监督指挥全廨人员的权力。纯粹华人间的民事案件由公廨廨员按照中国法律审判，无需外国陪审员出庭；针对第二条，外交部认可会审公廨可得审理租界内所有刑事案件，但按照中国法律，应判10年以上监禁乃至死刑的，要先经过司法部核准。对于司法部核准死刑罪犯的执行，交由租界外中国当局执行，至于验尸事项则可由廨员会同外国陪审员执行；针对第三条，中方没有表示异议，基本上同意公使团所提意见；针对第四条，外交部主张仍然

---

① 《外交部与领衔英使朱尔典关于交还上海会审公廨来往照会》（北洋政府外交部档案），中国第二历史档案馆编：《中华民国史档案资料汇编》第三辑外交，江苏古籍出版社1991年6月版，第78—79页。

由上海道尹和关系国领事共同审理上诉案件，两者意见若出现不一致，就另外公推一名第三国驻沪领事会同审理，案件的判决以该审理结果为准；针对第五条，中方主张会审公廨庶务以及出纳事宜由主簿及其所属书记管理，主簿管理所属全体人员并监督廨内度支，主簿的人选则由驻沪领事团推选，由中国政府委派。①

对于北京政府外交部的此次照会，公使团提出两点主要反对意见：一是会审公廨承审官由中国任命后将通知领事团；二是上诉办法中加入第三国领事会审。针对公使团的反对意见，中方对于第一点始终坚持，坚决反对承审官由外人同意后任命；但对于第二点则表示同意变更上诉方法：即"可先交该廨易员复审，其陪审洋员，除因特别情形，事实上不能换人外，亦须另委原陪审员以外之人陪审。若原被告对于复审判决不服，仍须上诉，道尹与领事对于此次上诉，未能合意，即以复审判决之词为定。"②因此，从中外双方的照会内容来分析，中方要求会审公廨先回到《洋泾浜设官会审章程》框架内，再逐渐加以修改。这一点在外交部关于拟改派江苏交涉员陈贻范呈送上海会审公堂章程的报告中也有体现，"历年公堂谳员昧于约文，每遇外人违约之干预，未能力争，以致今日公堂原有完全之裁判权，亦被破坏。此次亟宜剀切申明约文恢复权限确实办法。"③而公使团则认为会审公廨一切手续既经改良，旧章不能仍视为有效，仍坚持以驻沪领事团接管后的会审公廨作为交涉的基础。双方各执其词，争持不下，没有取得丝毫结果。1915 年 11 月 23 日，公使团又照会中国，提出以扩展租界为交还会审公廨的交换条件。④而这在中国看来，推广租界和收回会审公廨完全是无关的两码事，致使交涉又陷入僵局。

第一次世界大战期间，欧洲各国忙于参加战争，中国也加入协约国作战，这在国人看来，是收回会审公廨的良好时机。于是上海民间各公会组

---

①　《外交部与领衔英使朱尔典关于交还上海会审公廨来往照会》（北洋政府外交部档案），中国第二历史档案馆编：《中华民国史档案资料汇编》第三辑外交，江苏古籍出版社 1991 年 6 月版，第 79—81 页。

②　同上书，第 81—82 页。

③　《外交部关于拟改派江苏交涉员陈贻范呈送上海会审公堂章程的报告》（北洋政府外交部档案），中国第二历史档案馆编：《中华民国史档案资料汇编》第三辑外交，江苏古籍出版社 1991 年 6 月版，第 83 页。

④　《上海会审公廨之史的回顾》（五），《大公报》1926 年 10 月 5 日。

织纷纷呈请北京政府乘机收回，此间上海总商会、律师公会等与司法部、外交部之间呈文及公函不断，但中方这一挽回法权的努力却遭到了驻沪领事团的阻挠。巴黎和会和华盛顿会议上，中国代表提出了要求收回会审公廨在内的法权提案，但也未能引起各国的重视。之后中方虽也曾作过不少努力，但也没有取得多大的进展。

公共租界处于通商大埠最重要地带，作为中外民商纠纷裁决机关的会审公廨被领事团接管后，对于上海商民影响很大，因此商民中要求收回的愿望也表现得很强烈。1916 年 9 月 15 日，上海总商会向司法部和外交部呈文要求将会审公廨重新整顿，并出具三条办法：一请设立上级机关，使会审华官有所统属，不至沦为领事役雇。二请恢复旧章，使华官有裁判专权，不至反客为主，徒多苛扰。三请分庭理案，使华洋界限分明，不至混杂侵权，诸多延搁。① 司法部在 10 月 3 日的批文中肯定了上海总商会的提议，并咨行外交部核办。1917 年 3 月 15 日，上海总商会还没有等到外交部核办的结果，又一次催促司法部按前议方案进行交涉："收回上海会审公堂实行定于何时？寄居租界商民延改之殷有如望岁！伏乞大部乘此时机迅速收回，庶于国体主权稍资挽救。"② 3 月 24 日，司法部按上海总商会所请，在致外交部咨稿中称："查收回上海会审公廨一事，前据该总商会来呈，当即咨行查照，请予核复在案。该商会期望孔殷，究竟前议收回办法能否提前施行，并该商会前次来呈所称各节能否采用，再向驻京公使团磋商之处，希即迅速见复可也。"③ 并于当天告知上海总商会，司法部已经咨催外交部迅速核办。

那么，外交部在司法部的咨催下，究竟核办的如何呢？我们从事隔半年后即 9 月 23 日上海总商会致司法部的呈稿中发现，外交部的核办是没有取得什么进展的。为此，上海总商会进一步重申其一年前所出具的办法"皆为挽救法权之要策"，并指出要利用中国参加协约国作战的有利时机，收回会审公廨的法权。"现在我国既与协约国作同一之主张，乘此协商时

---

① 《上海总商会致司法部呈稿（1917 年 3 月 15 日）》，中国第二历史档案馆：《一战期间上海各界呼吁收回上海会审公堂史料一组》，《民国档案》2004 年第 2 期。

② 同上。

③ 《司法部致外交部咨稿（1917 年 3 月 24 日）》，中国第二历史档案馆：《一战期间上海各界呼吁收回上海会审公堂史料一组》，《民国档案》2004 年第 2 期。

问函应先与英、美各国提出收回法权，是千载难遇绝好机会，断不至如从前有推广租界作交换之要求。……本会之所以一再陈请，为顾怜商民其事犹小，为维护国体关系绝大。不揣冒昧重申前请，伏乞大部迅赐查案乘机进行，无论驻京各使能否同意，务恳设法磋商，还我法权而后已。"① 司法部将上海总商会的恳切呈请转致外交部，外交部也表示："本部查贵部说帖内列各条，自系为维持法权起见，本可由部酌与领衔公使交涉。"② 但是外交部除了照会领袖公使要求将会审公廨交还之外，再无别的表示。这种无关痛痒的照会自然得不到公使团的重视和回应。

除了上海总商会为收回会审公廨积极奔走外，上海律师公会也为此向司法部建言献策，并且呈交较为详细的《改订上海会审公堂章程建议案》供交涉参考。律师公会先从《洋泾浜设官会审章程》出发，以法律的角度批判了会审公廨接管后的混乱状态："查洋泾浜设官会审章程为同治七年所立，是时朝野上下法律知识不甚研求，然立法之初固以中国为主体，该《章程》虽仅十条，而华官与洋官之权限极为分明，且洋官于会审、听讼、陪审等事均有规定，并非如今日混合裁判，漫无限制。"律师公会还指出民国以来国家的司法改良成就已为中外人士所公认，会审公廨所沿用的旧例反而和界外司法机关相形见绌，因此提出如下的建议："苟能乘此时机与协约各国公使确切磋商，其根本解决，固在收回领事裁判权，由我国另行组织正式法庭为上海地方厅之分厅，固为统一司法之良策，即不得已而思其次，亦应根据《洋泾浜设官会审章程》办理，仍复初设时之旧状，渐事改良，力求整顿，以为他日实行改组之预备。"③ 而且在这一总的建议下，律师公会还出具内容比较详尽的《改订上海会审公堂章程建议案》。建议案共分为 9 条，分别从管辖、组织、传唤、审判、上诉、审判官之用语、应用律例、管收以及监狱押所等提出，供司法部及外交部采择参考。

值得一提的是，在 1917 年中国政府为收回会审公廨所作的多次交涉

---

① 《上海总商会致司法部呈稿（1917 年 9 月 23 日）》，中国第二历史档案馆：《一战期间上海各界呼吁收回上海会审公堂史料一组》，《民国档案》2004 年第 2 期。

② 《外交部致司法部咨稿（1917 年 12 月 31 日）》，中国第二历史档案馆：《一战期间上海各界呼吁收回上海会审公堂史料一组》，《民国档案》2004 年第 2 期。

③ 《上海律师公会致司法部呈稿（1917 年 9 月 13 日）》，中国第二历史档案馆：《一战期间上海各界呼吁收回上海会审公堂史料一组》，《民国档案》2004 年第 2 期。

努力毫无结果的情况下，北京政府大理院基于领事团控制下的会审公廨缺乏任何条约规定，以国家最高审判机关的名义对上海会审公廨判决权作出归于无效的裁决：

> 上海会审公廨，系根据前清同治七年《洋泾浜设官会审章程》，本系因协定所生之特别制度，该公廨审理诉讼，依照《章程》，应在中国领土内行使中国之司法权，其裁判固不能认为外国裁判。惟该公廨自辛亥以来，系由驻沪领事团代行管理。其判案之适用法律亦与原《章程》所定，不能相符。是该项《章程》之效力，即因事实上一时之阻碍而停止。此种阻碍事实，中国国家既未明认有效。则此事实上之判断行为，亦不得为条约上中国司法衙门之裁判。犹之在中国国法上毫无司法权限之机关或个人，纵使事实上处理司法案件，仍不能即认为法律上有效之裁判。故现在会审公堂判决之案，如将其执行之事，嘱托中国司法官署代为办理，则其所为之执行，亦仅为事实上之协助行为，不得即认为中国执行衙门之执行。即不能取得中国国法上执行衙门之资格。因是之故，如有第三人就其执行提出异议，即应将其异议作为民事诉讼，依普通诉讼程序受理审判。不能作为执行异议之诉。①

大理院这一裁决的核心思想是：会审公廨1911年被领事团接管后所作的判决不具法律效力。界外中国的司法官厅对之无协助执行的义务，中国其他法庭可以重新受理已由会审公廨判决的案件。不过，北京政府大理院所作的这一裁决对会审公廨的实际运行并没有产生多大的影响，它也只是代表中国政府对收回会审公廨在司法上的一种态度表示，收回会审公廨的交涉仍有很长的路要走。

1918年1月，淞沪护军使卢永祥根据上海金业公会等所请，向国务院呈文要求收回会审公廨，恢复上诉机关。呈文中指出：辛亥前沪商华民诉讼案件虽归公廨处理，而或有未当，犹有道署可以上诉。民国建立而后，道署法权荡然无存，华商万众失所依归，怅望前途，心窃危惧。处今日而能设立上诉机关，是诚切要之图、当务之急，所不容缓于须臾者

---

① 梁敬錞：《在华领事裁判权论》，商务印书馆1930年版，第138页。

也。……查该商民等因法权不属，痛苦滋多，奔走呼号，情非得已。永祥近在咫尺，目击情形，公廨主权实非亟行收回不可。① 对于卢永祥的这一呈文要求，国务院批转司法部予以办理，司法部所能做的仍是发咨稿给外交部，要求外交部催促公使团交还会审公廨。而外交部则以已向领袖公使发出照会，却没有得到照复为由，致使会审公廨收回问题一拖再拖。

此后，外交部在 1919 年 1 月 23 日以及 2 月 10 日先后两次照会领袖英国公使朱尔典，要求将会审公廨尽快交还。这两次照会得到了公使团的回复，但回复的结果与 1915 年 11 月 23 日公使团照会内容并无多大差异，即提出以扩展租界为交还会审公廨的交换条件，而且照会在行文中态度强硬，不留商量余地。"英使以何时推广租界，则使团即何时交还为答，交涉再成悬案。"② 可见，在第一次世界大战期间，尽管中国各方试图利用参战的有利时机来收回会审公廨，但这一系列挽回法权的努力由于遭到公使团的敷衍和阻挠未能获得什么进展。

在外交部和公使团交涉无果的窘境下，1919 年的巴黎和会为国人收回会审公廨带来一线希望。中国代表团向和会提交包括 7 项要求的《中国希望条件之说帖》，其中就涉及租界法权问题。中国代表在其所提出的"须待调整的问题"中指出租界法权存在的问题。"中国人民居住租界者，中国政府不得施其裁判之权，即如中国地方官欲于租界之内拘捕中国人民，则必须先得该承受租界之国领事官许可，在公共租界者，必先得领袖领事官之许可，若该中国人民与任何外国商行或家族有关系者，又须先得该商行或家族所属国领事官之许可。上海公共租界之内华人互控之民刑案件，虽与外国人利益毫无关系，仍须由会审公廨审断，其外国陪审员不独从旁观察，且实握判决之权。中国人有因逃避于租界者，中国宜非先请租界外国官之许可发出拘票则无从拘捕。"③ 中国代表在申明这些问题后进而提出在租界收回之前，要求列强即时允准两项临时办法。这两项临时办法分别是：一为"华洋民刑诉讼，被告为中国人时，由中国法院自行讯

---

① 《国务院致司法部函（1918 年 1 月 25 日）》，中国第二历史档案馆：《一战期间上海各界呼吁收回上海会审公堂史料一组》，《民国档案》2004 年第 2 期。

② 《上海会审公廨之史的回顾》（五），《大公报》1926 年 10 月 5 日。

③ ［美］威罗贝著：《外人在华特权和利益》，王绍坊译，生活·读书·新知三联书店 1957 年版，第 325 页。

断，无庸外国领事观审参预"；二为"中国法院依法发布之传拘票、判决书，得在租界或外国人居宅内执行，无庸外国领事或其他司法官预行审查"。①

在巴黎和会上，《中国希望条件之说帖》关于租界法权的提案是中国第一次向国际社会表达收回法权的强烈愿望，也是一份合情合理的维护司法主权的声明。说帖措辞温和委婉，并没有要求立即收回失去的法权，即便是要求列强即时允准的上述两项要求，也是在领事裁判权和租界问题的框架内提出。在当时和会提出公理战胜强权的法则下，中国政府的这一请求似乎应得到列强的支持。可事实并非如此，《中国希望条件之说帖》被一个冠冕堂皇的理由推给了尚未成立起来的国际联盟组织，这就等于把中国在和会上的租界法权提案搁置起来。这一冠冕堂皇的理由就是法国总理克里孟梭以和会主席的身份致信中国全权代表，称："联盟共事领袖各国最上会议，充量承认此项问题之重要，但不能认为在平和会议权限以内。拟请俟万国联合会行政部能行使职权时，请其注意。"② 这就宣告列强对于中国收回法权的提案置若罔闻，中国代表针对上海公共租界会审公廨提出的两项临时办法也是石沉大海。

1921 年 2 月，会审公廨问题被重新提起，此次主张收回会审公廨是由法权讨论委员会发起。该委员会提出成立上海租界特别法院以代替会审公廨，并讨论上海租界民刑诉讼办法。法权讨论委员会对此讨论多次，并函告司法部，由外交部出面交涉，主张先将公共租界纯粹华人间的诉讼案件交由中国法院办理。9 月，司法部将法权讨论委员会的函件咨外交部，外交部认为该意见与驻京公使团意见相差太远，没有提出交涉。此后外交部和司法部通过会商，将 1914 年朱尔典提议的 5 项条件酌加修正，改订办法 6 条，并于 10 月 26 日将这 6 条办法照会公使团，但没有引起公使团的重视，甚至连形式上的复照也没有发过来，法权讨论委员会的努力也就宣告失败。

在 1921 年的华盛顿会议上，中国代表再次提出法权问题，并特别强调中国"并非立即将各国领事裁判权完全废止，乃为邀请各国与中国政

---

① 中国社会科学院近代史所编：《秘笈录存》，中国社会科学出版社 1984 年版，第 165 页。
② 同上书，第 199 页。

府协同办理改良或撤废现行领事裁判制度之着手办法"。① 尽管这与国人的要求相差甚远，但就连这一建议也未得到与会各国的同意。②

1921 年 12 月 10 日，根据会议主席美国国务卿休斯（Charles Evans Hughes）的建议，在第 4 次大会上通过了《华盛顿会议关于在中国领事裁判权议决案》，建议先调查中国之司法现状，再形成关于法权问题的意见。决议内容为："各国政府应组织一委员会考察在中国领事裁判权之现在办法以及中国法律、司法制度暨司法行政手续，以便将考察所得关于各该项之事实报告于上列各国政府，并将委员会所认为适当之方法可以改良中国施行法律之现在情形，及辅助并促进中国政府力行编订法律及改良司法，促使各国逐渐或用他种方法放弃各该国之领事裁判权者，建议于上列各国政府。"③ 另外，还决定华盛顿会议闭会后 3 个月内成立一委员会，调查中国司法现状，该委员会在第一次集会后一年内将报告及建议呈送各国政府，各国可自由取舍该委员会建议之全部或任何一部。休斯还建议各国共同成立由法学专家组成的调查机关，对中国上述情形作出调查。④ 可见对于华盛顿会议中国的法权提案，尽管列强也作出承认，但是在问题的解决上，显得遥不可及。"而且，这一决议对不愿意放弃这一特权的政府没有约束力。它规定各国政府可以自由决定是否接受委员会的建议，这样，即使委员会建议各国放弃领事裁判权，也无法影响各国政府的决策。"⑤

华盛顿会议没有就会审公廨的收回问题展开正式讨论，但对国人对于会审公廨问题的关注则产生了一定的影响。"自华会以后，中国人民，始

---

① 陈国瑝：《领事裁判权在中国之形成与废除》，嘉新水泥公司文化基金会 1971 年版，第 89—90 页。

② 据赵晋卿回忆，他曾和王宠惠交换意见，赵言："此次出国，有一事务必办到，即希在会议中力争收回会审公廨。"王认为公廨问题系治外法权问题之一部分，治外法权问题解决，公廨事务自可迎刃而解，不必舍本逐末。赵则主张会审公廨问题应在华盛顿会议上单独提出，力争收回。参见赵晋卿《收回会审公廨交涉的经过》，《列强在中国的租界》，中国文史出版社 1992 年版，第 55—56 页。

③ 中国社会科学院近代史所编：《秘笈录存》，中国社会科学出版社 1984 年版，第 432 页。

④ 吴孟雪：《美国在华领事裁判权百年史》，社会科学文献出版社 1992 年版，第 143—144 页。

⑤ 王建朗：《中国废除不平等条约的历程》，江西人民出版社 2000 年版，第 89 页。

进行收回其已失之司法权，于是上海之公廨问题，遂成一时讨论之点。"①根据华盛顿会议议决所建立的法权调查委员会，上海会审公廨问题被列为主要的调查对象之一。1926年9月16日，法权调查委员会在其报告中这样建议道："现存的特别混合法庭之组织和程序应该在公共租界和法租界两租界特殊条件准许的情况下，尽量与现代中国司法制度的组织与程序保持一致。"②

　　法权调查委员会提出这样的建议，要比公使团原先设定的以扩展租界归还会审公廨要宽松许多。是法权调查委员会倾向和同情中国的法权问题？显然不是。无论是公使团还是法权调查委员会，其利益的着眼点无疑是一致的。之所以有所区别是因为法权委员会受命调查之际，五卅运动打破了会审公廨交涉上的困顿，由原先的北京交涉移沪就地进行。而且在法权调查委员会公布报告书时，中外双方即江苏省政府特派代表丁文江和驻沪领事团于半个月前签署了《收回上海会审公廨暂行章程》。可见，这种交涉进展是时局变化的产物，华盛顿会议包括之前的历次交涉和努力，除了作舆论上的宣传之外，对于会审公廨的收回并没有起到实质性的作用。

第三节　法权关系典型案例评析

　　会审公廨在辛亥革命后发生了质的嬗变，民国成立后政府和民众为收回公廨一直作不懈努力，会审公廨本身的合法性也遭到质疑。但此间会审公廨作为公共租界的司法机关仍照常运行，开审租界相关的各类案件。有关统计数据表明，会审公廨每年受理的案件是比较繁多的。③ 本节所要关

---

① 《上海晚报刊登"上海会审公廨问题"文》（北洋政府京畿卫戍司令部档案），中国第二历史档案馆：《中华民国史档案资料汇编》第三辑外交，江苏古籍出版社1991年6月版，第87页。

② 《法权会议报告书》，《东方杂志》第二十四卷，第二号。英文见自：Report of the Commission on Extraterritoriality in China, as published in Washington by the Department of State.

③ 据相关统计，从1912年3月到1915年1月31日，会审公廨受理诉讼案件共有2950起，其中了结的案件有1952起，待审案件320起，待上诉案件45起，其余案件都因被告脱逃而被搁置。因此当时美国学者威罗贝也称会审公廨每年受理案件之多，在世界各国法庭也是罕见的。另一方面，以上数据也表明，会审公廨案件的界内外司法协助和移提问题也是比较突出的。参见邱培豪《收回临时法院问题》，《社会科学杂志》第二卷第一期，1930年3月。

注的是：在西人社会和租界当局的主导下，许多案件尤其是政治性案件的审理过程和判决结果，都比较清晰地勾勒出会审公廨被接管后的轨迹。所拟作分析的典型案例主要有：革命党人引渡案件、熊希龄被拘提案、德侨管辖权案等。这些案件涉及辛亥革命后会审公廨的法权关系，案件不同所引发法权问题的侧重点也有所不同。

一　革命党人引渡案件

1911 年辛亥革命后随着驻沪领事团接管会审公廨，租界内外移提案件日益增多。而事实上，由于会审公廨所处的法律上和地位上的问题，很难从界外司法机构那里得到其所期盼的司法协助。如 1912 年 5 月 1 日，工部局董事会会议在关于会审公廨与界外当局之间人犯接交问题的报告中，就述及南市法庭拒绝接交被控从广东路绑架一名儿童的三名罪犯。[①] 尽管面临困难，会审公廨仍积极要求租界逃犯的移提之权，如 1913 年 1 月的一起华洋诉讼，原告英国商人所诉两被告华人中，一人被公共租界巡捕拘捕，另一人则逃往沪南，被南区警局拿获。当时外国陪审官认为此案应归会审公廨审理，主张移提被南区警局拿获的被告，关絅之虽答应解送内地官署，但最后仍将该名被告提归会审公廨讯究。为此领事团与工部局要求界外当局进行对等司法协助，即除非界外市政当局同意引渡会审公廨所要的被告和人证，否则不得解送任何犯人。[②]

普通民刑案件移提情况大致如上述，涉及政治案件，情况就会显得比较复杂。由于民国初年国内政治的紧张局势，不少革命党人在公共租界活动被捕。因案件发生在租界内，通常的做法是先经会审公廨审讯后，再决定是否引渡界外。案件的处理结果折射出租界当局在此问题上的思维及态度。

此类案件仅 1915 年就发生多起：1 月，朱华斌在公共租界新闸白克路被租界巡捕会同江苏警察厅逮捕，会审公廨判决朱华斌引渡到上海镇守使署，后转解南京讯办，被判处无期徒刑；8 月，革命党人在法租界金利

---

① 上海档案馆编：《工部局董事会会议录》（*The Minutes Of Shanghai Municipal Council*），第十八册，上海古籍出版社 2001 年版，第 605 页。

② 同上书，第 603 页。

源码头向上海镇守使郑汝成抛掷炸弹，郑道华因该案在公共租界被捕，会审公廨审讯后引渡至上海镇守使署，后在西炮台被杀；9 月，张振华在泥城外新世界被新闸巡捕房逮捕，会审公廨预审后判决引渡至上海镇守使署审理，后转解南京讯办；11 月，王晓峰、王明山两人受陈其美指派暗杀郑汝成，在外白渡桥等候，当郑汝成乘汽车经过时，王明山向汽车抛掷炸弹，王晓峰向郑汝成连续开枪射击，郑当场毙命，会审公廨判引渡镇守使署，后两人被杀于西炮台；12 月，詹大悲、温楚珩两人在公共租界被巡捕和长江巡阅使驻沪调查长拘捕。淞沪护军使杨善德饬令淞沪警察厅长徐国梁商请引渡，会审公廨初审后判处两人"押候核办"，后詹大悲被押一年，温楚珩被押三年。

这些引渡案件，跟当时的政治关系密切，因发生在租界之内，中国当局不能直接将案犯提走，而要借助于会审公廨的预审程序，取得工部局巡捕房和会审公廨的支持。通过以上的这些案例我们可以发现，会审公廨在案件的过程中起的是中转站的作用。看似多余，但这个程序不能少。会审公廨在租界当局的主导下，对于租界内案件引渡界外要求必先经过预审程序这道关，否则是不予支持的。因此在拘捕权上就对界外的力量作了严格的限制。早在 1912 年 4 月，上海镇守使郑汝成认为租界为革命党人逋逃渊薮，通过工部局巡捕房拘捕手续繁杂，对实际的拘捕工作造成不利，因此函请特派交涉员转致领事团，请其支持由镇守使署选派侦探至租界协同巡捕房查拿。① 但是这一计划没有什么结果。1914 年 6 月，界外当局力图在公共租界建立一个与遣送二次革命有关嫌犯的临时办事处，但这涉及租界内中外双方的警力布置，因而始终得不到外人的支持，案犯的拘捕工作仍然需要工部局巡捕房出面才能办理。

租界当局不予支持的原因就是中国警力进入租界的危险性。排斥中方在租界的警权，是租界当局多年来的努力结果。会审公廨初期，上海县差在公共租界内得以径直逮捕人犯，后外人认为这有妨工部局及巡捕房职权，达成如下协定：华人官吏除必须经过租界捕房同意，并由租界捕房人员或协同租界捕房外，不得根据界外中国官署，或会审公廨华人承审员自

身所发的拘票，在公共租界内逮捕人犯。[①] 到 1903 年 4 月，工部局又作出明确规定，公共租界内华人外人均须经过会审公廨核明，否则一律不许捕捉出界，而界外差役亦不许入界擅自捕人，界外华官所出拘票，需交会审公廨定夺，并派员协捕。因此，租界当局认为，此次若建立临时办事处，让中方警力进入租界，无异于允许中国当局对租界的警务进行干涉，实际上是在租界内打进楔子。如工部局董事爱士拉认为这种做法可能非常危险，"因为中国政府的雇员有了通行证，不可避免地会加以滥用，因为他们将凭藉通行证，行使不正当的权力。除了工部局巡捕外，他反对在租界内引入任何警员，并且指出任何这种引入都会影响捕房情报工作和警务效率。"[②] 租界的警权在外人看来是租界利益的直接保障，因此对于中方警力介入租界的要求，租界当局是极力排斥的。

那么，在上述的引渡案件中，外人又是持什么态度呢？我们从会审公廨的预审判决来看，对于革命党人在租界的政治运动，会审公廨通过简要的预审后，基本上都引渡给界外当局来处理，致使这些被引渡者不是被杀就是被判处重刑。可见此时对于政治犯的引渡，租界当局对于界外中国当局的要求是给予积极配合的，这和租界当局对苏报案的引渡态度截然不同。同样是革命性质的案件，同样是涉及政治犯的处理，外人的态度何以反差如此之大呢？探其原因：第一，这和会审公廨所处的地位有关。此间会审公廨没有得到中国政府的正式承认，其合法性受到质疑，而且中外双方也正为此问题展开交涉。因此，会审公廨给予北京政府在革命党人的引渡问题上给以密切配合，无疑是为在交涉谈判中增加对己有利的筹码。第二，考虑到会审公廨的判决及裁定在界外执行问题。判决发生在公共租界内，而执行则要在租界外，这样的情形在会审公廨时期是屡见不鲜，也是无法回避的，如会审公廨扣押被告在内地的财产就必须通过界外当局的协助才能得以执行。而实际上，租界内外在这一问题上往往协助得不密切，在外人看来，界外当局的态度令他们非常失望。通过协助界外当局的引渡要求，进而方便自身在界外的执行问题，实现双方的对等司法协助，这也

---

① 费唐：《费唐法官研究上海公共租界情形报告书》（卷一），工部局华文处译述 1931 年版，第 193 页。

② 上海档案馆编：《工部局董事会会议录》（*The Minutes Of Shanghai Municipal Council*），第十八册，上海古籍出版社 2001 年版，第 691 页。

是基于现实需要的考虑。

如此，中外双方在革命党人引渡问题上意见达成一致。北京政府的态度是："中央政府以无论如何，须将随时引渡乱党条件加入，令后租界中不可为乱党逋逃之薮"，租界当局则欣然表示："各公使与驻沪领事对于此则亦均应允"。① 此点在 1915 年 4 月 14 日，上海道尹函送驻沪领事团的租界交犯合同中有更具体的体现，其中第一条就是有关政治犯引渡规定："上海公共租界，不能作为中国政治罪魁及煽动分子窝巢，亦不能作为中国谋乱反抗政府之地址，是不待议而明者也。故此领事公允许随时遇有接到中国有权官员之文件，指明政治罪魁或煽动分子已在租界潜藏，或将至租界隐匿，或华民某某将利用租界拟行以上各情者，自即设法将被指人缉获，果经会审公堂讯明，确系正身，得有犯罪实据，即将该犯由海道驱逐出境，其川资由中国政府发给。"②

但在引渡界外之前，所有案件必先经过会审公廨的预审程序，即所有各类逃进租界的人，在会审公廨未作初步调查，不得引渡。这也是会审公廨未被接管前即已施行的一贯做法。早在 1898 年 10 月 27 日，工部局总董致领袖领事函中就曾提及"在中国官厅所欲求达之目的，未经明白了解以前，无论如何，界内之统治机关，不能一任中国官厅之利用，完全民事案件之尽量给予合法保护，以及此种案件倘须移交知县办理，其必先经会审公廨之预审，均似有特别之必要。"③ 此外，1902 年 5 月 16 日的纳税人特别会议也作出决定："对于各种案件，绝无任何例外，公共租界内之华人居民，如有被逮，而未经界内会审公廨预审，即被强迫移交界外讯办情事。工部局将使用其最为坚强之努力，加以制止。"④

从中我们可以看出，会审公廨在引渡问题上配合界外当局。但并非充当赤裸裸的帮凶角色，而是遵循其自己规定的一些原则，对案件证据尤为重视。民国初年黄兴被控案即为明显例证。1913 年 5 月 31 日，北京地方

---

① 汤志钧编：《近代上海大事记》，上海辞书出版社 1989 年版，第 782 页。

② 《推广上海英租界之草合同（中文）》（北洋政府外交部档案），中国第二历史档案馆：《中华民国史档案资料汇编》第三辑外交，江苏古籍出版社 1991 年 6 月版，第 72 页。

③ 费唐：《费唐法官研究上海公共租界情形报告书》（卷一），工部局华文处译述 1931 年版，第 196 页。

④ 同上书，第 198 页。

检察厅根据周予敬的报告，认为黄兴"组织暗杀团，谋炸要人"，遂将这一案件移交上海地方检察厅，由上海特派交涉员陈贻范从中协调，交由会审公廨进行审理，会审公廨向工部局巡捕房发出拘捕黄兴的传票。租界当局则认为该案："既无切实证据，原告又不到沪质讯，与租界定章不符"，遂令巡捕房停止拘捕，将传票退还给会审公廨。后经陈贻范从中交涉，征得驻沪领事团的同意，由会审公廨再出传票传讯黄兴，黄兴被解到公廨听候审理。但因原告未到，案件也没有可靠的证据，会审公廨无法开庭审理，黄兴遂自行离去，此案不了了之，引渡更无从谈起。① 可见，会审公廨也是受一定司法原则规范的。

二　熊希龄被拘提案

1916 年 6 月 28 日，时任国务总理的熊希龄到上海出席中华民国拒毒会，一到会场就被公共租界巡捕带往会审公廨。此案在当时影响很大，受到多方的关注，其中尤以会审公廨的管辖权问题使人瞩目。

案件的原由是：美国人怀德，以年薪 25000 美元受聘于湖南长沙华昌矿务公司经理，期限 5 年。并与华昌公司总理杨度订立协议，第一年薪水须先全付，怀德的所得税及其眷属旅费，均由华昌公司支付。此外双方又签订借款合同一份，由怀德向华昌公司借款 5 万洋元。后怀德以华昌公司未能按照合同规定履行协议，向上海公共租界会审公廨提起诉讼。因熊希龄是华昌公司董事会的董事之一，故而也就成为被告之列。但华昌公司地处湖南长沙，上海公共租界会审公廨无权管辖，且各被告均不在上海，如熊希龄一直在北京，会审公廨虽屡次发出传票但无一被告应传来庭，因此该案一直未能开庭审理。此次熊希龄出现在上海，捕房遂以熊屡传未到为由将其强制拘捕并送交会审公廨。

熊希龄对工部局巡捕房和会审公廨的这一做法提出抗议。认为怀德和杨度签订的这两个合同始终没有得到公司的同意，董事会曾对这两个合同表示明确反对。而且怀德明知杨度无权订此合同，华昌公司资产也抵偿它用，失去履行合同的能力，却仍然签订合同。因此，怀德和杨度签订的合同对华昌公司没有约束力，应归于无效。况且华昌公司为有限公司，当然

---

① 汤志钧编：《近代上海大事记》，上海辞书出版社 1989 年版，第 754—755 页。

不能要所有董事与公司共同负连带责任。

对案件本身做了阐述后，熊希龄进而强烈质疑会审公廨的司法管辖权。认为辛亥革命后会审公廨被领事团接管，收回会审公廨的交涉还在进行中，中国司法当局也从未承认会审公廨的合法地位，而且根据北京政府大理院的裁决，会审公廨在未被收回期间的判决一律无效。从法理上讲，该案的司法管辖权也完全违背民事诉讼的以原就被的原则。熊希龄的质疑也得到时论的支持："华昌公司在湖南，不在上海，沪廨对该案没有管辖权；熊氏不在上海公管租界居住，沪廨对该氏没有管辖权。"① 而且在传票的送达问题上，熊希龄觉得问题很大，他长年住在北京，而会审公廨却行文上海交涉员让天津法院转饬其到案审理。天津法院以行文中未列地址为由，要求会审公廨查复，但会审公廨却延误 3 年未予答复。因此熊希龄认为是传唤的过程本身出现很大的问题，会审公廨不能简单地认定他屡传不到，藐抗法庭。②

熊希龄案件确实凸显了辛亥革命后会审公廨存在的问题。第一，会审公廨的法律地位问题。辛亥革命后，会审公廨自身的问题酿成交涉悬案，始终没有得到中国政府的承认，完全凭的是驻沪领事团的一纸通告所造成的既定事实，其地位的合法性是遭到质疑的。第二，会审公廨判决效力问题。和法律地位相关，会审公廨的判决能否发生法律效力，在公共租界内有工部局巡捕执行判决，但在界外是得不到支持的。大理院的解释和判例，都否定了会审公廨判决的法律效力。第三，会审公廨的司法管辖权问题。熊希龄的案件正如他本人所称，会审公廨在管辖权问题上，违背了民事案件的以原就被原则。该案也反映了会审公廨的实际管辖权是借助于巡捕的警力才得以实施，若熊希龄不因出席中华民国拒毒会而到上海，租界当局则很难使其对簿会审公廨公堂。

当然，反过来说，这一案例也突出地反映会审公廨被接管后的状况，表明在公共租界内，领事团掌控下的会审公廨是十分强势的。只要当事人进入租界管辖范围，即使案件拖延多年，即便当事人贵为国务总理，会审公廨依然将其拘提到案而不会考虑到涉案者的特殊身份而给予特别照顾，

---

① 《熊案与沪案的管辖权》，上海档案馆藏，档号：D2 - 0 - 1783 - 101。

② 熊希龄：《熊案不受公廨审讯之理由》，《法律评论》第 161 期，1926 年 8 月。

后被勒令交保一万两，熊希龄始获自由，这也表明会审公廨成了强有力的租界当局的司法机关。但是，在公共租界之外，会审公廨的地位是很尴尬的。时人曾评论称："现在沪廨在法律上并没有存在；不仅是对熊案没有管辖权，并且对于一切中国人无论租界内租界外，都没有管辖权。"① 可见其法律地位问题、判决效力问题、司法管辖问题都得不到界外当局的承认和支持，一旦当事人不在租界管辖范围之内，界外中国各级法院都不会理会会审公廨的判决，进而影响了会审公廨的裁判效力。时人甚至称它"实际上所行使的管辖权，都是滥用都是违法。"② 这也凸显了会审公廨存在的危机。

三　德侨管辖权案

1917 年中国政府对德宣战，解除了德国在华的领事裁判权，北京政府还颁布了《审理敌国人民民刑诉讼暂行章程》。按照规定，此后发生的德侨被告案件应归中国管辖，在公共租界，理应由会审公廨管辖。但当年就在公共租界发生一起关于德侨审判的管辖权之争，争议的双方是工部局和荷兰总领事，该案涉及的会审公廨法权关系耐人寻味。

1917 年 4 月，德国侨民佐伊贝特在杨树浦路 93 号电气处所属发电厂企图进行非法活动，工部局巡捕房将其逮捕并送往会审公廨审理。荷兰总领事获悉后致函工部局抗议，声称荷兰总领事馆已经代管保护德国侨民利益，此案应由荷兰领事法庭进行审理。荷兰总领事在信的结尾还要求工部局指示督察长，将被告佐伊贝特带到他那里，以便对指控他的案件进行调查。工部局董事会则认为，巡捕房将此案交会审公廨审理是正确的，其管辖权按照规定应当是属于会审公廨。依据就是 3 月 24 日卢永祥应领袖领事之请在公共租界发布并张贴通告，其中所涉及的关于德国侨民的管理事宜，该通告的第 3 段中有这样一段话："居住在中国的德国平民必须遵守中国的一切法律法令。"③ 这样就出现了该德国人究属哪个法庭审判的分歧意见。"鉴于荷兰总领事提出抗议，总董负责会晤英国总领事和领袖领

---

① 《熊案与沪案的管辖权》，上海档案馆藏，档号：D2-0-1783-101。
② 同上。
③ 上海档案馆编：《工部局董事会会议录》（*The Minutes Of Shanghai Municipal Council*），第二十册，上海古籍出版社 2001 年版，第 619 页。

事，以听取他们的意见，然后采取下一步行动。"① 初看起来，对于这起涉及管辖权之争的案件似乎要作不少交涉，然双方在以后的会谈中，未费太多周折就解决了该问题，最后案件由荷兰领事法庭进行审理。具体过程如下：

4月11日，工部局总董会见英国总领事商谈此事，英国总领事称他没有接到关于荷兰总领事可以代管德侨的指示，因此主张该案由会审公廨审理，而不应转到荷兰领事法庭。第二天总董又拜会领袖领事，领袖领事对荷兰总领事行使对德侨的管辖权表示不反对。这样在4月18日的工部局董事会上，会议议决将德侨从会审公廨转到荷兰领事法庭受审，由荷兰总领事以德语审讯该案，且有3名原德国驻沪领事馆官员到庭参与审理，案件拒绝记者到场，采取不公开的审理方式进行。

对案件审理情况本身关注的价值不大，但其中涉及的公共租界法权关系却值得琢磨。中国参战后，德国人不再享有领事裁判权，而由中国政府管理，即使在上海公共租界，也应由会审公廨取得对该案的审判权。但租界当局会同处理的结果，却是荷兰总领事以代管的方式行使了对德侨的管辖权，并在荷兰领事法庭进行了审理。这件案例折射出了租界当局内部的意见分歧处理原则，虽然有违于约章和法理，却以代管为由敷衍了事。

值得注意的是，该案的移交和审理过程中，自始至终听不到作为领土主权国的中国发出的声音，中国在该案中没有发言权，是被排斥在外的。这也对应了"租界事租界治之"的原则，因此，中国政府颁布的《审理敌国人民民刑诉讼暂行章程》对于公共租界来说，实是鞭长莫及，徒具空文。出现这样法权完全丧失的结果，可以说是会审公廨在被接管前所未有的，因此德侨管辖权案也是会审公廨落入西人社会后涉及法权关系的一个典型案例。

租界当局奉行"租界事租界治之"的原则，在这个大原则下，具体处理则不一定循规蹈矩。同样涉及德国的案件，对佐伊贝特案处理已如上述，但在同年6月6日的工部局董事会会议录中，总董提到了巡捕房逮捕曾在德国领事馆登记的土耳其侨民亚伯拉罕·埃廷格一案，"在会审公

---

① 上海档案馆编：《工部局董事会会议录》（*The Minutes of Shanghai Municipal Council*)，第二十册，上海古籍出版社 2001 年版，第 619 页。

堂进行起诉时，陪审员已经判决此类案件中公堂是有审理权的"① 可见，同样属于德国领事馆保护的侨民案件，该案由会审公廨直接进行审判，这与前一案件由荷兰总领事代管，并由荷兰领事法庭审理的做法并不一致。看起来似乎存在矛盾，实际上这跟"租界事租界治之"的原则并不冲突。1924 年 3 月 26 日工部局董事会会议录的记载也证实了这一点，涉及的具体案例是，巡捕房逮捕一违法智利侨民送往会审公廨审理，而没有按照智利法律送交领事处理。警务处长认为智利在华不享有领事裁判权，属无约国，故而智利侨民涉案应视同华人犯案送交会审公廨进行审理。但工部局董事们经过讨论，不认为会审公廨有权决定这个问题。会议最后达成共识："工部局应当充分重视智利领事的要求，除非收到官方与此相反的通知。"② 这样的一个共识显然也是没有具体的原则可循，更谈不上法理的依据。

涉及外国侨民的管辖权问题，租界当局没有找寻出固定的模式。会审公廨究竟对该类案件是否行使审判权，在相当程度上取决于租界当局的态度，具体视案例情形的差异分别作出不同的处理意见。在表象上看，会审公廨时而有审判权，时而又不能行使该项法权，似乎是租界当局率意而为，实际上却是严格地奉行了"租界事租界治之"的原则，或者说是让外国人自己来管理自己的事务。至于这些做法是否有违约章法理，即会审公廨对无领事裁判权国人的管辖原则应当视为华人同等处理，则降为其次所要考虑或者压根就没做过考虑。这也较深刻地折射出会审公廨被接管后中国政府在公共租界法权的缺失。

① 上海档案馆编：《工部局董事会会议录》（*The Minutes of Shanghai Municipal Council*），第二十册，上海古籍出版社 2001 年版，第 626 页。

② 上海档案馆编：《工部局董事会会议录》（*The Minutes of Shanghai Municipal Council*），第二十册，上海古籍出版社 2001 年版，第 674 页。

第三章　沪案前后会审公廨的
法权交涉及问题[①]

　　会审公廨问题到了沪案前后，已呈山雨欲来之势。沪案发生前一年，在会审公廨的收回问题上，有民间团体的呼吁和奔走，有政府外交的积极展开，但终因时局未明及条件的不成熟再告无果。沪案发生后，会审公廨收回问题在新的历史条件下重新提上议程，并作为沪案交涉的一项重要条件开列其中，是外人欲规避而又无法绕开的，其重要性和敏感性不言而喻。在民族主义浪潮下，会审公廨的收回问题得到应有的重视，这种重视也体现在国际司法调查团关于会审公廨所作的相关调查。因此，沪案是会审公廨法权交涉的分水岭，它为长期以来酿成悬案的会审公廨问题的解决带来了契机，使之开始朝着问题解决的方向迈进。

第一节　沪案前一年会审公廨法权交涉

　　在沪案爆发前一年即 1924 年，会审公廨收回问题已在历年交涉的基础上日受关注。当时著名学者孟森就在此年提出收回沪廨的系列建议中主张彻底地收回，尤其是对于外人最不肯放弃的刑事案件的管辖。孟森认为："故此次收回沪廨，固不能听外人之保留刑事案，且不能忽略《洋泾浜设官会审章程》而仅凭惯例，以刑事慢许会审。果为华人与华人之诉讼，当从原章，不论民、刑事，皆由华委员讯断，毋庸领事干预。"[②] 而且，不仅孟森等学者作如是表示，时人对于会审公廨的关注也越来越多的

---

　　① 　沪案为发生在 1925 年以五卅惨案为中心的重要历史事件，当时官方行文及社会舆论均以"沪案"指代这一事件，本书沿用当时通行的这一提法，特此注明。

　　② 　孟森：《领判权与沪廨》（下），《孟森政论文集刊》（下），中华书局 2008 年 4 月版，第1057 页。

见诸报端，如该年《申报》即有较多会审公廨问题的跟踪报道，为收回公廨营造了良好的舆论氛围。在实际交涉层面上，该年北京政府外交部和公使团之间关于收回会审公廨的交涉也在紧锣密鼓地展开。虽然没有取得理想的结果，但对于沪案后加快会审公廨的收回，做了很多的准备工作并起了较大的推动作用。

1924年初，上海总商会、律师公会等各社团推举董康、赵晋卿、李祖虞、陈霆锐等为代表前往北京请愿。当时主政江苏的是江苏督军齐燮元、江苏省长韩国钧，4位代表经过南京时特去拜会齐燮元和韩国钧，以探询地方当局对收回会审公廨的态度。齐燮元表示支持，但认为此事应由北京政府出面交涉为宜。据赵晋卿回忆："齐虽口头上表示同情，却推说上海固在江苏省治，但法权问题向由中央主持，仍劝我等前去北京商讨。"[①] 到北京后，代表们先后拜会当时的北京政府国务总理孙宝琦、外交部长顾维钧以及代理司法部部务的司法次长薛笃弼等，一再陈说收回会审公廨的利害关系。因此，在上海各社团代表的呼吁下，北京政府外交部于1924年1月26日为收回会审公廨再次照会驻京公使团。

4月10日，领袖荷兰公使代表驻京公使团在复照中表示同意讨论交还事宜，但要求限制在外交部对1915年草案修改的框架范围之内，实际上与10年前的思维态势所差无几："关于收回上海会审公廨事，准贵总长一月二十六日来照，现以预备讨论交还该廨，即以一九一五年草案经一九二二年十月二十六日贵部提议修改者为根据。"[②] 该公使还同时提出商议修改时，要求北京政府以下列三项条件作为担保："（一）公廨经费，须有适当之规定；（二）公廨判决，中国各法院须承认之，遇必要时予以协助；（三）外交团与中国政府所议定各项，上海地方官吏妥为施行。"[③] 照会最后宣称公使团赞同讨论中国政府收回上海会审公廨问题，但同时又提出对于涉及上海商埠并公共租界利益的重要事项，需要北京政府加以圆满解决。这些重要事项包括："推广租界现有范围，发展并改良港务，以

① 赵晋卿：《收回会审公廨交涉的经过》，《列强在中国的租界》，中国文史出版社1992年版，第57页。

② 《收回会审公廨存档录·领衔荷兰公使照会（1924年4月10日）》，《档案与史学》1996年第1期。

③ 同上。

及公共租界并租界接壤中国地面分别推选中外代表参与市政问题。"① 这些所谓重要事项实际上是此次照会的主要意图，照会最后的表述也证明了公使团的动机所在："故外交团（即公使团——引按）甚望贵总长对于本照会首段所开各点予以担保外，并切实声明，中国政府方面鉴于此次外交团友谊热情赞同立即讨论交还公廨，对于上开有关在上海中外人民利益及安宁各事项亦当预备会商，以谋圆满解决。"② 领袖荷兰公使的复照与其说是讨论会审公廨的交还问题，毋宁是以会审公廨为筹码，达到外人在租界的更大更广泛的利益，是 10 年前的故伎再度登台重演。

　　针对公使团提出的会审公廨收回后的改良要求，北京政府外交部于 5 月 9 日照会领袖荷兰公使表示："查交还公廨问题延搁已久，地方人民切盼早日办结，驻京外交团既允为讨论，本国政府为迅速解决此案起见"，对于来照所提三项条件的宗旨，"于公廨交还后当可允为照办"。③ 而对于公使团提出的所谓重要事项，外交部则表示这些事项和收回会审公廨并无关系，但同意在收回会审公廨问题解决后对这些重要事项进行会商。"至涉及上海商埠兼公共租界之利益与发达各重要事项，本与交还公廨问题不相牵涉，现外交团既希望会商解决，如所商事项确足增进该地方中外人民之公共利益而实际上易于施行者，本国政府亦愿准备会商，以谋圆满之解决。相应照复贵领衔公使查照转达驻京各国公使，即将交还公廨办法速商定，俾可早日实行。"④

　　从外交部和领袖荷兰公使这几次往来照会中，收回会审公廨问题似乎有些眉目，看起来双方均表示有交接的意向。但是，这仅仅是表面现象，中外在照会中的着眼点就明显不同。中方所关注的是以会审公廨收回为第一要务，其他问题日后再作计议；而外人关注的是其所谓重要事项能否得到中方的允准，会审公廨交还问题则成了他们手中的一张牌，主要是看是否符合租界的全局利益而再决定出还是不出。

---

① 《收回会审公廨存档录·领衔荷兰公使照会（1924 年 4 月 10 日）》，《档案与史学》1996 年第 1 期。

② 同上。

③ 《收回会审公廨存档录·外交部照会（1924 年 5 月 9 日）》，《档案与史学》1996 年第 1 期。

④ 同上。

因此，领袖荷兰公使又于 6 月 5 日在照会中表示："查本公使四月十日照会，已将讨论之标准声明，即以一九一五年草案经一九二二年十月二十六日贵部提议修改者为根据，但所提议修改之处，仍待修正。"① 可见，外人在所谓重要事项没有实现之前，是不会轻易打出会审公廨这张牌，于是以"仍待修正"为名拒绝将公廨交还。而且针对中方提出有关刑事案件及控制公廨的一些主张，则予以完全否定。如否定租界有纯粹华人刑事案件之说，"缘在租界内发生之刑事案件，元一不与工部局维持治安及秩序之责任有关，故精确言之，租界内并无纯粹华人刑事案件。"再如对于中方提出关于刑事案件上诉问题，主张"应暂搁置，可俟公廨交还后再为考量"。对于中方提出的书吏问题由会审公廨自主，无须领事推荐，认为："盖主簿及所属书吏全体不由领事推荐，必不能避免一切困难。"② 基于这些苛刻的条件，公使团在照会中违心地宣称"外交团极愿将交还公廨从事进行"，并附上自行新制定的草案。新草案基本上仍是 10 年前即 1914 年朱尔典所提的方案，仅仅是在旧方案上作了一些影响不大的变动。草案内容如下：

一、中国政府承认，会审公廨承审员与值日之外国陪审员，或何位领事先行函致公廨声明此案关于本国人之利益所派之陪审员，或领袖领事关于特种案件所派之陪审员等会同办理。

公廨廨员由中国政府委任，一面将人员姓名通知领团。廨长由外交部会同司法部荐请大总统任命，其官秩与地方审判厅厅长相等。

至华人与华人民事案件，归公廨廨员审判，照中国现行法律暨《诉讼法》办理，无庸外国陪审员出庭。

二、凡租界内刑事案件，全归公廨受理，应处以五年以上有期徒刑之案亦在其内。惟按照中国法律并向章所有应判以十年以上监禁之案，及命盗案判至死刑者，其判案须由公廨详请司法部核准。遇有不核准之案件，即由司法部将不核准理由，批饬公廨遵照复行讯断，详

---

① 《收回会审公廨存档录·领衔荷兰公使照会（1924 年 6 月 5 日）》，《档案与史学》1996 年第 1 期。

② 同上。

请司法部再核。其核准应处于死刑之犯，送内地中国官执行。

验尸之事，由廨员会同外国陪审员执行。

三、凡隶公廨之牢狱，责成工部局巡警管理，但公廨承审员及捕务陪审员，得派查看委员。

所有公廨之命令、传票、缉票，亦责成工部局巡警执行。以前差役之制实行取消。

四、凡华洋民事案件，在交涉员及有关之领事上控之办法，仍旧存留。但可交廨易员复审。至陪审洋员亦须一律更易。倘交涉员与领事对于此项上诉未能合意，即以复审判决之词为定。

五、公廨庶务以及出纳事宜，应责成外国主簿及其所属之书吏管理。主簿管理所属全体人员，并妥行监督廨内度支。该主管主簿及所属书吏，由领团推荐，由中国政府委派。

六、前开五端系属交还办法。将来中国政府与各国商议撤销领事裁判权时，不受任何拘束。①

从草案的内容来看，代表租界利益的外国陪审员、工部局巡捕房以及外国主簿的权限极大，而所谓交还中国的都是一些形式上的程序性问题，公廨的实权在外人手里这一性质没发生任何改变。因此，这个草案几乎就是会审公廨被领事团接管后的实际运行状态。公使团发出这样的照会，无异于是要求中方先接受会审公廨的现状，始能再议会审公廨交还的问题。从中也可以看出，外人所谓归还会审公廨的前提条件，10年之中虽经中方努力交涉，但对于代表租界利益的实质性条款仍未作出半分让步。针对这一不能称之为"交换办法"的照会内容，北京政府外交部和司法部会商后于8月9日在复照中作出回应，表明了中方的态度。

一、关于租界内华人刑事案件，中方认为：与外人无关、较为重大之华人刑事案件，辛亥以前并不属于公廨管辖，亦自无外员陪审之例。现既于第二端规定，租界的一切刑事案件均由公廨受理，则此项案件中不与有领事裁判权约国人民权利直接有关之案，按照现行条约，自应与华人民事

---

①《收回会审公廨存档录·领衔荷兰公使照会（1924年6月5日）》，《档案与史学》1996年第1期。

案件一律由中国承审员独自审理，无庸外国陪审员陪审。盖属于公廨管辖之案件，除有条约规定与有领事裁判权约国人民权利直接有关之民事案件，及因华人干犯警章与工部局维持治安及秩序之责任有关各案，得由外员陪审外，此外华人民刑案件均无须外员陪审。

二、关于审理无领事裁判权国人陪审问题，中方认为：查在中国领土内发生之外人民刑案件，该关系国得以派员陪审或观审，系由于条约上领事裁判权之规定，若该国对于中国并未因条约取得领事裁判权，或原有领事裁判权而现已撤销或停止，则关于该国在华人民之民刑案件，应完全受中国司法权之支配。此系中国与各该国之问题，第三国不能因该国无领事裁判权而出为干涉、要求派员陪审之权，其理甚为明显，而按诸条约亦属正办。同上理由，凡未与中国缔约各国之侨华人民诉讼案件及现无国籍之侨华人民诉讼案件，其应完全受中国司法权之支配，而无庸第三国领事派员陪审。

三、关于刑事案件上诉问题，中方认为：查华洋民事讼案既以特派交涉员署为上诉机关，则华洋刑事案件以该交涉员署为上诉机关，并无不适当之处。故华洋刑事案件，仍应照华洋民事案件同一办法，由特派交涉员署受理上诉。

四、关于主簿及所属书吏规定，中方认为：主簿既受公廨长指挥监督，而负管理公廨书吏、主监督公廨度支之责，其地位适与书记官长相同，故定名为书记官长较为适宜。至所属书吏员数既众，关于书吏等任免事宜，可由书记官长（主簿）商承廨长办理，勿庸领团推荐，以免烦琐而符交还公廨之宗旨。①

在以上答复的基础上，外交部同时强调指出："会审公廨在驻沪领事团暂行管理期内较为改良之办法，本国政府无不勉为保存；惟关于公廨内部行政事宜，与外人毫无干涉之处，有无庸驻沪领团有所干预，当为贵公使及驻京有关系各国公使所谅解也，相应照请贵公使查照转达驻京有关系各国公使，对于本部此次答复各节予以同意，将公廨即为交还。"② 外交

---

① 《收回会审公廨存档录·外交部照会（1924 年 8 月 9 日）》，《档案与史学》1996 年第 1 期。

② 同上。

部另置备草案一份，作为讨论收回会审公廨的依据。提出收回办法大纲，共分六项：

一、中国政府就上海公共租界原有之会审公廨设立特别地方法厅，除按照条约属于外国领事裁判管辖之案件外，租界内一切民刑诉讼案件，由该特别法厅遵照中国现行法律暨《诉讼法》办理。但有领事裁判权约国人民控告华人之民事案件，及华人为被告而有领事裁判权约国人民为被害者之刑事案件，得由该关系国领事派员陪审。又，华人干犯警章之案，亦得由值日外国陪审员陪审。

特别地方法厅厅长，由外交部会同司法部荐请大总统任命，其官秩与地方审判厅厅长相等。

特别地方法厅推事，由中国政府任命，一面将该员姓名通知驻沪领袖领事。

二、特别地方法厅判处十年以上徒刑及死刑之案，须由该厅呈请司法部核准。其不核准之案件，即由司法部将不核准理由令知法厅复行讯断，呈请司法部再核。凡核准死刑之案，送交上海地方检察厅执行。

租界内检验事宜，由特别法厅推事会同外国陪审员执行。

三、凡隶特别法厅之监狱，责成工部局巡警管理，但法厅推事及警务陪审员得派员或法厅推事亲自随时前往查看，如对于管理人犯认有欠妥之处，应即报告法厅，由该厅将不妥之处责成工部局巡警立予改良，工部局巡警应即照办。

特别法厅之命令、传票、拘票，责成工部局巡警执行。但工部局巡警拘提人犯，应于二十四小时以内送由特别法厅讯办，如逾二十四小时应即释放。以前差役之制实行取消。

四、凡遇有领事裁判权约国人民权利有关之民刑案件，在交涉员及有关之领事上诉办法仍旧存留，但可交特别法厅易员复审，其原陪审洋员亦须更易。

倘交涉员与领事对于此项复审判决之上诉未能合意，即以复审判决为定。

五、法厅庶务以及出纳事宜，应责成领袖领事推荐之外国书记官长管理。外国书记官长由特别法厅呈请中国政府委派，受特别法厅厅长之监督指挥，管理所属全体人员，并妥为监督法厅度支。

　　六、以上五端，系属交还会审公廨办法，将来中国政府与各国商议撤销领事裁判权时，不受何项拘束。①

　　从草案的结构和内容来看，这个草案和公使团提出的草案涉及的事项是相对应的。中方所提是一个比较折中的草案，将收回后的会审公廨改换招牌，实际上并未主张将会审公廨予以彻底地收回。客观地说，在当时完全解决会审公廨这一问题的条件不具备的情形下，这个草案是比较切合实际的。这与时人对此所持主张也是比较吻合的，当时有论者谓：会审公廨收回后，宜参酌东省特区制度，设立上海特区法院，凡租界内民刑诉讼，概归审判。同时，"酌聘外国法官或律师为顾问"，"牵涉外人之案件，得由顾问一人陪审"。如此，在领事裁判权未撤销以前，"犹得挽回一部分之主权"。② 草案的制定正是出于挽回一部分主权的思维下形成的。

　　8 月 11 日，驻京公使团召开会议，讨论北京政府外交部提出的这一草案。公使团内部出现了两种态度："美日葡荷意比等国公使，均表示可酌量容纳中国意思"；而英法两国公使则表示须请示本国政府。③ 可见，公使团对于中方所提的草案基本上是认可的，英法两国公使对草案也没作否定。但比较遗憾的是，这一会议公使团只作讨论研究，没有形成态度明确的决议。而在此时，上海外籍律师派代表赴京向公使团请愿，反对中方提案。北京政府外交、司法两部和法权讨论委员会召开联席会议，决定仍由外交部催请交还。④ 但公使团仍举棋不定，态度不明，继续拖延。

　　沪案爆发前一年会审公廨的交涉状况大抵如此，其无果而终也并非出人意料，主要还是源于外人的态度问题以及受到时局发展的限制。由于促使外人不愿交还这一态度转变的因素不具备，交涉的过程看起来紧锣密鼓，热热闹闹，但很难指望有所突破。赵晋卿后来在回忆当年赴京请愿的结果时说："惜外交当局为自身及其政府计，不敢强力进行，且非英使朱

----

① 公展：《外交要案》，《国闻周报》第 1 卷，第 3 期。
② 公展：《评收回沪公廨运动》，《国闻周报》第 1 卷，第 3 期。
③ 公展：《外交要案》，《国闻周报》第 1 卷，第 3 期。
④ 同上书，第 5 期。

尔典之对手。故此行结果，仅收到旧政府官员及全国人民舆论上同情赞助之效果。我等自北京返沪后，不久即发生齐卢战争。奉军南下等事，收回公廨又复不能不暂时搁置。"① 在该年 4 月 15 日，《上海晚报》刊登《上海会审公廨问题》一文所得出的结论和分析其中原因，与赵晋卿的看法也正好吻合。"上海之会审公廨，在目前时势下绝无收回之可能也。"其原因，"吾人今日处此乱国危邦之下，本无外交之可言。"② 结合该年的实际情况来看，这篇文章的判断和分析都是比较在理的。1924 年的时局确实没有让收回会审公廨成为可能，在战乱不断、政局不稳的国情下办理外交自然举步维艰，难望突破。这样，直到 1925 年沪案爆发，作为解决沪案的重要组成部分，会审公廨收回问题的交涉在新的历史条件下才得以重新提及。

第二节　沪案后收回会审公廨的交涉

尽管中外双方在 1924 年关于收回会审公廨问题迭次往返磋商，拟定收回方案的条款也臻于细密，但只见诸照会文件中，并无实质性的行动。中方除作出要收回的表示之外，对于能否收回别无他法；外人在其条件未获满足时则加以敷衍，一再拖延中方所提的要求。1925 年"五卅事件"发生后，会审公廨的收回问题又成了中外双方谈判的焦点。"五卅惨杀案起，收回会审公廨之声浪又震于耳鼓矣。"③ 这种交涉不仅仅停留在以往在中外当局之间进行，而是发自于民众要求无条件收回的强烈诉求。这种以民族主义运动形式的呼声对西人社会来说颇为震撼，虽然外人声称不能将会审公廨问题作为解决沪案的条件，但对交还公廨问题的重视程度则是前所未有的。会审公廨的谈判与工部局华董问题最终也成为沪案交涉中确

---

　　① 赵晋卿：《收回会审公廨交涉的经过》，《列强在中国的租界》，中国文史出版社 1992 年版，第 57 页。

　　② 《上海晚报刊登"上海会审公廨问题"文》（北洋政府京畿卫戍司令部档案），中国第二历史档案馆编：《中华民国史档案资料汇编》第三辑外交，江苏古籍出版社 1991 年 6 月版，第 88—89 页。

　　③ 陈霆锐：《收回会审公廨问题》，《东方杂志》第二十二卷，第十四号，1925 年 7 月。

有进展的仅有两项例外。① 沪案为长期以来酿成悬案的会审公廨问题的解决带来了契机，"五卅运动"促使收回会审公廨的交涉获得很大的进展，开始朝着解决问题的方向迈进。

1925 年 5 月 30 日上午 9 时左右，上海各校学生 2000 余人分途出发，抗议 5 月 15 日日本纱厂枪杀顾正红，讲述学生因援救工人而被捕等情形，并对租界当局越界筑路以及工部局所提增订印刷附律、增加码头捐、交易所注册、取缔童工法等四案表示反对的态度。下午 3 时，上海各界民众万余人在公共租界举行了大规模的游行示威，租界当局又出动巡捕捕去了 100 余人，游行群众潮涌般跟随被捕者到南京路老闸捕房门口，要求释放被捕同胞。当相持到 3 点 35 分时，英籍捕头爱活生下令开枪，当场打死 4 人，伤 23 人，其中伤者于 6 月 1 日又死去 11 人，另外捕房还捕去 20 多人，遂酿成了震惊中外的"五卅惨案"。②

民族主义的诉求源于爱国主义的情感力量，这种情感让劳工界和资产阶级彼此靠近。③ 为了更好的展开这种民族诉求，五卅惨案发生的第二天即 5 月 31 日，上海各团体在总商会召开联席会议，议决向租界当局提出六项条件，其中第六项即为"收回会审公廨"，要求是："完全恢复条约上之原状：华人犯中华民国刑法或工部局章程，须用中华民国名义为原告，不得用工部局名义。"④从提案内容来看，所提要求比较笼统，这跟当时的情势有关，联席会议很难在短时间内就收回会审公廨出具细则。但从把收回会审公廨列入"五卅惨案"的交涉条件来看，足以说明会审公廨问题在公共租界的突出性和解决的必要性。

---

① 冯筱才：《沪案交涉、五卅运动与一九二五年的执政府》，《历史研究》2004 年第 1 期。

② 关于"五卅惨案"发生的情况，关絅之在《会审补阙记》也曾作简要的记述："民国十四年五月三十日，学生开会，追悼日商纱厂被杀之华工顾正红后，手持大书反对码头捐、越界筑路、印刷附律、实行经济绝交、抵制日货、援助被捕学生等字样旗帜，分途演讲。午后，南京路捕房劝阻不散，先后逮系一百余人，部分办事室及铁栅内两处拘留。续有被逮捕者至，先逮者辄大呼欢迎。捕房遂将逮办事室者释放。众见犹有系者，不散，愿同系，声势汹涌。捕房惧以开枪。观众塞途，聚者猝难解散。捕房认为抵抗，排枪齐发，死伤甚众。"参见关絅之《会审补阙记》，《档案与历史》1988 年第 4 期。

③ ［法］白吉尔著：《上海史：走向现代之路》，王菊等译，上海社会科学院出版社 2005 年 5 月版，第 199 页。

④ 邓中夏：《五卅运动》，上海社会科学院历史研究所编：《五卅运动史料》第一卷，上海人民出版社 1981 年版，第 39 页。

6月7日，上海工商学联合会发表宣言，提出十三项条件，对于会审公廨，比较具体地列举了收回的条件，相比较总商会提出的条件，显然要前进很多。这些具体的收回条件包括：

> （甲）民事案：子、华人互控案，华法官得独立裁判，领事无陪审或观审权；丑、洋人控告华人案，领事有陪审权，但不得干涉审判。（乙）刑事案：子、如洋人控告华人者，其有关系之领事，得到堂观审，但不得干涉审判；丑、华人互控案，华法官得独自裁判，领事无陪审或观审权；寅、华人犯中华民国刑法，或工部局章程，视（丑）项论，且原告名义，须用中华民国不得用工部局。（丙）检察处一切职权，须完全移交华人治理。（丁）会审公廨法官，均须由华政府委任之。（戊）会审公廨之一切诉讼章程，完全由中国法官自定之。（已）对于会审公廨一切事权，除与上（甲）至（戊）五项无所抵触处，均可根据条约执行之。①

工商学联合会此次关于收回会审公廨的宣言，是比较彻底的，集中反映了中国民众要求收回会审公廨的强烈诉求。遗憾的是这一代表民族呼声的要求没能提交到中外谈判席上，原因是上海总商会会长虞洽卿等认为工商学联合会所提的要求太过激，定然得不到租界当局的同意。这种观点主要是基于谈判的现实性和可行性考虑，于主权则很少顾及。因此，在虞洽卿等的要求下，工商学联合会又发表了第二次宣言，在收回会审公廨的提法上和5月31日在总商会的联席会议上所作的提案保持一致。即要求会审公廨"完全恢复条约上之原状：华人犯中华民国刑法或工部局章程，须用中华民国名义为原告，不得用工部局名义。"这一提法实际上是作出很大的让步，但在6月中旬六国委员调查沪案谈判中开议到收回会审公廨这一条时，整个谈判因此而破裂，于此可见会审公廨问题的敏感性以及实际交涉层面的困难性。

---

① 《重要函电汇录·上海工商学联合会宣言》，《东方杂志》第二十二卷，五卅事件临时增刊，1925年7月。另见邓中夏《五卅运动》，上海社会科学院历史研究所编：《五卅运动史料》第一卷，上海人民出版社1981年版，第38页。

面对会审公廨问题的这一困境，当时的著名学者陈霆锐、燕树棠等围绕"必须收回"以及"如何收回"进行撰文探讨。陈霆锐认为五卅事件后，各界无不异口同声地主张以收回会审公廨为沪案交涉的必要条件，收回法权不容再拖。"此可见该项问题之关系于上海全体人民之幸福，至钜且大，故工商学各界宁抛掷无量数之金钱与血汗，以争回此一重法权也。"并进而对外人控制会审公廨予以批判："此种侵犯及僭窃中国法权之手段，在条约上完全无一毫之根据，在法理上更无有可以存在之余地。"① 指出会审公廨必须加以收回。燕树棠认为在沪案没有彻底解决的情况下，和平和强硬两种办法都不能达到收回的目的。那么，究竟如何才能收回列强应当交还而拒绝交还的会审公廨呢？燕树棠主张："间接消灭现在的会审公廨，是解决这个问题的捷径，即无须经过收回的复杂困难手续了。消灭现在的会审公廨，有两种办法：使现在的会审公廨丧失作用；设立特别法院代替会审公廨。"② 这一收回会审公廨的主张在当时的形势下反响很大，不仅引起了国人的共鸣，而且对外人的触动也很大。

因此，尽管外人不愿将会审公廨问题放到解决沪案问题上来谈判，但是在民族主义运动的浪潮下，在诸如陈霆锐、燕树棠等人要求收回的强烈呼吁下，会审公廨问题显然也让外人感到很揪心。1925 年 7 月 16 日工部局董事会召开会议，留下这样的记录："巴尔敦先生和克宁翰先生建议：为了竭尽全力防止布尔什维克暗中破坏会审公堂涉及租界当局的司法权的企图，要请最好的律师来处理工部局的案件。"③ 对于英美两国领事提出的如此重要的建议，工部局总董费信惇深表赞同。这反映出在沪案发生后的特定时期，外人对会审公廨问题的高度重视和严阵以待。在这样的时期对该问题进行讨论谈判无疑是必要和迫切的，直接参与沪案调查的代表也认为："欲求得上海华洋双方之持久谅解，则交还会审公堂，或预定交还日起，实为不可缓之举。"④

1925 年 10 月 1 日，驻京公使团照会北京政府外交部，表示同意继续

① 陈霆锐：《收回会审公廨问题》，《东方杂志》第二十二卷，第十四号，1925 年 7 月。
② 燕树棠：《解决上海会审公廨问题之捷径》，《现代评论》第 2 卷第 36 期，1925 年 8 月。
③ 上海档案馆编：《工部局董事会会议录》（*The Minutes of Shanghai Municipal Council*），第二十三册，上海古籍出版社 2001 年版，第 587 页。
④ 《上海租界问题：会审公堂及临时法院》，上海档案馆藏，档号：Y7-1-4-56。

1924 年有关会审公廨之谈判。但提出先决前件，即解决会审公廨问题与沪案谈判分开讨论，目的是把会审公廨问题从民众运动的浪潮中单列开来。领袖荷兰公使来照中说明："本公使欣向贵总长重言声明，各该外交代表已准备与贵总长商议交还公廨问题，使此久经讨论之案，得一良好之结束，并以认真研求最易实施之办法，使上海工部局行政事宜由中外居民合作。"① 北京政府外交部鉴于沪案的爆发以及"五卅运动"的民族呼声，对会审公廨的收回问题也再度予以重视。1925 年 10 月 2 日，外交部在致上海特派交涉员电并抄送总商会会长虞洽卿称：关于上海会审公廨问题，外人"对于五月卅日上海发生之不幸案件，现具有诚挚解决之意"。②由此可见，沪案为会审公廨的收回带来了契机。

局势的发展无疑对中方非常有利，北京政府外交部认为目前局势下，原先 1924 年 8 月 9 日的提案已不适用，因此重新拟定交还会审公廨提案与公使团进行交涉。1925 年 11 月 25 日，外交部照会领袖荷兰公使称："查上年八月九日本部照会内开各节，鉴于目下情势，已属不合时宜，是以本国政府按照现在情形及本国司法组织，参照条约之规定，另提适宜之草案。"③ 该提案的名称即为收回会审公廨及改组上海租界内司法机关之提案，系中方为解决沪案所提要求的组成部分之一。提案共分九款，主旨是收回会审公廨，设立上海租界司法公署，并对该司法公署的权限和办事细则作出规定。具体内容如下：

（一）上海会审公廨及其附设之检察处、监狱、押所等一律交还中国政府。

（二）中国政府就原有会审公廨设立上海租界司法公署，其编制按照正式法院组织，遵用中国现行法例，办理租界内民刑诉讼及违警事件。

（三）条约上规定之领事裁判权未取消以前，在上海租界司法公

---

① 中国第二历史档案馆编：《五卅运动与省港罢工》，江苏古籍出版社 1985 年 4 月版，第 218 页。

② 同上。

③ 《收回会审公廨存档录·外交部照会（1925 年 11 月 25 日）》，《档案与史学》1996 年第 1 期。

署管辖区域内，有领事裁判权国人为原告、华人为被告之民事案件，得由各该国驻在上海之领事出庭观审。但无领事裁判权国人为被告，有领事裁判权国人为原告之民事案件，及有领事裁判权国人为被害人，而华人或无领事裁判权国人为加害人之刑事案件，其他均不适用观审办法。

凡领事观审之案件，由租界司法公署附设之特别庭受理。第一审由附设之特别上诉庭受理；第二审倘原告不愿受特别庭管辖，自行向普通法庭起诉，或其上级法院上诉者，听其程序依普通办法办理，不得观审。

（四）对于中国人民及无领事裁判权国人民，上海租界司法公署承发吏及司法警察直接施行传唤、拘提、扣押、搜索及民事强制执行事项。但传唤有领事裁判权国人民时，应先通知该管国领事。

（五）对于有领事裁判权国人民同居之雇用人，就其居所施行拘提、扣押、搜索时，得先行通知该管国领事知照。

（六）刑事或违警之现行犯，经工部局巡捕房拿获者，应于二十四小时内送交上海租界司法公署办理。工部局巡捕房遇有上海租界司法公署嘱托时间，应尽力协助不得延滞。

（七）外国律师准其在上海租界司法公署出庭代理外人诉讼，但以经司法部核准领有证书者为限，关于中国现行律师一切法令一律适用。

（八）上海租界司法公署除本办法所定各款外，适用一切现行中国法例章程。

（九）前列各款系领事裁判权未撤废以前暂行办法，于中国政府与关系国驻使商议妥协后，即为实行。①

中方这一收回会审公廨的提案是在 1924 年 8 月 9 日提案的基础上而成，且根据五卅以来时势的发展又前进了很多。如不仅要将会审公廨收回

---

① 《外交部关于上海五卅惨案之事实及其责任以及惩处赔偿等提案文稿》（北洋政府外交部档案），中国第二历史档案馆编：《中华民国史档案资料汇编》第三辑外交，江苏古籍出版社1991 年 6 月版，第 286—287 页。

改为上海租界司法公署，而且对于会审公廨附设的检察处、监狱和押所也主张一律收回；又如对外国领事的观审范围作出严格的限制，仅限于有领事裁判权国人为原告、华人为被告之民事案件，而对于刑事案件则明确规定不适用观审办法；再如，对外国律师的出庭也作出了规定，使其限制在中国关于律师的法令之内。提案所体现的这些进步之处很显然是受了五卅运动的影响，有些内容也是和沪案后上海工商学联合会发表的宣言是一致的，有些则比之更为前进。如关于洋原华被的刑事案件，工商学联合会发表的宣言中是保留领事有观审权的，而此次提案则不允领事有此权限。可见，"五卅运动"民族主义浪潮为政府当局展开收回会审公廨的交涉提供了坚实的后盾，民众的运动及舆论的声援无疑为交涉的进行加重了筹码。对于该提案，在当时的背景下，公使团不置可否，迟迟没有表态。加之1925年底北京政局动荡，会审公廨收回问题再次搁置。

　　1926年2月，北京政府外交部与英、法、美、意、日等五国代表重新会谈，商讨交还上海会审公廨及改组上海租界内司法机关问题。外交部说明上年年底中方所开九条提案的理由，并坚持以该提案作为讨论的依据。这个时候正值受沪案影响各国派代表在北京召开法权会议，外交部此时再度提出沪廨交涉，得到了举国上下的一致回应。如学者曾友豪提出："列强如略有顾及条约的诚意或要求中国尊重所谓条约上的义务，自当早日先行交还上海会审公廨。"[1] 梁龙主张在收回法权时，不仅要废除领事裁判权，而且要撤去租界当局控制的法庭，"而替以吾国之法庭，乃法律上有充分之理由者也"。[2] 更有时人发表短评，称在法权会议进行之中，"中国政府应当即时要求上海领事团交还会审公廨，由中国改组自办。如其拒绝，中国政府便应当宣告自此以后，该公廨为非法的机关，一切判决都系为非法的判决，并且参加这判决的华人会审官，也犯有不法行为的罪情，应当受刑事的处分。"[3]

　　对于北京政府外交部的提议，以及考虑到中国民间要求收回的呼声，4月30日，上述五国代表声明：监狱由工部局巡捕房管理；公廨适用的

---

①　曾友豪：《法权委员会与收回治外法权问题》，《东方杂志》第二十三卷，第七号，1926年4月。

②　梁龙：《租借地内法权收回问题》，《东方杂志》第二十三卷，第十号，1926年5月。

③　《上海会审公廨还不能收回吗》，上海档案馆藏，档号：D2-0-1782-221。

中国法律章程须以无碍此次所订各条暨现行条约、租地章程及附律等为限；有领事裁判权国人民为原告、无领事裁判权国人民为被告之民事案件暨租界内刑事与违警案件均由领团派员观审；判决书必须经过观审员签字等等。5月4日，双方会议时，中方"逐条驳复，坚持原案"。① 这样，中方希望将会审公廨完全交还中国，而各国代表仅同意恢复辛亥革命前的状态，两者相距太远，无法达成一致。"五国代表提出对案，与中国原案相差太远，讨论仍无结果"。② 5月11日，双方再度开会，也无成果可言。

在谈判陷入僵局的情况下，上海总商会和律师公会等团体鉴于4月9日北京发生政变，恐因政局混乱，收回会审公廨交涉又要功亏一篑，于是向北京政府提出收回会审公廨交涉移至上海就地进行。此时上海会计师公会亦致电中央及江苏省政府，要求会审公廨就地解决，主张趁时局和舆论对我方有利的时机下，应先将会审公廨的管理权及早收回来，至于法院内部的事宜，则等收回以后再作解决。

在沪上团体的一再呼吁，而中央对收回会审公廨又一筹莫展的情况下，代理外交总长颜惠庆决定将收回会审公廨问题交给江苏地方当局与上海领事团就地商议。时主政江苏的是五省联军总司令孙传芳，颇思能在沪上有所作为。因五卅周年将届，孙传芳表示，尽量和领事团多作洽商，以期在5月30日以前将多年来的会审公廨悬案尽快地加以解决。于是，收回会审公廨移地交涉很快拉开帷幕。可见这一进展显然是和沪案的影响分不开的，民国学者吴颂皋也曾对此评论称："时值'五卅事件'发生，中英感情恶劣，几达沸点，上海租界当局，对于此项交涉，未曾横加反对者，其因或在乎此。"③

综上可知，沪案虽没有使会审公廨从外人手里直接收回，但在外人对会审公廨问题的态度上沪案则是一个分水岭。"五卅运动"发生前，公使团的态度是延宕交涉，能拖则拖，以致交涉问题一拖再拖；"五卅运动"发生后，公使团在态度上有了明显的扭转，开始重视会审公廨问题的解决。"北京使团鉴于我国民情之愤激，深恐事件扩大，乃由领袖荷使，通

---

① 《收回会审公廨存档录·外交部电（1926年5月4日）》，《档案与史学》1996年第1期。
② 《时事日志》，《东方杂志》第二十三卷，第十二号，1926年6月。
③ 吴颂皋：《治外法权》，商务印书馆1933年1月版，第270页。

知我国外部，请定期开议。"① "上海南京路惨案发生，外交部遂提出收回会审公廨之新提案。外人方面，鉴于我国民气激烈，甫允开会讨论。"②

　　基于沪案的深刻影响，工部局董事会也表示同意归还会审公廨，有位董事甚至称："如果下次大会就归还会审公堂问题提出正式的决议，则华人社会将感到更加满意。"③ 总董则指出，由于工部局和归还会审公堂没有直接关系，因此也无法提出正式决议，但工部局会保证公开宣布同意。这是因为，此时会审公廨归还的谈判正在北京进行，工部局考虑到提出正式的决议会对北京谈判造成不利于外人的影响。工部局虽然没有形成决议，其实也无权超越公使团和领事团行使决议，但在态度上是十分明确的。"总董在 3 月 18 日的演讲中曾答应要在纳税人大会的发言中告诉纳税人：工部局明确赞成归还会审公堂。"④ 显然促成外人这一态度发生根本改变应归因于沪案的发生及"五卅运动"的兴起。

　　沪案对于加快会审公廨收回的步伐来说显然具有积极的意义，直接推动这一长期以来酿成外交悬案问题的解决。"撇开五卅事件的民族的、政治的和经济的关系不谈，它颇有助于促进上海外国租界中许多国际性问题的解决。"⑤ 会审公廨问题无疑是亟待解决的重要国际性问题之一，法国学者白吉尔也指出沪案后西人社会"也接受将会审公廨归还中国的原则"。⑥ 为会审公廨收回而积极奔走的赵晋卿于沪案发生后针对这一问题满怀信心地指出："收回会审公廨的交涉虽累遭挫折，然默察当日局势，全国民气正日益蓬勃高涨，租界中英人颇感苦于应付，有时竟不能不假手美人以推脱责任，而美人在租界中势力亦渐增长。本人深信如能继续进行

---

　　① 邱培豪：《收回临时法院问题》，《社会科学杂志》第二卷第一期，1930 年 3 月。

　　② 钱泰：《上海特区法院成立之回顾》，《中华法学杂志》第 1 卷第 3 期，1930 年 11 月。

　　③ 上海档案馆编：《工部局董事会会议录》（*The Minutes of Shanghai Municipal Council*），第二十三册，上海古籍出版社 2001 年版，第 632 页。

　　④ 同上。

　　⑤ ［美］马士、宓亨利：《远东国际关系史》，姚曾廙等译，上海书店出版社 1998 年 12 月版，第 691—692 页。

　　⑥ ［法］白吉尔：《上海史：走向现代之路》，王菊等译，上海社会科学院出版社 2005 年 5 月版，第 158 页。

有力的交涉，定能达到目的。"① 以上这些情况表明：沪案的发生缩短了收回会审公廨的日程，使之开始朝着问题解决的方向迈进。

第三节　国际司法调查团关于会审公廨问题的调查

"五卅惨案"发生后，民族主义浪潮由上海迅速向全国各地蔓延，沪案交涉成为中外之间首当其冲所要解决的问题。1925 年 6 月 6 日，驻京公使团鉴于这一严峻形势，决定由英、美、日、沄、意、比六国各派代表委员赴沪调查交涉。但是由于以法国公使馆忻毕业为首的六国调查委员团在谈判中持强硬态度，没过多久交涉遂告失败。6 月 19 日，中外双方各发布公报，六国调查委员团在公报中表示："兹以双方意见似属完全歧异，难有就地早日解决之希望，故委员团决议于今夜启程返京。"② 国民政府特派专使蔡廷幹等也认为六国委员的态度与中方的谈判方针是完全抵触的，可见公使团委派的这一六国委员团在沪案调查谈判中毫无成就可言。

一面是谈判停顿，而另一面沪案的解决又迫在眉睫。正是在这样的背景下，国际司法调查团应运而生。10 月 3 日，英、美、日三国驻京公使联合任命国际司法调查委员团，该调查团由这三个国家各派出一名法官组成。其中美国代表是约翰逊，时任菲律宾首席法官；英国代表是戈兰，时任香港首席法官；日本代表是须贺喜大郎，时任广岛上诉法院院长。三位法官来沪调查的目的是通过多方听取和研究证词，认定"五卅事件"的责任问题，从而为沪案的善后提出建议。而在调查团关于沪案的调查取证过程中，多次涉及会审公廨问题，对于会审公廨也做了比较深入的调查。

10 月 7 日，国际司法调查团在上海市政厅召开会议，确定了沪案的调查程序，约翰逊在会上作出声明："为调查一九二五年三十日或三十日前后在上海发生骚乱的起因和性质，以及为专门提到的其他一些目的，经美、英、日三国驻北京代表于一九二五年十月三日（星期六）任命，组成了国际司法调查委员团，该委员团发布了通告，详细阐明要求委员团调

---

① 赵晋卿：《收回会审公廨交涉的经过》，《列强在中国的租界》，中国文史出版社 1992 年版，第 60 页。

② 《交涉停顿，六国委员发表公报》，《申报》1925 年 6 月 19 日。

查的目的与范围，并邀请各方面人士——不论国籍，不论本人或由其正式
委派的代表，于一九二五年十月七日上午十点半，到上海市政厅，向委员
团提出他们持有的任何有关委员团受权调查的问题的证据。"① 在这一题
旨下，调查从 10 月 7 日开始，一直持续到 10 月 27 日为止，调查团在这
20 天的时间里展开了多人多次的取证。其中涉及会审公廨问题的就调查
了工部局警务处总巡温赖特、工部局总董费信惇、以及同为工部局董事的
莱门（V. G. Lyman）、梯斯（J. H. Teesdale）等，调查团最后还听取了工
部局和警务处几名辩护人的辩护。国际司法调查团的这一调查，从一个侧
面反映了外人对沪案的态度，包含此时外人对五卅时期会审公廨的看法和
认识，这对于进一步认知五卅时期的会审公廨具有一定的价值和意义。

就会审公廨在五卅时期的制度性和程序性的相关问题，国际司法调查
团主要听取了工部局警务处第二帮办总巡温赖特的证词，原因是温赖特担
任会审公廨的记录员达 5 年，对当时会审公廨的制度和程序问题都是比较
熟悉的。由于调查之时庭长和温赖特关于会审公廨的问答即时作出，所作
的记录在内容编排上缺乏一定的逻辑性，现将问答内容在原貌的基础上，
按会审公廨的问题逻辑顺序整理如下：

关于会审公廨的存在依据及人事安排，温赖特在回答中将会审公廨的
产生和演变都做了一番交代，并指出了驻沪领事团在会审公廨中所充当的
角色。（庭长）问：会审公廨是凭什么而存在的，它是怎样产生的？（温
赖特）答：我了解原来是作为一个中国法院而建立的。后来通过条约或
其他，有了外籍陪审员，再后来我想是在一九一一年动乱期间，领事团接
管了法院。问：它是工部局的法院吗？答：我理解它其实是中国法院，目
前法院的维持费是由纳税人支付的。问：法官是由谁指派的？答：领事
团。问：包括华籍法官和陪审员吗？答：华籍法官按说是由中国当局指派
的，但要得到领事团的同意。②

关于会审公廨对刑事案件的审理，温赖特指出了会审公廨在刑事案件
的司法管辖权，关于外国陪审员的陪审规定以及案件审理所适用的法律。

---

① 《国际司法调查委员团确定调查程序的会议记录（1925 年 10 月 7 日）》，上海市档案馆
编：《五卅运动》第三辑，上海人民出版社 1991 年 10 月版，第 3—4 页。

② 《温赖特的证词（1925 年 10 月 21 日）》，上海市档案馆编：《五卅运动》第三辑，上海
人民出版社 1991 年 10 月版，第 541—542 页。

（庭长）问：在刑事案件上会审公廨的司法权是什么？（温赖特）答：在刑事案件上它的司法权是审理租界内华人或无领事代表的西人的犯法行为。问：关于马路有何规定？答：规定发生在工部局马路上的案件。问：当一个人被捕了，由谁审理？答：规定在下一次开庭时审理，即第二天。如碰巧在星期六被捕，那就要在星期一开庭了。问：由哪些人组成法庭？答：华籍承审员与一名西籍陪审员。问：陪审员是怎样规定的？答：两名英籍陪审员于星期一、三、五出庭，两名美籍陪审员于星期二、四出庭，意大利和日本陪审员于星期六出庭。问：刑事庭每天开几次？答：一般来说，每天两次。问：当作为这一天的陪审员审理某一案件时，每次都要向另一陪审员陈述此案件吗？答：是的。只要涉及外国人的利益。① 问：我注意到你所证实的中华民国临时刑法有一条款规定，它从颁布之日起生效，它已颁布了吗？答：我想在第一页底下有一注解说，于一九一二年三月十日颁布。问：这样它就是法律了，是指导会审公廨有关刑事案件的法律？答：是的，大概是这样。问：也是执行刑罚的法律吧？答：是的。②

关于会审公廨对民事案件的审理，温赖特主要回答了涉及外国人的民事案件司法管辖问题。（庭长）问：会审公廨既审理刑事案件，也审理民事案件吗？（温赖特）答：是的，民事案件也是在那里审理的。问：在审判民事案件时，另有一套法律吗？答：是的，有一本中华民国民法。问：你有那一本法律书吗？答：我没有带来，我可以拿一本来。问：在民事案件中，如当事人的一方是外国人，他受什么法律约束？证人：他是一个无领事代表的外国人还是享受治外法权的外国人呢？庭长：我用了"外国人"这个词，加入对这个词有不同的解释，就请你说明一下。答：一个享有治外法权的外国人不能在会审公廨作被告。然而，假如他属于一个不享受治外法权的国家的话，那他就与华人同样对待。③

关于会审公廨的上诉，温赖特也如实地回答了会审公廨被领事团接管后没有上诉权的客观事实。（庭长）问：对会审公廨法官或法官们的判决有没有要求上诉的？（温赖特）答：没有上诉法院，但可以申请重审，如

① 《温赖特的证词（1925年10月21日）》，上海市档案馆编：《五卅运动》第三辑，上海人民出版社1991年10月版，第530—531页。

② 同上书，第542页。

③ 同上书，第542—543页。

获同意，可以重新审理。问：该怎样理解你的意思？对会审公廨的判决到底有没有上诉权呢？答：没有向高一级法庭或其他法庭上诉的规定。[1]

关于会审公廨判决的执行。温赖特在回答了由巡捕房来执行会审公廨的判决后，涉及判决执行的期限问题的回答，可以反映出会审公廨在执行问题上制度和程序的不健全。（庭长）问：由谁执行会审公廨的判决？（温赖特）答：捕房。问：给他们一项执行的命令吗？答：他们有案件记录单上的书面命令。庭长：为了执行判决曾有过哪一位法官下达什么指示吗？答：没有，他们只写下判决或命令。庭长：他们不签发一项执行判决的正式命令吗？答：是的。问：执行判决有规定的时间吗？答：有的，一下达判决或命令就立即执行。庭长：假如没有法官和法官们直接下达执行判决的命令，那么执行判决完全根据某些捕房人员的意愿，我这样理解，对吗？答：捕房只是执行法官和陪审员的指示。问：执行判决的期限是由谁确定的，法官还是其他人？答：我从来没看见有关期限的规定，事实上它总是被立即执行的。问：立即执行是什么含义？答：一下达判决，就由捕房执行。问：就法庭记录而论，上面没有规定执行的期限吗？答：没有规定。[2]

在国际司法调查团关于会审公廨问题的调查中，以上所整理的 10 月 21 日温赖特的证词是阐述该问题较详尽的。此外，在 10 月 26 日调查团对工部局总董费信惇的调查取证中，费信惇在证词中多处谈到会审公廨的法权问题。相比较温赖特的证词，费信惇则更多的超出制度和程序的层面，从会审公廨的实际运行来回答会审公廨的法权问题。

（庭长）问：公廨的司法权有哪一些？

（费信惇）答：我把会审公廨称之谓初审法庭，有权审判发生在公共租界的案件中的中国人和无外交代表的外国人。

问：对刑事案件，公廨能课以什么刑罚？

答：会审公廨所审理的有两类案件，一类是指控中国人的，一般

---

① 《温赖特的证词（1925 年 10 月 21 日）》，上海市档案馆编：《五卅运动》第三辑，上海人民出版社 1991 年 10 月版，第 542 页。

② 同上书，第 541 页。

是刑事犯罪行为，如持械抢劫，谋杀等等；另一类是触犯工部局法令的案件。就拿触犯工部局法令的案件来说，刑罚或多或少是有所规定的。从理论上来说，会审公廨对控诉中国人的刑事案件应执行中国法律，我想他们主要是执行大家所知道的《中华民国暂行刑法》。但如果根据中国法律，关于赔偿问题的处理不适当时，我想公廨有时根据英国法律的原则办理。

问：他们是否可以不根据《中华民国暂行刑法》课刑？

答：我想他们是可以的，至于他们是否有正当的权利这样办，我不知道。

问：他们是否能判决死刑，如果罪有应得的话？

答：据我回忆，原先会审公廨判的刑不超过五年。然而在过去几年里，他们惯于判决死刑，但从不执行，只是将判处死刑的犯人押送中国官厅，而后者照例再进行第二审，如果他们认为必须执行死刑，就予以处决。

问：不管这犯罪行为发生在公共租界内或界外都是这样实行的吗？

答：会审公廨所拥有的刑事判决权只适用于公共租界内的犯法行为。如果某华人在公共租界界外犯了法，随后来到公共租界，则根据法律程序将其逮捕，然后引渡给中国官厅。

问：关于民事案件的判决对公廨有什么限制吗？

答：据我所知并无限制。

问：这么说来公廨对民事案件的判决并无限制？

答：我想是这样的，我从未听说在民事案件中有什么限制。

问：不论民事案件还是刑事案件，对公廨的判决，是否有权进行上诉？

答：没有，阁下，目前没有。

庭长：我想我要问的就是这些了。[①]

---

① 《费信惇的证词（1925年10月26日）》，上海市档案馆编：《五卅运动》第三辑，上海人民出版社1991年10月版，第729—730页。

温赖特和费信惇关于会审公廨问题的陈述，基本上如实反映了当时会审公廨的实际运行状况。两人的证词分别从制度和事实两个方面揭示会审公廨的问题：温赖特的证词指出了辛亥革命领事团掌控会审公廨后所呈现的法权问题，如法官的人事任免权、上诉权、判决的执行权和执行期限问题；费信惇的证词则点出了会审公廨在实际运行中的通行做法，如法律的适用问题、死刑的判决和执行问题，都反映出当时的客观事实。

但是，无论是温赖特，还是费信惇，在他们长篇的证词当中，没有一处提及作为会审公廨合法存在依据的《洋泾浜设官会审章程》，庭长在讯问时也没有提及这一章程。是法庭取证双方想不起来？显然不是疏忽所致。以上取证记录也可反映出五卅时期会审公廨的实际运行状况与《洋泾浜设官会审章程》实在相去甚远，因是之故，也实在不能以《洋泾浜设官会审章程》所载条款来认知五卅时期的会审公廨了。于此可见，国际司法调查团通过调查取证的方式获得对会审公廨的认知是有此缘由的。这也反映出对于此时会审公廨的事实状态缺乏章程的依据，外人是心知肚明的，也就是说，会审公廨的法权问题是中外双方需要解决而又悬而未决的问题。

这种法权问题的存在及其所引发的问题在 10 月 22 日工部局董事美国人莱门的证词中有着明确的表示。莱门指出，中国人在五卅前后的排外情绪的原因，"五卅事件"只是触发性的原因，而不能视为首要原因。其首要原因是租界长期以来中外权利关系的冲突没有得到妥善地解决，而会审公廨问题就是其中首要原因之一。在法庭调查中关于该问题双方问答如下：

（庭长）问：你提到这些要求当局是否给予考虑过？

（莱门）答：我知道北京外交使团在过去一段时间里曾予考虑。

问：本地当局呢？

答：对于本地当局，我不知道领事团是否能采取什么行动，但我没有听说有什么其他行动。

问：你说领事团，你知道他们对所提要求是否采取了什么行动？

答：据我所知没有。

问：你提到了关于会审公廨的某些文件，假如你了解的话，你能讲得详细一点吗？

　　答：我知道华人中有一种情绪，要求会审公廨恢复原状，此外我什么详情也不知道。

　　问：与现状对比，它的原状是什么样的？

　　答：据我所知，先前开庭时中国谳员是主审官，我想自一九一一年的革命以来情况发生了某些变化，陪审推事被授予更大的权力了。①

　　此外，司法调查团向另一工部局董事梯斯取证时也涉及这一问题。梯斯在回答中肯定了会审公廨的现状是激发中国民众反感租界当局的主要原因，要求收回会审公廨则是中国民众长期以来的强烈呼声。如在法庭调查时庭长问：人们一直有这样的想法，那就是：会审公廨的现状可能和我们常常听到的所谓排外情绪有关。对此问题你是否有所知悉？梯斯则答：毫无疑问，在华人中间确有这样一种想法，即他们希望收回会审公廨。②

　　从莱门和梯斯的证词中可以看出，会审公廨问题是激起中国民族主义的重要因素之一，该问题和沪案的爆发有着潜在的深层因果关系。对于这些概念，外人在头脑中的意识是比较清醒的。然而，对于会审公廨运行的现状所缺乏法理和章程依据的事实，以及这种事实损及中国法权问题该如何处理，他们都没有进一步作出深入地阐述，对中国政府在公共租界存在的法权问题自然也不会主动提出异议。即使谈到相关问题时甚或提及，也认为这只是外交上的问题，也就是说这一问题是北京政府外交部和驻京公使团所要解决的问题，与租界当局是不相干的。如费信惇认为会审公廨的法权问题与工部局是无关的，它是国与国政府之间所要解决的问题。

　　（庭长）问：你把会审公廨说成是导致五卅骚乱事件的可能因素之一，你是怎样想的？

　　（费信惇）答：自从会审公廨于一八六四年成立以来，它一直是

---

　　① 《莱门的证词（1925 年 10 月 22 日）》，上海市档案馆编：《五卅运动》第三辑，上海人民出版社 1991 年 10 月版，第 618—619 页。

　　② 同上书，第 639 页。

中国政府代表和工部局之间发生摩擦的根源。一九一一年十一月满清王朝垮台以后，领事团控制了会审公廨并颁发了一项公告，声称：由于局势混乱和缺乏名副其实的政府，作为一项临时性的措施，该团业已接管会审公廨。但时至今日，领事团仍控制着该公廨。但是以这种方式加以控制是违反《南京条约》的，对此，华人极为愤慨。他们为了把会审公廨恢复到一九一一年革命前的地位，多年来一直在进行着努力。

问：公共租界当局对他们的努力是否予以协助？

答：嗯，这个问题实在和租界当局无关。我们没有任何权力。作为市政当局在这个问题上是没有发言权的。可能这不过是对政治上的权宜之计的看法问题。

问：我知道你们董事会作为工部局及其统治部门，对这种难题没有提过任何意见？

答：我认为董事会或工部局从来没有提过任何反对意见。也许个别团体和组织曾提过，但我回忆不起董事会对此曾极力反对过。

问：该问题须由领事团或与中国有外交关系的代表解决，确实是这样的吗？

答：它必须由《南京条约》签约国驻北京的代表会同中国政府加以解决。

问：因此不管怎么说，公共租界对当前华人的不满情绪是毫无责任的？

答：我认为没有责任。

问：即使是为了会审公廨，公共租界内的任何骚乱如不首先向领事团和外交代表提出，都是没有理由的？

答：我想是这样的。我认为这无论如何是没有理由的，因为华人要取得的是一项权利，其唯一途径，是通过他们本国政府与外国政府进行协商。①

---

① 《费信惇的证词（1925 年 10 月 26 日）》，上海市档案馆编：《五卅运动》第三辑，上海人民出版社 1991 年 10 月版，第 713—714 页。

这种会审公廨交涉问题是外交上的问题而与工部局无关的思维在费信惇头脑中是根深蒂固的。换句话说，在费信惇看来，工部局作为公共租界的行政机构，与归还会审公廨没有直接关系，事实上也无权作出该项决议。这样的思维占在上一节提到的工部局董事会上费信惇所作的表态是一致的，即针对有位董事提出就会审公廨归还中国问题由董事会形成决议，费信惇指出董事会是无法提出这一正式决议的。

而从工部局的角度来说，公共租界的法权问题固然十分重要，但由于法权问题成了中外权利冲突的焦点，直接影响到租界的秩序和治权这一根本的利益。因而沪案发生后，工部局是主张就会审公廨归还问题达成妥协的。正是基于这一层面的考虑，费信惇在接受国际司法调查团的调查时，不失时机地指出：会审公廨的现状违反了条约，构成了对中国主权的侵犯。

　　（庭长）问：有人就有关会审公廨所引起的情绪问题提出了质问，我是这样领会的，即这件麻烦事是由于要求归还会审公廨所引起的，对吗？

　　（费信惇）答：嗯，要求归还会审公廨只是使原有事态发展到了顶点。根据条约，会审公廨的管辖权是确定了的。但正如我在以前所说的那样，领事团一九一一年接管了会审公廨，并赋予比条约所容许的更多的司法权。而中国人对此（根据我的看法）则屡表愤慨，因为他们认为这侵犯了他们的主权，且是违反条约的。我想他们对这些事实甚为愤慨，公开宣布此一安排仅仅是临时性的，可事实上到下个月为止，它已经存在了整整十四个年头了。

　　问：这么说来，真正的问题是反对侵犯中国的主权，而不只是会审公廨行使职责的方式问题？

　　答：是的，而且违反条约。①

综合以上这些调查情况和证词来看，国际司法调查团在沪案调查中多

---

① 《费信惇的证词（1925 年 10 月 26 日）》，上海市档案馆编：《五卅运动》第三辑，上海人民出版社 1991 年 10 月版，第 722 页。

次直指会审公廨问题。尽管接受调查的对象基本由外人组成，但从调查结果来看，关于会审公廨问题所作的取证和陈述基本是符合历史事实的。调查团在法庭调查中比较全面的掌握了会审公廨的产生、沿革，以及"辛亥革命"后被领事团接管的实际运转状况。并且认识到正是因为诸如会审公廨问题引起的中外权利关系的冲突，导致了"五卅运动"这一民族主义浪潮的涌起。但是调查团很难就存在的问题提出妥善的解决办法，在调查报告中也回避了对这一重要原因的阐释，也就无法从根本上找到出路所在。

实际上调查团亦知悉会审公廨问题的重要性，以及该问题牵涉到中外利益的复杂性和广泛性，绝不是由三名法官临时所组成的所谓国际司法调查团所能解决的。对会审公廨调查结果的处理上是采取了工部局总董费信惇关于会审公廨法权问题的主张：即认为会审公廨的归还问题是国与国政府之间通过外交途径应加以解决的范围。然而，调查团认识到会审公廨问题是沪案爆发的深层因素以及该问题解决的客观必要性，亦可看作调查团关于会审公廨问题调查的积极成果，反映出了西人社会和租界当局在沪案后对会审公廨问题重视程度的显著提升。

第四节　法权关系典型案例评析

沪案发生后，在"五卅运动"的浪潮下，会审公廨处在中外冲突的前台，其本身成为中外解决沪案交涉的重要条件之一被开列其中。但会审公廨作为公共租界的司法机关，仍然行使着审理案件的司法功能，在审理沪案相关案件中，可以看出会审公廨在这一特殊的时期所呈现的问题及人们对它的态度，在案件的审理中同时也折射出外人在租界治理上的心态。本节主要就五卅时期会审公廨审理学生案和王云五、郭梅生受审案进行分析。

一　五卅审理学生案

早在"五卅运动"爆发前，会审公廨即已审理与之相关的系列案件。五卅事件发生后，会审公廨理案职能没有因此发生什么变化，所不同的是租界当局对此加强了戒备。如 6 月 2 日万国商团司令向工部局董事会报告："本日上午会审公堂继续审讯学生肇事案，平安度过，审讯时有万国商团的一个分队在公堂周围戒备，押解被告时并有武装人员护送。"① 当然，最引人注目、社会影响也最大的当属 6 月 9 日开审的被捕学生案，该案庭审过程及判决结果颇值得评述和分析。

1925 年 6 月 9 日，会审公廨开庭审讯被捕学生，案件审理一直延续到 6 月 11 日。庭审期间会审公廨高度戒严，公廨附近北浙江路一带有外国水兵往来巡逻，巡骑分途侦察；公廨铁门紧闭，派有华籍巡捕把守，非经允许不得入内；万国商团则分布在公廨铁栅栏内甬道内，四周铁门也都派人警戒。法庭上由关絅之担任正审官，美国副领事雅克博担任陪审官，梅兰（Maitland）律师代表老闸捕房起诉瞿景白、杨思盛等 18 名被捕者。关于这 18 名被告的被捕情况，其中 3 人因发表演说先被老闸捕房逮捕，后 15 人是跟随至捕房一同受拘押。关絅之主张不要研究捕房犯罪不犯罪的问题，只须研究被捕者犯罪不犯罪的问题。这就是说，捕房开枪是否出于自卫属于外交上所要解决的范围，应当由政府特派员负责去交涉，公堂只应根据捕房所控案情，判决被捕者应否有罪。庭审中法庭调查和法庭辩论都比较详细，这样我们就可以从正审官、陪审官、捕房律师及被告学生的若干系列对话中，解读出各方对于五卅事件的态度及价值取向，从而进一步加深对五卅时期会审公廨及其问题的认识。

从会审公廨对五卅学生案件审理的庭审记录来看，主要是记载了当事人的亲身经历和耳闻目睹，以及庭审时各方对案件的意见陈述。6 月 9 日法庭开审之时首先由梅兰律师报告案由，梅兰指出 5 月 30 日和 6 月 1 日的学生"暴动"是以日本纱厂事件为借口发起的排外运动，学生这一行为系属过激主义，故意聚集意图"暴动"，因而扰乱租界秩序、违反治安警察法。"余将向法庭提出证据使法庭知此案表面上为排外与排日，而实际上则纯为过激主义。"② 接下来主要是法庭调查，被捕学生中最先受到审问的是上海大学学生瞿景白，在问答中多处发生比较明显的观点碰撞，尤其体现在正审官、陪审官与瞿景白的最后对话中。相关记录如下：

---

① 上海档案馆编：《工部局董事会会议录》（*The Minutes of Shanghai Municipal Council*），第二十三册，上海古籍出版社 2001 年版，第 562 页。

② 《会审公堂记录摘要》，上海档案馆藏，档号：D2 - 0 - 2981 - 80。

正审官：要求捕房开释同学是正当的事，你究竟为什么要到捕房去，不妨直说。

（瞿景白）答：我只图探悉捕房如何处理我的同学。

陪审官：他说他今年二十岁，在上海大学读社会学？

答：是的。

问：他有否读过中国经书，如孔子这类的书？

答：读过的。

问：孔子曾言，三十而立，四十而不惑一章，你服膺其言吗？

答：是的，我知道孔子的说法。不过那是两千年以前的说法，不适用于目前的时代。

陪审官：我和正审官等多人都认为：纵然这话是两千年前说的，但今天还是很适用。

正审官：在目前情况下，你认为中国人应该从事建设还是破坏？

答：这是一个大问题，不是三言两语可以讲完的。但我可以简单地说：有许多事，如不将旧的破坏，新的事情就无法建立起来。

陪审官：当有人病重，有时须要动大手术才能治好。他若须要动大手术，决不求教于一个十七八岁的医生，而必须物色最有本领最有经验的人医治。你和同学们不问事情是否正当，就草率行动，结果造成严重局势，你们几乎使所有在华的外国人和你们为敌，与你们作战，而许多在华的外国人本来和中国人是非常友好的，全体中国人，特别是上海人，过去本来和外国人也是非常友好的。①

　　这段对话是法庭让瞿景白陈述意见的最后部分，虽然不是专门针对会审公廨问题而言，但仔细推敲起来，具体结合会审公廨问题，也是有一定关联的。正审官关絅之的问话中提出了建设和破坏这一组概念，看似随口一问，实则如瞿景白所答，这是一个大问题，不是三言两语可以讲完的。这里所谓中国人应该从事建设还是破坏，显然是针对五卅时期中国民众在

---

① 《上海会审公廨审理五卅、六一惨案记录》，1925 年 11 月，上海社会科学院历史研究所编：《五卅运动史料》第三卷，上海人民出版社 2005 年版，第 717—718 页。

公共租界的表现而言。题中之意即学生运动的方式在租界不是起建设作用而是起破坏作用。瞿景白的回答也是十分切合实际的，联系到租界实际，"如不将旧的破坏，新的事情就无法建立起来。"回话中虽然无具体所指，显得过于笼统，但结合到会审公廨本身而言，其存在的现状，亦可用建设和破坏这组概念来探讨。自会审公廨产生以来，中外双方，尤其外人为之建设付出很多努力，但问题是越"建设"越大，法权问题日益突出，乃至历经多次交涉终告无果，显然会审公廨的问题单凭建设是很难行通。而且这一问题涉及中外权利之争，实为引发"五卅运动"浪潮深层次的一个因素。因此，如果会审公廨法权问题得不到妥善解决，租界冲突根源也就难以真正消除。

我们从陪审官最后发表的较长陈述意见中也可进行思考。陪审官指责瞿景白等学生贸然行动，破坏租界中外关系的"良好局面"，从其所举例子来看，联系到会审公廨问题，也颇耐人寻味。陪审官谈到"当有人病重，有时须要动大手术才能治好。他若须要动大手术，决不求教于一个十七八岁的医生，而必须物色最有本领最有经验的人医治"，这句话形容会审公廨当时所处的实际，颇为贴切。会审公廨存在的问题确实是非动"大手术"难以解决了，但问题是：一个十七八岁的医生固然不能直接完成这台大手术，而所谓的最有本领最有经验的人，即会审公廨交涉的当事者们也难以完成这台手术，使得交涉问题酿成悬案，历次交涉的无果而终即是明证。陪审官只看到学生运动造成严重局势，打破了外人和华人的所谓友好关系，却没有深刻思考学生运动的底因，也没有认识到或不愿承认中外之间冲突的深层次根源。王云五先生在《五卅事件之责任与善后》一文最后总结称："总之，五卅惨案，不平等待遇所致也，譬如病源久伏，偶触即发，若只头痛医头脚痛医脚，而不从病源医治，则一病未除，他病又起，且恐后起者视前尤烈。"①

在对瞿景白问话结束后，下一个审理的是上海大学学生杨思盛。杨思盛系四川人，年龄18岁，因在公共租界发表演讲而被巡捕逮捕。该案的基本案由我们可从被告律师何飞与杨思盛本人如下的一问一答中

---

① 王云五：《五卅事件之责任与善后》，《东方杂志》第二十二卷，五卅事件临时增刊，1925年7月。

获悉：

（何飞）问：你读哪一科？

（杨思盛）答：中国文学。

问：星期六你们一共有多少人出来？

答：我们有六个人，三男三女。

问：你们携带传单吗？

答：没有。我带一面小旗。另一同学也带一面小旗。

问：你今年几岁？

答：十八岁。

问：你沿南京路走吗？

答：我不知道这条路名，我是到了巡捕房对面。

问：你为什么到那里去？

答：我去演讲。

问：讲的什么题目？

答：讲日人惨杀一个中国工人。

问：你是要谋补救的方法吗？

答：不，没有什么补救的方法。我们只是要让公众知道这件事
而已。

问：你们没有其他意图吗？

答：没有。

问：你是什么时候被捕的？

答：一点半。

问：被捕时你曾抵抗吗？

答：没有。

问：巡捕审问时你说实话吗？

答：是的。于是他们将我关在拘留所里。

问：你这一队有几个人被捕？

答：我队有三个人被捕。

问：你知道在马路上演讲是违犯租界法律的事吗？

答：我不知道。①

可见从案件的性质上看，杨思盛在公共租界马路上发表演讲，违反了公共租界相关的治安规定，属于违警案。而且当时在公共租界发表演讲的不只杨思盛一人，杨思盛是被作为一个典型遭到逮捕并由会审公廨加以讯问。这个典型就是指下文所述的过激主义而言，在审理杨思盛时，最后的庭审记录涵盖了各方的问答及所表达的观点，摘录如下：

（正审官）问：你在大学里看过任何过激主义的书籍吗？

答：我不知道。

正审官：你是否赞成过激主义？

答：我对过激主义一点也不懂。

陪审官：把我对别的学生讲的话告诉他，他到学校念书年纪还太小，他应该回家和他的父母一起生活。这些话对他比对别的学生还更适合。

正审官：任何爱国举动，须先审慎考虑，择其有益而舍其害。②

在这一庭审记录中，正审官提出了"过激主义"这一概念。法庭认为学生受过激主义的影响，在公共租界演讲、游行就是过激主义付诸行动的表现。这种过激主义的举动是不被租界所允许的，也违反了租界为之设定的治安法律。但在面对学生群体性的演讲游行时，租界当局也显得无可奈何。他们实际上也意识到，这种大规模的群众运动示威公共租界，绝不是个别过激主义者的冲动所致，而是一股强大的民族主义的浪潮。这股浪潮席卷而下，如何应对这一浪潮冲击，是摆在租界当局面前的一个难题。将民族主义解释为过激主义而予以否定其合法性，并将之规范在租界法律的框架内，是吻合租界当局当时的思维的。因而陪审官审理杨思盛案件时表示：杨年纪尚小，易受过激主义影响，应该回家和他父母一起生活。与

---

① 《上海会审公廨审理五卅、六一惨案记录》，1925 年 11 月，上海社会科学院历史研究所编：《五卅运动史料》第三卷，上海人民出版社 2005 年版，第 718—719 页。

② 同上书，第 720 页。

代表租界利益的陪审官的思维相比，由关絅之担任的正审官的表态也值得我们注意：首先，关絅之认定学生的演讲游行属爱国举动，在事件的性质认定上是站在了国人的立场上，在对爱国举动的方式方法上，笼统地提出要："须先审慎考虑择其有益而舍其害"，也没有明确否定学生的此种爱国行为，既鲜明提出自己对这一事件的看法，又照顾到外人此时的心态，不失为有理有节。

　　以上两例实已表明中外会审官对案件的态度，接下来通过审理黄玉聪、陈铁梅、王自勤等人进一步了解案件详情。在法庭调查结束后，遂进入了辩护人发言的阶段。其中被告辩护人梅华铨律师的辩护词对中外的问题揭示比较深入，分析也比较合理，从中外关系的高度为学生的行为做出辩护，因此颇值得一提。首先，梅华铨指出外人在华享有的特权是中国不能容忍的，"中国有多数之特权为外国人所享有而为中国人所不与者。我今述此，非有排外精神或对于外国人之批评。我所述乃事实也。中国人民知识增进，经济的、社会的及政治的进步亦复无已，故彼等既见有不平等之存在，即使其能忍受，亦不愿安然忍受。"其次，梅华铨就外国人的利益建立在中国问题的基础上提醒外人应当了解中国人对此的感受，"外国及其代表，在中国仍有政治的全能，此实在他国所无者，并仍有治外法权，亦为在文明国土所无有，自应努力了解中国人民之观点。"最后，梅华铨主张解决这类重大问题的方案要本着相互理解的精神做出让步，而不应对学生的抗议行为进行单方面的压制，"今者即以此妥协精神及了解中国人心理之故，贵庭必能消弭悲闷之气概而到达公平之结束于兹案也。"①

　　法庭辩护结束后，中外会审官退入休息室进行半小时的评议。最后由正审官关絅之代表法庭宣读判词：本案应分两个问题：一、对于捕房拘解被告人等是否犯罪行为，应由本公堂审判；二、对于捕房开枪行为之是否正当，应俟外交当局调查解决。兹本公堂讯得被告人等，大多数系属青年学子，因日人工厂内工人被杀，在租界内结队演讲，散发传单，本公堂认为无欲暴动之意，且其拘入捕房时间，均在发生开枪事件以前，尚有少数被告，讯系马路驻看闲人，被告等着一律具结开释，保洋发还。本埠发生此不幸重案，本公堂甚为惋惜。汝等青年学子，具有爱国思想，宜为国珍

---

①　《会审公堂记录摘要》，上海档案馆藏，档号：D2－0－2981－80。

重，力持镇静，听候解决，是所厚望!①

按判词内容，可分为两大部分：第一部分涉及案件的管辖问题和捕房开枪的合法性问题，第二部分是宣布本案的审判结果，即对涉案学生的宣判问题。

先来看第一部分即案件的管辖问题和捕房开枪的合法性问题。判词中明确了会审公廨对捕房拘解被告人等的审判管辖权，这一点不难理解，但捕房自身亦涉身本案中，其开枪的合法性问题遭到质疑。在这个问题的性质认定上，不是会审公廨所能决定的，而成了中外交涉的严重问题。因此判词指出捕房开枪是否正当应候外交当局调查解决，实际上在6月6日驻京公使团决定由英美日法意比六国派委员赴沪调查处理，但不久宣告谈判破裂，故之后又有公使团委派由英美日三国组成的国际司法调查团围绕此项问题展开调查。

再看判词的第二部分即对涉案学生的宣判问题。会审公廨在该问题的处理上，虽然对学生运动的本身没有加以认可，但总的来说是站在了同情学生的一方。按照工部局捕房起诉本案的意图，是主张对学生严惩的。"捕房于六月八日早庭解审所逮四十九人，依据新刑律一百六十四五条起诉，声请严惩。"② 而会审公廨在学生行为的认定上认为不是暴动，肯定了学生的爱国思想，因此判决上仅仅给予学生们"一律具结开释，保洋发还"的宽大处理。应当说，五卅运动的对象直指租界当局，而由租界主导的会审公廨对案件的审判能有这样的结局，已属很难得了。

这主要来自两方面的因素：一方面是学生运动本身的正义性和震撼力，民族主义浪潮力量是不可忽视的。陪审官在本案宣判后也不得不表示："学生等均系幼童与青年，法院信其从始即无暴动之意思，……本此事实，故法庭惟令被告人等具将来恪守秩序之结。"③ 另一方面作为会审公廨正审官的关絅之在审理案件时所表现的民族立场也是值得充分肯定的，判词中对学生爱国思想和行为的肯定和鼓励是比较明显的，因此关絅之的态度对案件判决的直接意义是不言而喻的。史蒂芬斯曾经给予关絅之

---

① 《新闻报》1925年6月12日，上海社会科学院历史研究所编：《五卅运动史料》第三卷，上海人民出版社2005年版，第737页。

② 关絅之：《会审补阙记》，《档案与历史》1988年第4期。

③ 《会审公堂记录摘要》，上海档案馆藏，档号：D2-0-2981-80。

高度的评价："关是一位非常出色的人士，从中国人的角度来看，毫无疑问，公廨的成功在很大程度上全仰仗其个人人格的力量及其作为公廨正谳员所做的工作。"①

本案的结果进一步表明：法是理和力的结合以及力的决定性作用。正是因为"五卅运动"的民族正义性以及所表现出来的力量震撼性，给了租界当局一个巨大的冲击；作为正审官的关絅之也正是借助了民族主义浪潮这一力的作用，在案件审理的始终表现得有理有力。关絅之后来在其《会审补阙记》一文中总结道："弱国虽无外交之可言，然愚以为办理弱国之外交，亦自有道：开之以诚，布之以公，折之以理，动之以情，交际与手腕并用，彼方亦容有就范之时。"② 五卅审理学生案即是关絅之这一结论的典型例证，正是在强大的民族运动的作用力下，通过理和力的结合，最后达到使外人就范的目的。而外人的就范主要是基于稳定租界秩序的考虑，当司法问题和租界的治权问题发生冲突时，显然治权问题是根本的，司法问题固然也很重要，但相形之下，则显得次要一些。

二　王云五、郭梅生受审案

会审公廨不仅直接管辖和审理了参与五卅运动的学生案，而且沪案发生前后公共租界内发生的与五卅运动密切相关的其他案件，也都是由会审公廨进行审理并作出判决。这类案件往往是租界当局出于该时期对公共租界舆论导向的控制，指控一些新闻媒体或出版单位违犯租界相关法律，由会审公廨拘传该新闻媒体或出版单位责任人到案审判。

涉案的新闻媒体往往是中方所办的比较激进的报纸杂志等。如公共租界梅白格路明星印刷所经理徐上珍等因印刷《热血日报》2800 份、《劳动青年》2400 份以及《陈独秀讲演》2400 份，被工部局巡捕房在印刷所抄出，徐上珍及两名印刷工人姜汉卿、杨根生因此被逮捕至捕房拘押。由捕房律师向会审公廨提起诉讼，指出《热血日报》等印刷出版物中言词激烈之处，由此控告徐上珍等违反出版法，提请会审公廨予以严究。经过审

---

① Stephens. Thomas B. , Order and Discipline in China: the Shanghai Mixed Court 1911 - 1927. Seattle: University of Washington Press. 1992, p. 52.

② 关絅之:《会审补阙记》,《档案与历史》1988 年第 4 期。

讯后，法庭作出如下判决："徐上珍既系该印刷所股东并经理，应负出版法第二条第三项印刷人之责，细核呈堂各件措词诚属激烈，然大半关于外交事项，尚无违反同法十一条第二项妨害治安情形，应着罚洋一百五十元；其姜汉卿、杨根生既系工匠，应予斥释，各具结不准再犯，印本印板没收。"① 又如，在五卅事件发生几个月后，《民国日报》主笔叶楚伧因该报登载一些所谓扰乱租界治安之类的文词，也被捕房指控违反出版法而涉讼。据捕房律师梅兰控告，《民国日报》1925 年 9 月 7 日 "登载工人至英租界，捕房突然开枪，击死数人，英国人惨无人道。查是日华人无一受伤身死，所载均非事实，应请讯究。"② 叶楚伧则称《民国日报》关于捕房所控已经得到更正，实无扰乱租界治安的意图。后该案的审理结果是以会审公廨判处叶楚伧罚洋 40 元充公了结。

在沪案前后这类涉及租界舆论的案件中，影响更大的当属商务印书馆编译所所长王云五及发行所所长郭梅生受审案。此案系由东方杂志社发行《五卅事件临时增刊》启事而起，1925 年 6 月 25 日，该社在发行《五卅事件临时增刊》启事中称："五卅惨案发生后，全国震动，群认为近年最重大之政治外交事件。此次对外交涉，得失成败，于我民族前途命运，影响绝巨。本志因印数较多，十二号亦已付印，不及列入，特编印《五卅事件临时增刊》。内容注重法律证据，事实调查，并向上海会审公廨取得五卅案供词及判决书之真本，择要译载以供交涉之根据。卷首附有插图多幅，如被难者之肖像，肇事地点之图画，上海租界戒严，各地国民大会示威运动等照片，搜集尤为完备。"③

正是这些插图和文字，给商务印书馆引来了一场官司。1925 年 9 月，工部局巡捕房以商务印书馆发行的《五卅事件临时增刊》插画及相关文字违反出版法为由，向会审公廨起诉该馆编译所所长王云五及发行所所长郭梅生。该案的审理首先遇到的是关于第一被告王云五的管辖权问题，理由是王云五的住所不在公共租界而在闸北，捕房所指控的《东方杂志》

①　《明星印刷所经理徐上珍等被审》，《民国日报》1925 年 7 月 11 日。
②　《民国日报》1925 年 9 月 20 日，上海社会科学院历史研究所编：《五卅运动史料》第三卷，上海人民出版社 2005 年版，第 742 页。
③　《东方杂志发行〈五卅事件临时增刊〉》，《东方杂志》第二十二卷，第十二号，1925 年 6 月。

稿件，也不是在公共租界编辑的，因而王云五的辩护律师主张会审公廨无管辖权。而捕房律师则认为本案的犯罪地在公共租界，坚持声称会审公廨对此案拥有管辖权。我们从被告辩护律师、捕房律师及王云五本人的问答及发言中可知各方所持主张：

被告律师问：君住何处？

（王云五）答：北四川路旁小弄堂内，地属中国界。

问：地在闸北否？

答：然。

问：住该处几年？

答：二年。

问：在何处任事？

答：在商务印书馆。

问：在该馆何部？

答：在编辑［译］所。

问：编辑［译］所地在何处？

答：在闸北宝山路。

问：君在编辑［译］所任事几年？

答：四年。

问：《东方杂志》稿件曾在租界内编过否？

答：未曾。

捕房律师驳诘曰：该两本杂志之编辑，由君负责否？

答：然。

捕房律师声称：依刑事诉讼条例第二十一条，法院之土地管辖依犯罪地或被告之住所、居所或所在地定之。本案犯罪地系在租界，故公堂有管辖权。

被告律师声称：查会审公廨管辖地，非根据刑事诉讼条例，而根据一九零六年之章程。公堂对于案件，而依该项章程办理。依此章程，须被告系住在租界，并在租界犯罪，始能管辖。十九年来，向据此章。今王非住租界，并非在租界被捕。其来此处，系因有人告以在公堂被控，始到公堂；且捕房传票系送达商务印书馆河南路发行所，始转递王君。王之到堂系欲提出管辖问题。①

在控辩双方律师关于管辖权问题争论不一的情况下，最后陪审官作出裁决：本案发生了两个管辖，因商务印书馆发行所是在公共租界，会审公廨即得以审讯本案。在陪审官确认了法庭对该案管辖权后，案件进入了实质性的审问阶段。控辩双方就《东方杂志》刊登的插画展开法庭辩论，集中围绕所刊登的插画是否违法，以及同一插画在《东方杂志》登载遭到指控，而《字林西报》刊载则免予追究等问题进行调查和论战。此项法庭辩论主要记录如下："被告律师问捕头：汝所指控者系某一张插画，抑系全体插画？答：全体插画。问：第一插画系画一巡捕枪击学生，《字林西报》亦曾有同一插画，君见之否？答：未见。问：何以西报插画不犯罪，而《东方杂志》插画犯罪？捕房律师声称：现在只问《东方杂志》插画违法与否，不能牵涉西报。陪审官谓勿庸证明西报插画违法。被告律师谓余意梅兰律师误会余意。余系证明杂志插画是否违法。问捕头：君曾发现此画否？答：未。问：尚有一张插画，亦剪自《字林西报》。此项报纸系在租界发行否？答：然。问：更有英报《评论之评论》亦有同样之插画。此书在租界内可买到否？答：未见。陪审官问被告律师：何故提出此种证据？答：为证明插画危害治安与否而提出。陪审官问捕头：何以未发现此种插画？答：甚愧，但此三画系滑稽的，《东方杂志》插画完全描写事实。被告律师问：《字林西报》此画（画中国青年受贿者）非描写事实否？答：究不若彼。问：此系汝之意见？答：我个人意见如此。"②经过法庭辩论，双方各执其词，难见高低，法庭宣告延期再审。这样一直拖到1925年12月23日，会审公廨才作出判决结果："被告等发行《东方杂志》等，经本公堂详细研究文字图画，虽无激烈文词，然亦可引起恶感，判被告交二百元保，于一年内勿再发行同样书籍。"③

由此可见，无论是印刷《热血日报》，还是发行《五卅事件临时增

① 《商务印书馆编译所所长王云五、发行所所长郭梅生受审》，《民国日报》1925年9月26日。

② 同上。

③ 《新闻报》1925年12月24日，上海社会科学院历史研究所编：《五卅运动史料》第三卷，上海人民出版社2005年版，第741页。

刊》，只要是涉及民众舆论导向的，在公共租界都得接受严格审查。尤其是这类案件发生在五卅运动浪潮没有完全退却之际的特定时期，租界当局对社会舆论的重要性认识是比较深刻的，因而对其权力所及的新闻出版控制是煞费苦心的。王云五案件中的管辖权问题本就存在很大争议，在控辩双方关于管辖权不分上下结果未明之际，外国陪审官以本案发生两个管辖，界内外法院均可受理此案为由，宣布了会审公廨对该案的司法管辖权。不如此，若该案在界外中国法院审理，租界当局欲影响此案显然是鞭长莫及。而在具体审理过程中，同一插画，《字林西报》和《东方杂志》均作刊载，单以《东方杂志》插画论罪，被告辩护律师质疑这一问题时，捕房律师和陪审官均指出本案只问《东方杂志》插画的违法与否，而不牵涉《字林西报》插画是否违法，原因就是《字林西报》属西方人自己办的报纸而受到回护。这一做法在法理上是难以说得通，在庭审中也是难以服人的。但从当时公共租界所处的形势看，租界当局力图通过对新闻出版等媒体的控制，进而钳制舆论宣传对民众运动的导向，从而达到稳定租界秩序的目的，是符合租界治权这一最高利益原则的。因此，从这个角度来看，租界当局的这些做法又是"合乎其理"的。

第四章 上海临时法院及其法权问题

上海临时法院是会审公廨问题移沪就地交涉的直接产物，系根据 1926 年 8 月 31 日由江苏省政府与驻沪领事团共同签订的《收回上海会审公廨暂行章程》而产生，并于 1927 年 1 月 1 日正式成立。临时法院收回了为租界当局把持长达 15 年的会审公廨，有其值得肯定之处；但是，收回会审公廨所要解决的核心内容即法权问题仍然比较严重，因此临时法院是公共租界临时过渡性质的司法机关。本章从收回会审公廨的移沪就地交涉问题出发，通过对《收回上海会审公廨暂行章程》这一文本内容的解读，并结合临时法院期间法权关系的相关司法案例评析，从而揭示临时法院的实际运行状况及其存在的法权问题。

第一节 会审公廨移沪就地交涉

在北京政府外交部和驻京公使团关于会审公廨交涉无果的情况下，外交部决定将收回会审公廨问题交给江苏地方当局与驻沪领事团就地商议。1926 年 4 月 24 日，上海总商会、律师公会等沪上各社团再次推举赵晋卿、董康、李祖虞、陈霆锐等 4 人为代表，联名致电江苏省政府表达上海商民要求收回公廨的意见。第二天，4 人赴南京与五省联军总司令孙传芳及江苏省省长陈陶遗当面接洽。此时孙传芳正在筹划淞沪商埠督办公署，希冀能在上海立住脚跟，得到民心的拥护。赵晋卿等遂建议孙传芳："到上海后，亟应做几件有利于国家及大众所期望而中央不能解决之事。会审公廨为上海居民受害最深、最不合理之制度，如能收回法权，定得上海商民拥护"。① 这一提议正好切中了孙传芳的想法，孙即表示等到淞沪商埠督办公署人事安排确定以后，就着手收回会审公廨事宜。

5月4日，淞沪商埠督办公署成立，孙传芳自任督办公署主任，丁文江担任总办。孙传芳表示设置督办公署的初衷之一即为收回会审公廨，解决多年来的外交悬案，该项具体事宜则由丁文江与外交部特派江苏交涉员许沅会同办理。在丁、许二人的要求下，上海总商会、律师公会等推选精通法律的李祖虞、陈霆锐二人为代表起草说帖，即将收回会审公廨的要求拟作说帖的形式，作为将来交涉的依据。所起草的说帖内容大致分四大纲：（一）刑事改革；（二）民事改革；（三）收回前之准备；（四）收回后之措施，各纲内又分子目若干项，详细说明交涉程序的步骤，并确定收回会审公廨的四项目标，即：1. 民事全部收回；2. 刑事会审权收回；3. 领袖领事对于传票拘票之签字权收回；4. 检察权收回。②

说帖拟定后，由许沅向驻沪领事团接洽交涉事宜。此时驻京公使团意识到"交还公廨为不可避免的事情，但对于北京外交部坚持废止华人刑事陪审制等各点，却不愿接受，早想另觅途径。现由江苏省政府提出就地交涉，正中下怀，便草拟成一种交还计划，以英美日三国公使的名义，通告上海领团，令与省方代表直接谈判。"③ 可见此时驻京公使团对于公廨案移地交涉的态度业已明确，因而完全授权驻沪领事团进行交涉。北京政府外交部亦已决定将公廨案交由江苏省政府与上海领事团就地商议，此间京沪两地电函往来不断：5月11日，许沅在致北京外交部参事厅电文中谈到："收回公共公廨事，省政府迭据总商会、律师公会等请愿，孙联帅会同陈省长，已委任淞沪商埠督办公署总办丁文江君查核实在情形，妥善交涉即日收回，并令沅会同办理。现正接洽进行。能否就地解决，尚无把握。"④ 5月19日外交部参事厅在复电中称："收回沪公廨案由沪就地办

---

① 赵晋卿：《收回会审公廨交涉的经过》，《列强在中国的租界》，中国文史出版社1992年版，第60页。

② 邓克愚、顾高地：《列强在上海侵夺我国司法权的史实》，《列强在中国的租界》，中国文史出版社1992年版，第41页。

③ 参见席涤尘《收回会审公廨交涉》，《上海通志馆期刊》第1卷第3期，1933年12月。上海档案馆藏，档号：Y15－1－17－755。

④ 《收回会审公廨存档录·上海特派交涉员电（1926年5月11日）》，《档案与史学》1996年第1期。

理，极为妥善。仍请将商办情形随时摘要见示，以资接洽考虑。部中会同英、美、法、义（意）、日五国委员讨论情形及该国委员所提答案大旨，业于本月五日电达。此后如何进行，仍当随时电告。以期内外呼应，免为外人所乘。"①

5月21日，省方代表丁文江、许沅等与英美日三国驻沪领事在交涉公署外交大楼开始举行第一次会议。这次会议，双方仅作初步的协商。5月24日双方召开第二次会议，中方根据说帖提出了收回公廨的条件，三国领事亦开始交换意见。通过这两次会议，外国领事对于华人民事案件交还中方处理，表示认可，但对于华人刑事案件的陪审问题，双方分歧很大，难以取得一致意见。于是双方在5月28日再次召开会议重点讨论该项问题，此次会议上，中方还提出了下面两点：（一）检察处的权限过大；（二）传票拘票，由领事签字，有损中国主权。6月9日的会议上，讨论的焦点仍为华人刑事案陪审问题\检察处撤废问题等。经过以上四次会议，双方提出了谈判的问题所在，各自在态度上都坚持己见。领事团方面，于6月15日在英国领事馆召集全体会议，由领袖领事美国总领事克银汉（Edwin Sheldon Cunningham）主持，英日两领事报告预备会议的经过，决议坚持原案。次日，克汉银赴交涉公署访丁文江和许沅，将领事团的这一意见告知丁、许二人。

驻沪领事团一方没作出什么让步，而指导中方谈判的思想也是比较明确的。早在5月24日，孙传芳与江苏省省长陈陶遗联署向外交部表示要据理力争，坚持到底，并将在沪交涉情形随时电告外交部知悉。"收回沪上公廨交涉外人争执各点，贵部据理驳复，卓见甚佩。查洋泾浜会审设官，订约时载明属上海道管辖，在地方行政范围之内，与外人照约享有之领事裁判权性质不同。嗣后沪上迭经事变，外人遂乘机侵权。现时公廨办法，即衡以条约所列，亦多不合。其中愈越廖戾之端，多沿事实而递变，于条约毫无根据。刻外人渐知众意不孚，亦未尝不思让步，以为解决。仍请贵部乘此时机，继续前议，据理力争，积极进行，坚持到底。苏省亦当在沪就近依据事实，与之力争。双方并进，庶或有济，交涉情形尚希随时

---

① 《收回会审公廨存档录·外交部参事厅电（1926年5月19日）》，《档案与史学》1996年第1期。

电告沪交涉员,以免歧异。至在沪交涉情形,并已饬该员随时电陈矣。"①

因此,双方都设定了各自的谈判底线,不愿作出让步。虽然双方多次交换意见,但没能达成一致的协议。领事团"最多只允交还民事部分,而我方则坚主刑事毋须陪审"。② 在监狱的管理权上,领事团主张监狱仍由工部局管理,"彼方对于监狱,仍主张由工部局管理,惟力求适合中国法令,或将所有罪犯,送由租界外监狱执行,或将轻微罪犯由租界监狱执行,余送租界外监狱。无领事裁判权约国人民,民事被告,可不陪审,华人刑事仍适用值日陪审向例。"③

以上四次会议属会审公廨交涉的预备会议,尽管意见分歧很大,双方还是议定召开正式会议。领事团方面除原来英美日三国领事外,荷兰和挪威驻沪领事亦加入其中。会议从 6 月 21 日始,连续三天反复讨论,最后草定办法八项,对于收回交涉上最大关键的刑事案陪审和检察处等问题,都作了迅速的解决,再加上 7 月 2 日和 9 日两次会议的修正,产生了确定的结果。"交涉结果,除民事部分早已商妥别无问题外,刑事陪审问题,省方让步,不复力争;省方容纳领事所提的折中办法,即:如关于直接与租界治安有关的案件,仍须有领团派员出庭观审。检察处改为书记处,仍由领团推荐人员,惟职权缩小,为附属于公廨行政的一部分。监狱问题,省方亦表示让步,公廨收回后,由法庭委派华委数人、西委一人,组织一委员会,随时考察监狱内部的设置状况,提议整顿或改良。法庭司法警察,仍由捕房派遣。完全收回的,仅有领袖领事传拘单签字一项。"④

这样的一个交涉结果,显然是比较失败的。"沪廨案的交涉状况令外交、司法两部很是不满,但无计可施,仅在 8 月 3 日由司法部派遣法权讨论会秘书长郑天锡前往上海探寻真相,做出虚弱的应对姿态。"⑤ 北京政府外交部原希望省方能贯彻中央政府以前提出的条件来交涉,对这样的谈

①　《收回会审公廨存档录·五省联军总司令部暨江苏省长公署训令（1926 年 5 月 24 日）》,《档案与史学》1996 年第 1 期。

②　公展:《沪廨交涉》,《国闻周报》第 3 卷,第 21 期。

③　参见席涤尘《收回会审公廨交涉》,《上海通志馆期刊》第 1 卷第 3 期,1933 年 12 月。上海档案馆藏,档号:Y15-1-17-755。

④　同上。

⑤　谷小水:《1926 年上海公共租界会审公廨收回交涉述评》,《历史档案》2007 年第 2 期。

判结果自然非常失望。但此时江苏实际上已呈半独立的趋势，对北京的态度未予多大理会。外交部除了表示不满之外，也无可奈何，只能听任地方当局和驻沪领事团的交涉结果。

交涉中值得一提的是：当收回会审公廨协定草案还在酝酿之时，草案的内容相继出现在外人所办的各大报纸上。中外双方原本约定公廨交涉属秘密进行，因而时人亦发出感叹："惟以当局者之严守秘密，外界弗知其详"。① 此番媒体一发布，顿时在社会各界引起轩然大波，反响最强烈的当推与会审公廨关系密切的外籍律师。因为草案涉及会审公廨收回后外籍律师不能担任辩护律师，消息一走漏，立刻招致外籍律师的强烈抗议。"外籍律师及其附属之人，因缘为生者，不知其若干人"。若公廨交还，"此辈如失摇钱之树，生活问题大感影响。故一经公布，必大声出而反对"。② 7 月 13 日，上海外籍律师推选代表 5 人赴京请愿，反对驻沪领事团与江苏省政府所订交还公廨的协定。当得知协定草案没有送到驻京公使团手里，于是又直接致函驻沪领事团，表示了外籍律师与会审公廨的密切关系。信函主要内容为："已派定代表五人预备前赴北京，对于收回公廨问题，将与使团直接磋商；但本埠领团倘能接受律师的意见，则北京之行，可以无需……望于最早时间内，赐以答复，并指定日期，俾本埠律师得以面陈一切。"并最后强调指出："收回公廨不特与外籍律师有切身关系，对于侨沪外人亦多影响。在任何协定送交北京使团以前，领事团对于上海侨民，应有坦白的表示。"③ 外籍律师标榜的名堂很多，核心意思就是协定草案不允许其出庭，致使利益受损，要求公使团否认会审公廨地方交涉的合法性。

协定草案内容的泄密以及引发外籍律师的恐慌反应，中方对此亦深感不满。丁文江遂于 7 月 14 日书面向领事团提出抗议。两天后即 7 月 16 日，双方召开会议对协议内容作最后的讨论。议定：一俟文书翻译完毕，即呈报省方和使团核夺，以便正式签字。协定经双方核准后，当再组织中外混合委员会（中外各三人），商定法庭细则。对于外籍律师的恐慌反

---

① 慎予：《最近之沪廨交涉》，《国闻周报》第 3 卷，第 27 期。

② 同上。

③ 参见席涤尘《收回会审公廨交涉》，《上海通志馆期刊》第 1 卷第 3 期，1933 年 12 月。上海档案馆藏，档号：Y15 - 1 - 17 - 755。

对，会议中亦加讨论，主张此事在协定草案中不作具体的规定，改由双方照会中做出声明。这样在 7 月 16 日会议以后，双方将最后修正的协定草案各自呈交上级部门批示。中国方面，江苏省政府很快批准了协定草案，"外交部对于公廨协定，无所表示；司法部派法权讨论会秘书长郑天锡于八月三日南下抵沪，调查交涉经过，在沪略为耽搁，即赴南京面询省方批准协定的内容。"① 外人方面，驻京公使团接到协定草案后，迟迟没有加以批准，主要有两个因素：一是外籍律师出庭问题，公使团要求保证外籍律师在法庭上的地位，当用换文声明，以回应外籍律师的赴京请愿；二是法公廨的交还问题，法国方面认为若公共租界的会审公廨交还，那法租界的公廨也要交还，因此反对使团批准草案内容，这实际上是外方在批准草案前加上附加条件。"使团训令上海领团向省方代表声言，须将法公廨问题，外籍律师出庭问题，以及其他附决条件，先行协商妥帖，然后使团才肯将协定核准。"②

对于外人提出的这些要求，在 8 月 6 日的会议上，中方基于协定草案最终要得到驻京公使团批准考虑，也就予以同意。此外，考虑到收回会审公廨交涉是中外法权交涉的一部分，为不牵涉到领事裁判权问题的解决，双方在协定草案上作出规定，将来不论何时，中国中央政府与各国政府交涉撤销领事裁判权时，不受本暂行章程任何之拘束。③

驻京公使团获悉所加条件得到满意的解决，于是在 8 月 14 日召开会议通过协定草案，并且电令驻沪领事团签字。签字没有采取会议形式，而是由驻沪各国领事轮流签字。英日两总领事首先于 8 月 23 日签字，其后法国、意大利、挪威、荷兰、瑞士、巴西、芬兰、西班牙、比利时、瑞典、丹麦等 11 国驻沪总领事分别陆续签字。墨西哥和葡萄牙两国总领事

---

① 参见席涤尘《收回会审公廨交涉》，《上海通志馆期刊》第 1 卷第 3 期，1933 年 12 月。上海档案馆藏，档号：Y15 - 1 - 17 - 755。

② 同上。

③ 这一问题在交涉的过程中外交部和江苏地方当局曾有合意的表示。据赵晋卿回忆：外交部遂密电孙传芳，略谓："收回法权之交涉，向由中央支持；现省方直接进行，恐于将来收回领事裁判权与治外法权问题时，引起各国之借口，应请省方顾及全局，详为研究。"孙即据此意见电复外交部："本督办认为无可再迟，仍依原订办法进行交涉。此系临时交涉性质，其议定之各项办法，均作为过渡处理，与中央日后收回法权及领事裁判权交涉，并行不悖。"参见赵晋卿《收回会审公廨交涉的经过》，《列强在中国的租界》，中国文史出版社 1992 年版，第 61—62 页。

因不在上海，后于 9 月中旬补签。8 月 31 日领袖领事美国总领事克银汉赴交涉公署签字，中方代表丁文江、许沅也正式在协定条文上签字盖章，并交换相关照会。

协定既经有关各国驻沪领事签字，9 月 25 日，领袖领事美国总领事克银汉再度赴交涉公署和丁文江、许沅二人商议协定的正式公布问题。经双方议定，9 月 27 日，协定向社会公布，全名为《收回上海会审公廨暂行章程》。暂行章程共计 9 条，改会审公廨为临时法院（先译为临时法庭，正式换文时改为临时法院），并定于次年元旦为双方正式交接日期。此后，在正式交接之前的相关事宜的处理上，省方仍本着迁就让步的主张，如允许新法院雇用 10 名外国办事人员，由工部局暂派；接受领袖领事的推荐，任命会审公廨检察员惠勒为新法院的书记官长。1926 年 11 月中旬，孙传芳、陈陶遗委任原山西高等审判厅厅长徐维震为临时法院筹备主任，会同丁文江、许沅二人筹备收回公廨各种手续及接洽事宜。①

1927 年 1 月 1 日，中外双方在会审公廨原址举行交接仪式，临时法院正式成立，由徐维震担任院长，胡诒谷、谢永森、徐谟、吴经熊等 9 人为推事。至此，长达 15 年的收回会审公廨交涉终于拉下帷幕，临时法院名义上收回了长期游离中国政府之外的会审公廨。

第二节　临时法院存在的法权问题

如何来评价临时法院取代会审公廨的得失所在？笔者认为应从两个方面着眼。一方面，相比较辛亥革命后领事团接管会审公廨而言，临时法院的设立有其值得肯定之处。司法审判上，对于租界内纯粹华人间的民事案件由临时法院单独审理；在人犯的拘押问题上，领袖领事在法院传票拘票的签字权被收回；临时法院的院长推事的任免事项均由中国政府自主做出，如下一节探讨的临时法院院长卢兴原免职案即是一例；领事观审会审的权限受到一定的限制，如临时法院初期院方抗议荷兰领事范登堡越权观审案的成功，这也是和会审公廨在领事团手里时不能同日而语的。此外，

---

① 邓克愚、顾高地：《列强在上海侵夺我国司法权的史实》，《列强在中国的租界》，中国文史出版社 1992 年版，第 42 页。

中国政府对于领事的观审事项也是高度关注的，如 1927 年 5 月 29 日，南京国民政府外交部令上海公共租界临时法院：鉴于日本法庭审理华人控告日人案件，拒绝华官观审，以后凡遇日人控告华人案件，亦宜拒绝日领观审。[①]

　　但另一方面，相比较会审公廨在辛亥革命嬗变之前，临时法院所谓收回会审公廨是令人失望的。邱培豪先生指出："细审收回会审公廨暂行协定之内容，不过美其名，实际我国对于同治及辛亥以后所丧失之种种权利，仍未能完全恢复，反之将我国固有之一部分主权，悉以委诸外人。"[②] 对此，费成康先生也认为："根据这一章程，中国虽然收回了在上海公共租界内的一些司法权，但是该章程尚未能恢复到《洋泾浜设官会审章程》规定的状况，外人仍把持了比接管该公廨前更多的侵略权益。"[③] 因此，在临时法院存在的三年多时间里，法权问题仍然是比较严重的。这些问题主要可归纳为司法行政权及司法管辖权问题、领事观审会审问题以及临时法院造成的司法紊乱等问题。

一　司法行政权及司法管辖权问题

　　临时法院名曰收回会审公廨，在司法行政权和司法管辖权问题上实不如会审公廨创立之初的状态。临时法院的司法行政权主要有书记官长的设立问题、司法警察问题和监狱管理权问题；司法管辖权的问题主要表现在权限的扩张，以及对会审公廨时期外人的非法扩权予以承认。

　　首先来看书记官长一职的设立问题。书记官长制度为会审公廨时期所无，是临时法院的新产物，在 1914 年收回会审公廨的交涉中领袖英国公使朱尔典曾提出要设立书记官长一职掌管法院内部的行政事务，这一提议至此终成现实。但对中方来说，书记官长这一新产物没有给临时法院带来新气象，而是外人攫取司法行政权的一种常设制度。根据《洋泾浜设官会审章程》第一条规定"遴委同知一员，专驻洋泾浜，管理各国租地界内钱债斗殴窃盗词讼各等案件"以及第八条规定"委员应用翻译书差人

---

①　任建树主编：《现代上海大事记》，上海辞书出版社 1996 年 5 月版，第 323 页。

②　邱培豪：《收回临时法院问题》，《社会科学杂志》第二卷第一期，1930 年 3 月。

③　费成康：《中国租界史》，上海社会科学院出版社 1991 年 10 月版，第 153—154 页。

等核明重轻，照例办理。由该委员自行招募，并雇洋人一二名看管一切，其无领事管束之洋人犯罪，即由该委员派令所雇之洋人随时传提管押……"，① 会审公廨内的一切用人行政权力都在于中方，外人是无权干涉的。至于第八条中规定的雇请一二名洋人的原因，无非是为了办案方便，便于传提管押无领事裁判权国的外人而已。但是根据《收回上海会审公廨暂行章程》第六条规定："法庭出纳、法庭组合及委员会所规定之事务，应责成书记官长管理，该书记官长，由领袖领事推荐，再由临时法院呈请省政府委任，……如遇必要时，经领袖领事同意，得将其撤换。"② 书记官长在临时法院有管理法院职员，监督法院财政开支的权力，可见其权力之大。虽然这一职位的任命由江苏省政府来行使，但在人选上却由领袖领事来推荐，领袖领事推荐时自然是考虑外国人来担任，事实上也是如此安排，因此名为推荐，实际上等同于委派。而且要撤换书记官长，若领袖领事否认，中方亦无可奈何。"这就把法庭的行政权，一概都承认是外国的了。"③ 可见书记官长一职的设定是领事团控制临时法院司法行政权的重要手段，领事团在司法行政权上的这一"巧取"无疑也正是中方法权上的失权之处。

其次是司法警察问题。法警是法院不可或缺的组成部分，也是法院判决得以有力执行的保障，因此法权独立的国家其法警都由本国人来充任。《洋泾浜设官会审章程》第五条规定："中国人犯逃避外国租界者，即由该委员选差径提，不用县票，亦不必再用洋局巡捕。"④ 按照这条规定：执行会审公廨传提人犯任务的是中方自行招募的本国差役，由中方自行行使法警职责。而《收回上海会审公廨暂行章程》第四条作出规定："临时法庭之传票、拘票、命令，应由司法警察执行，此项法警由工部局警务处选派，……凡临时法庭向工部局警务处所需求或委托事件，工部局警务处

---

① 《洋泾浜设官会审章程》，王铁崖编：《中外旧约章汇编》第 1 册，生活·读书·新知三联书店 1957 年版，第 269—270 页。

② 《收回上海会审公廨暂行章程》，王铁崖编：《中外旧约章汇编》第 3 册，生活·读书·新知三联书店 1962 年 3 月版，第 591—593 页。

③ 燕树棠：《评〈收回沪廨协定〉》，《现代评论》第 4 卷第 85 期，1926 年 7 月。

④ 《洋泾浜设官会审章程》，王铁崖编：《中外旧约章汇编》第 1 册，生活·读书·新知三联书店 1957 年版，第 269—270 页。

应即竭力协助进行。"① 这里明确规定了临时法院的司法警察来源于工部局警务处。工部局系公共租界的行政机构，这样一来，临时法院的法警牢牢地控制在了外人手里，工部局实际上等于把法院的执行权收归己有。"是项法警，协定原文中，虽曾规定其执行职务，对于法院直接负责，然实际捕房对于法院推事与观审领事，意见相左之案，往往对于法院之传票拘票或命令，延不执行，而我国当局，亦莫可奈何。"② 不仅如此，由于公共租界的警权在外人手里，还涉及法权中的另一重要权能即检察权问题。临时法院不设检察官，又没有和检察官类似的机构，于是检察官的职权如刑事案件的公诉，就由工部局警务处来行使，这样外人对于一个案件就可能会基于自身的考虑而决定起诉或不起诉。对于这一以警权来控制法权状况，美国学者魏斐德（Frederic Wakeman，Jr.）在《上海警察1927—1937》一书中引用《密勒氏评论报》的批评称："公共租界巡捕房中外国人占绝大多数，其中大部分是英国人；这个机构成了一个自我服务的机构，而忘了警察应该服务于公众。"③ 巡捕房的自我服务和忽视服务公众表明工部局警务处的利益出发点。因此由工部局警务处来行使法警权是临时法院的一大败笔，民国学者伍澄宇指出："予认此为收回章程中最失之点，亦为法权行使薄弱之重大原因。"④

　　再次是监狱管理权问题。监狱管理权即对人犯的管押权，根据《收回上海会审公廨暂行章程》第三条规定，"凡附属临时法庭之监狱，除民事拘留所及女监当另行规定外，应责成工部局警务处派员专管。"⑤ 可见，工部局警务处不仅掌控如上所述的刑事案件的起诉权、法院判决的执行权，而且对监狱管押权也不放松。而对比会审公廨设立之初，对于人犯的管押权外人是无权插足的。《洋泾浜设官会审章程》第一条即作出规定：

---

①　《收回上海会审公廨暂行章程》，王铁崖编：《中外旧约章汇编》第3册，生活·读书·新知三联书店1962年3月版，第591—593页。

②　邱培豪：《收回临时法院问题》，《社会科学杂志》第二卷第一期，1930年3月。

③　[美]魏斐德著：《上海警察1927—1937》，章红等译，上海古籍出版社2004年8月版，第62页。

④　伍澄宇：《收回沪廨章程详论及其关系法规》，国际通讯社1928年6月发行，第47页。上海档案馆藏，档号：Y7-1-18-4。

⑤　《收回上海会审公廨暂行章程》，王铁崖编：《中外旧约章汇编》第3册，生活·读书·新知三联书店1962年3月版，第591—593页。

"立一公馆，置备枷杖以下刑具，并设饭歇……并准其将华民刑讯管押。"① 饭歇即为关押犯人的居所，外人是不能涉足其中的。虽然会审公廨后期，尤其是辛亥革命后，外方将人犯押置于西牢，但是没有合法的依据，中方也一直抗议而未予承认。临时法院成立后，"协定实授工部局巡警以大权，举凡公堂各监牢，除拘留所及女监外，皆在该局管辖之下。"② 由此，外人在监狱的管理权上有了章程上的依据。

和司法行政权一样，临时法院的司法管辖权也凸显临时法院的法权问题。其具体表现就是管辖权的扩张，租界法院的权限问题在章程中是作明确规定的，其权限的扩张必然有损于中国法权。

《洋泾浜设官会审章程》第一条规定："管理各国租地界内钱债斗殴窃盗词讼各等案件，……无论钱债与交易各事，均准其提讯定断。并照中国常例审讯，并准其将华民刑讯管押，及发落枷杖以下罪名。"第四条规定："华人犯案重大，或至死罪，或至军流徒罪以上，中国例由地方正印官详请臬司审转由督抚配定奏咨，应仍由上海县审详办。倘有命案，亦归上海县相验，委员不得擅专。"③ 从这两条的规定来看，关于民事案件，会审公廨可以提讯定断钱债与交易各事；关于刑事案件，则限于发落枷杖以下罪名。若军流徒罪以上案件，则由上海县审断。倘有命案，亦归上海道相验。可见会审公廨管辖的案件，仅限于轻微的案件，虽然会审公廨自其成立以来管辖权力图在扩张，会审公廨陪审官也往往不顾章程，对应该移送上海县衙审理的案件先进行审判。但这些做法都没有章程和法律上的依据，本身也是违法的行为，因此不可能也从来没有得到中方的认可。而《收回上海会审公廨暂行章程》却作出了明文规定，即第一条甲款："江苏省政府就上海公共租界原有之会审公廨改设临时法庭，除照条约属于各国领事裁判权之案件外，凡租界内民

　　① 《洋泾浜设官会审章程》，王铁崖编：《中外旧约章汇编》第 1 册，生活·读书·新知三联书店 1957 年版，第 269—270 页。

　　② 《上海租界问题：会审公堂及临时法院》，上海档案馆藏，档号：Y7-1-4-56。

　　③ 《洋泾浜设官会审章程》，王铁崖编：《中外旧约章汇编》第 1 册，生活·读书·新知三联书店 1957 年版，第 269—270 页。

刑案件均由临时法庭审理。"① 这一条款规定了临时法院享有广泛的司法管辖权，即租界内除领事裁判权案件外的所有案件均可审理，包括判处 10 年以上有期徒刑乃至死刑案件。

因此在临时法院那里，也就不存在因租界内案情重大而移交租界外中国机关审理的现象。而不像《洋泾浜设官会审章程》规定的只能审理轻微案件，对案情重大的无权审理而移交给上海县审断。这反映出临时法院司法管辖权的扩张之大。实际上是对辛亥革命以来会审公廨管辖权事实上的非法扩张作一约文进行确认，公开承认了管辖权扩张给中国法权带来的侵害。

在临时法院的属地管辖范围上，从章程的规定来看，仍限制在公共租界内，对国家主权影响不大。但在换文中明显是做了扩张的解释：兹经双方了解，临时法院之职权，照第一条甲项所开，包含下列三项：（甲）在黄浦港范围内外国船只上发生之华洋刑事案件。（乙）在外国人地产上，包括工部局道路之在租界区外，上海宝山两县境内者所发生之华洋刑事案件。但此种了解，对于将来关于此项道路状况之谈判，不得妨碍。（丙）租界外上海宝山境内发生之华洋民事案件。这项换文与章程具有同等效力，外人通过管辖权的扩张，从而超越租界在更大的范围上介入司法案件的审理，显然是对中国法权的侵夺。民国学者伍澄宇对此曾评论称："是换文中为扩张之解释，殊于主权有所妨碍，未免千虑一失也。"②

二　领事观审会审权问题

领事观审会审权问题在会审公廨时期即已存在，并呈日渐扩权之势，由最初的对观审会审案件作严格限制发展到辛亥革命会审公廨被领事团接管后，外国领事对于廨内一切民刑案件都享有观审和会审权。钱端升对此作过一番评论："虽中国地方官力求公允，而外官吹毛求疵，尽力发挥私意，必达其意而后快。名为华官审理，外官观审，而实等于外官主审，华

---

① 《收回上海会审公廨暂行章程》，王铁崖编：《中外旧约章汇编》第 3 册，生活·读书·新知三联书店 1962 年 3 月版，第 591—593 页。

② 伍澄宇：《收回沪廨章程详论及其关系法规》，国际通讯社 1928 年 6 月发行，第 6 页。上海档案馆藏，档号：Y7 - 1 - 18 - 4。

人备位而已。"① 这一问题在收回会审公廨的交涉中也是中外双方力争的焦点，临时法院成立后，这个问题又该如何呢？

先来看《洋泾浜设官会审章程》中关于这个问题的规定，章程载在第二条"凡遇案件，牵涉洋人必应到案者，必须领事官会同委员审问，或派洋官会审。若案情只系中国人，并无洋人在内，即听中国委员自行讯断，各国领事官无庸干涉。"和第三条"凡为外国服务及洋人延请之华民，如经涉讼，先由该委员将该人所犯案情移知领事官，立将应讯之人交案，不得庇匿。至讯案时，或由该领事官，或由其所派之员，准其来堂听讼。如案中并不牵涉洋人者，不得干预。"② 按照这两条的规定，领事有观审会审权的案件有两类：即涉及洋人的案件和为外人服役及外人延请的华民犯案，除此之外，领事不得干预会审公廨的审判。而《收回上海会审公廨暂行章程》第一条丙款规定："凡与租界治安直接有关之刑事案件，均得由领事派委员一人观审。"又戊款规定："凡初审时领袖领事派员观审之案，上诉时该领袖领事得另派员观审，……至华洋诉讼之刑事案件，亦照同样办法，由领事易员出庭。"③ 按照这两款规定，不独与外人有关的华人案件领事有观审和会审权，即使是纯粹华人间的诉讼，以及无领事裁判权国和无国籍的外人案件，领事也有观审和会审权。可见与《洋泾浜设官会审章程》相比，领事观审会审的权限扩张之大，临时法院法权问题的严重性莫此为甚。"吾人对于公共租界司法制度所最不满人意之点，厥为外领对于华人案件之观审及会审，临时法院现时对于纯粹之华人案件，仍未能脱去外领之干预。"④ "观审委员，往往擅自发言讯问，并为种种违法之处分。且因观审委员之抗议，捕房不予执行，致中国推事之判决，等于废纸。"⑤ 因此，领事观审会审权问题仍然构成了临时法院法权的核心问题。

---

① 钱端升：《钱端升学术论著自选集》，北京师范学院出版社 1991 年版，第 438 页。
② 《洋泾浜设官会审章程》，王铁崖编：《中外旧约章汇编》第 1 册，生活·读书·新知三联书店 1957 年版，第 269—270 页。
③ 《收回上海会审公廨暂行章程》，王铁崖编：《中外旧约章汇编》第 3 册，生活·读书·新知三联书店 1962 年 3 月版，第 591—593 页。
④ 邱培豪：《收回临时法院问题》，《社会科学杂志》第二卷第一期，1930 年 3 月。
⑤ 钱泰：《上海特区法院成立之回顾》，《中华法学杂志》第 1 卷第 3 期，1930 年 11 月。

　　关于观审会审本身的非法性毋庸赘述，现对领事观审会审带来的一些问题作一分析。首先，观审会审领事法律知识的匮乏问题。按照国际通例，领事是各国派往驻在国的经济和商务上的代表，其职责则是维护本国经济上的利益，而对于司法裁判是无权触及的，而且领事大多非法律专业出身。由于近代中国不平等条约和领事裁判权制度的存在，外国驻中国领事也就享有较大的司法裁判权，具体到上海公共租界临时法院，外国领事通过观审和会审，几乎操纵法院的审判实权。"领事为行政官吏，大多不谙法律，故能按法秉公审断者实少。且领事之目的在为侨民之利益，遇有本国人在内之案件，其审理时不免常见偏袒，因此华人控告外人常不能获得公平之判决"。① 这些领事对于法律很少研究，对于中国法律及习惯法的知识也知之甚少，容易混淆案件的是非黑白，司法裁判上的公平正义也就无从谈起。

　　其次，法庭上中外会审官员国籍的不同问题。外国领事和中国法官由于各自的法律认识和经验习惯的不同，往往对于同一案件的判决结果也是不同的，倘遇本国人涉及诉讼，无不加以偏袒，案件的审判很难得到公允的保证。而中外会审官员权限之争屡见不鲜，判决结果存在分歧和冲突也是司空见惯的事。这正如英国一陪审官作的会审记录一样："该堂进行事宜之顺利与否，多半系乎谳员及陪审官个人之品质，……该公堂既非纯粹中国式，亦非纯粹外国式，陪审官强有力时，则颇像外国式，谳员强有力时，则又颇像中国式。"② 马士（Morse）在其《中华帝国对外关系史》一书中也提到：领事作为陪审官，由于他职务上的关系及所处的地位，必须是相关外人的保护人，"这样的结果是，很多的判决，以及那些包括有重要的原则的案件，从一开始意见就分裂了"。③ 虽然临时法院案件不服初审判决时可易员复审，但是易员复审，中外会审官员的国籍不同问题依然存在，其所引发的问题仍然难以解决。

---

　　① 郭子均：《领事裁判权制度下之在华外国法院》，《东方杂志》第二十八卷，第十五号，1931 年 8 月。

　　② A. M. Kotenev, *Shanghai*: *Its Mixed Court and Council*. North - China Daily News and Herald, 1925, p94.

　　③ ［美］马士著：《中华帝国对外关系史》第二卷，张汇文等译，上海书店出版社 2000 年 9 月版，第 165 页。

最后，法庭上语言文字适用的问题。临时法院名义上虽属中国法院，然语言文字却是中英文并用，法庭审判时中方推事用中文审讯，外人担任的书记官仍然用英文作记录，所有刑事诉状及拘传票仍是中英文并用。领事在观审会审案件时，由于语言文字不通的缘故，也要求用英文把案件情由及一切诉讼程序翻译出来。语言文字交叉使用使得案件的审理和判决极易发生分歧，所导致的问题也是难以避免。对于这样的重要问题，暂行章程没有作出规定，中外双方在换文中也没有声明，实际上也是难以作出具体的规定和声明，究其根源还是临时法院中外因素的错综复杂所致。值得一提的是，法院的译员是为外人服务的，在译员的雇用上，临时法院拒绝给译员发薪水，最后工部局召开董事会讨论决定由工部局来承担这笔费用。总董指出，在临时法院，捕房如果保证法庭上的供述能正确译出，唯一的办法就是使用自己的译员，因此他认为应由工部局来担负这笔费用。①

尽管在法理上而言，领事观审会审存在的种种问题足以使这一畸形的制度难以立脚，但这影响不了这一制度在具体司法实践上的推行。因为领事观审会审恰恰是租界当局在临时法院的核心利益所在，正是通过这一章程上的明文规定，外人名正言顺地牵制临时法院的审判权。在临时法院期间形成的一个不成文的约定或称之为惯例，开庭审理中若系领事观审会审案件，即使该领事因自身原因不能到庭，案件也是不能如期进行审理的。

三　临时法院的司法紊乱问题

临时法院是上海公共租界临时过渡性质的法院，也是特殊时期在特殊地方设置的特殊法院，其独立于当时司法系统之外，且紊乱了司法。

首先看院长推事的任命。按当时法院编制法和司法部官制的规定，法院院长及推事由司法总长呈请大总统任免，并由司法总长指挥监督。而按照《收回上海会审公廨暂行章程》，"临时法庭庭长及推事，由省政府任命之。"② 从任命权归属来看，对临时法院院长和推事的指挥监督权也在

---

① 上海档案馆编：《工部局董事会会议录》（*The Minutes of Shanghai Municipal Council*），第二十三册，上海古籍出版社 2001 年版，第 685 – 686 页。

② 《收回上海会审公廨暂行章程》，王铁崖编：《中外旧约章汇编》第 3 册，生活·读书·新知三联书店 1962 年 3 月版，第 591—593 页。

江苏省政府无疑，显然这一规定与法院编制法和司法部官制相冲突。民国时期立法、行政、司法等权已分立，临时法院以一省政府行政机关任命和指挥监督司法，有悖于司法独立精神，实则在形式上也难以说得通。而且任命临时法院法官时，"新协定承认中国有通知外国之义务，即是承认外国有进一步干预中国任命官吏之大权，这能够说是收回法权吗？"①

其次来看法律适用问题。临时法院除适用中国法律条例外，还须顾及前会审公廨的诉讼惯例。这在法律适用上给临时法院提出了额外的要求，在具体司法审判中易造成判决依据的错乱。在会审公廨时代，《洋泾浜设官会审章程》在法律适用上也仅规定依照中国常例审讯。此番加上所谓会审公廨之诉讼惯例，实际上是长期以来外国陪审官干预公廨谳员所造成的有利于外人的成果。对于这种没有法理依据的诉讼惯例，本当予以废止，临时法院却将之明文规定在暂行章程中，导致了法律适用的混乱，实质上损害了中国的法权。

再次看死刑的核准程序。从全国范围来看，对死刑的核准作了很严格的规定，据当时暂行新刑律第四十条，"凡死刑非经司法部覆准回报，不得执行"。② 可见当时国家的死刑核准权统一由司法部行使。而临时法院规定："临时法庭判处十年以上徒刑及死刑，须由该法庭呈请省政府核准，其不核准之案件即由省政府将不核准之理由令知法庭复行讯断，呈请省政府再核。"③ 临时法院由江苏省政府核准死刑的规定显然与全国的规定相冲突，不仅仅是紊乱司法程序问题，更是对中国法权的严重侵占。

最后看临时法院的上诉权问题。"外国向来反对上诉这种程序，因为一经上诉到中国机关，外人即不得再过问"。④ 因此临时法院的上诉权受到了严格的限制，出现与刑事诉讼法规定不合的独审制。当时的法院编制法，在审级上采用四级三审制，全国的法院分为初级法院、地方法院、高等法院和最高法院，案件属于初级法院管辖的可上诉至高等法院，案件属

---

① 燕树棠：《评〈收回沪廨协定〉》，《现代评论》第 4 卷第 85 期，1926 年 7 月。

② 邱培豪：《收回临时法院问题》，《社会科学杂志》第 2 卷第 1 期，1930 年 3 月。

③ 《收回上海会审公廨暂行章程》，王铁崖编：《中外旧约章汇编》第 3 册，生活·读书·新知三联书店 1962 年 3 月版，第 591—593 页。

④ 燕树棠：《评〈收回沪廨协定〉》，《现代评论》第 4 卷第 85 期，1926 年 7 月。

于地方法院管辖的可上诉到最高法院。但临时法院规定:"但有五等(五年——引按)有期徒刑以下,及违反《洋泾浜章程》与附则之规定,不得上诉。"① 也就是说,原告和被告任何一方要上诉的前提条件是,原判刑罚得超过五年以上有期徒刑。可得上诉的案件又分两种情况处理:(一)与租界治安直接有关之刑事上诉案件,以及华洋诉讼之刑事上诉案件,在临时法院内另设上诉庭进行审理,上诉庭庭长由临时法院院长兼任;(二)关于华洋诉讼民事上诉案件,由特派交涉员署受理,即由交涉员约同相关国家的领事来审理。可见临时法院的审级编制有两审制和独审制,两审制设在同一法院内进行已是不合常理了,独审制是无论如何也说不通的,对案件一审了结,既不能保证案件的公平审理,更不能给两造上诉的机会,其弊端至为明显,不仅有违民国司法的审级制度,也是有违当时世界上的诉讼通例的。而且,特派交涉员署系交涉机关,却成为临时法院判决不服的上诉处,以交涉员执行司法权,也是难以说得通的。民国学者伍澄宇针对临时法院的上诉权问题批评称:"予实不解上海为各国租界世界人文荟萃之地,高唱文明法律者,有如是之制度,而尚日责人之司法不改良。藉口领判权之不取消,真异乎吾所闻矣。"②

以上所列这些问题都是中方当初在交涉谈判和签订《收回上海会审公廨暂行章程》时考虑不周或无力自主而导致的法权问题。临时法院存在这些问题不仅紊乱了当时的司法系统,且对民国以来倡言的司法独立构成了反证,甚至连形式上的司法独立都难以维系,与司法独立精神更是背道而驰了。

四　法权问题的根由和出路

实际上,临时法院司法审判上所能自主的仅是纯粹华人间的民事案件,《收回上海会审公廨暂行章程》所谓收回会审公廨也只是名义上的收回。民国法学学者燕树棠在评论这一章程时尖锐地指出:"丁文江博士督办的秘密外交所成立的《收回沪廨协定》,不是重载旧规定已有的办法,

---

① 《收回上海会审公廨暂行章程》,王铁崖编:《中外旧约章汇编》第3册,生活·读书·新知三联书店1962年3月版,第591—593页。

② 伍澄宇:《收回沪廨章程详论及其关系法规》,国际通讯社1928年6月发行,第39页。上海档案馆藏,档号:Y7-1-18-4。

便是起首正式承认外国已经非法侵占的事实。"① 可见燕树棠先生对这一章程的评价是很低的。邱培豪也指出："临时法院之编制，及内容设施，既根据于此种协定，可知旧协定全部，一日不废止，则我国法权一日不能收回，而此畸形法院之继续存在，徒贻中国司法制度许多污点而已。"② 事实上也是如此，租界当局无论在司法行政上、司法管辖上，还是在实际案件审判上都深刻地牵制着临时法院。

究其根源，公共租界中与临时法院直接有关的主要有英、美、意、日、荷、挪威等国，其中又以英美两国关系最深。公共租界本由英租界和美租界合并而成，两国在公共租界的商业利益也较其他国家为多，因此这两个国家在驻沪领事团中最有影响力。事实上，公共租界发生的重要交涉案件也是英美两国领事主持，这两国的态度实则引领和代表着驻沪领事团的态度。而驻沪领事团与公共租界可谓是唇亡齿寒的关系，为租界利益也极尽能事，推广租界、创制会审公廨、越界筑路等领事团无一不参与其中。临时法院问题是公共租界的核心利益所在，直接关系到领事团在公共租界的权力乃至租界本身的地位，可知领事团是临时法院问题的利益既得方，也是临时法院法权问题的根源所在。"在临时法院施行章程的3年中，外领抗议案件多至200余起，皆系外领任意违反协定之所为"。③

临时法院之所以出现以上诸如此类的法权问题，与当初谈判和签订

---

① 燕树棠：《评〈收回沪廨协定〉》，《现代评论》第4卷第85期，1926年7月。

② 邱培豪：《收回临时法院问题》，《社会科学杂志》第二卷第一期，1930年3月。

③ 邓克愚、顾高地：《列强在上海侵夺我国司法权的史实》，《列强在中国的租界》，中国文史出版社1992年版，第43页。邱培豪在《收回临时法院问题》一文中对此也作过关注：计自临时法院成立以来，外领对于法院审判及行政处分所提之抗议，迄本年四月份止，不下二百起，此二百起之抗议，依案件之性质，归纳起来，不外下列十二个问题：（一）犯人逐出租界问题；（二）提解人犯问题；（三）复籍问题；（四）前院长卢兴原免职问题；（五）何院长世桢就职演说问题；（六）盛氏愚斋义庄问题；（七）政治作用问题；（八）量刑轻重及论罪出入问题；（九）律师之惩戒及注册问题；（十）新条约适用问题；（十一）惩戒盗匪法适用问题；（十二）《字林西报》侮辱法院问题，此许多抗议和批评，其中有大部分，实因外领对于我国法律，既无相当之了解，即对于比较法理，亦无彻底之研究，因而对于法庭推事之裁判，不无误会，而又不肯甘自藏拙，因而强词夺理，横加干涉，在所不惜。临时法院过去二年余，几无日不在发生纠葛事件状况之中，其主要原因，即在于此。参见邱培豪《收回临时法院问题》，《社会科学杂志》第二卷第一期，1930年3月。

《收回上海会审公廨暂行章程》时地方局部交涉酿成的苦果有关。法权问题的交涉本由外交司法等部代表中央与关系各国使团进行解决，而对于驻沪领事团，避之犹恐不及，由地方与之直接交涉而出现这样的结局无疑是引以为憾的。在交涉之初，《东方杂志》曾发表评论，指出交涉的进程固然要紧，但更重要的是要关注法权是否真正地收回。"闻丁许两交涉当局颇努力于收回会审公廨交涉的迅速解决，我们的意思，以为迅速解决固然要紧，而含糊退让，却万万不可，深望丁许两外交当局能于紧要关头，加以注意！"①

这里还须提及的是，南京国民政府对临时法院的态度问题。在江苏地方当局和驻沪领事团为收回会审公廨交涉之际，国民革命军正如火如荼地开展"北伐运动"，在大革命的洪流中，中国国民党革命外交的主张在会审公廨交涉问题也有明确的体现："在革命势力东进之时，外人突把会审公堂交与人所共弃的孙传芳大帅，其用心，无非是反对彻底解决会审公堂问题，拒绝本党关于公堂应无条件交还中国的要求。"② 然而南京国民政府成立后，尽管力图树立国家新形象，蒋介石在公开场合也表示："立即废除领事裁判权、外国租界和一切外国的特殊权利与权益。"③ 但对于业已成立的临时法院，仍决定由江苏省政府和驻沪领事团签订与《收回上海会审公廨暂行章程》内容相同的临时法院协定，并拟临时法院 3 年有效期满后再作交涉。

第三节　法权关系典型案例评析

临时法院成立后，即取代会审公廨在公共租界行使相应的司法功能。与会审公廨时代一样，在临时法院承审的诸多案件中，其中不乏涉及临时法院自身法权问题的案件，这些具体案件本身也诠释了临时法院在司法实践中的运行情况和存在的法权问题。本节主要就临时法院在司法实践中出现的法权问题相关案例作出分析。此外，临时法院时期发生了在公共租界

---

① 《杂评》，《东方杂志》第二十三卷，第十一号，1926 年 6 月。

② 刘惠吾主编：《上海近代史》（下），华东师范大学出版社 1987 年版，第 123 页。

③ ［美］马士、宓亨利：《远东国际关系史》，姚曾廙等译，上海书店出版社 1998 年 12 月版，第 698 页。

乃至在全国都有较大反响的卢兴原免职案，卢兴原在临时法院院长任上遭到免职，而不是一项普通的人事任免，引起各方的关注，因此本节对临时法院时期在社会上产生较大影响的卢兴原免职案也作一述评。

一　临时法院法权问题相关案例分析

临时法院在其存续的 3 年多时间里，西人社会在保证章程所载对己有利的前提下，力图在临时法院的司法实践中超越既定的权限，以冀符合租界利益的最大化。"领团及捕房方面之轨外行为，往往足使单方不平等之制度，百倍甚于协定所载者，此皆由于领事及捕房不遵守协定所生之结果。盖协定之在彼等心目中，简直等于具文，可随时逞其暴力，损及法院及推事之职权，有时法院谕单，工部局选派之法警，竟不予送达，有时法院判决拘押或引渡，捕房逐予开释，法院所判决开释或交保者，捕房仍擅自管押，有时观审领事擅自处分案件，对于推事判决，擅加干涉。"[1] 这些超出章程规定导致临时法院在司法实践中出现的法权问题，不可避免地表现在临时法院审理的具体案件中，如领事观审会审问题、领事非法干预下工部局巡捕房越权问题、外籍律师出庭问题等都在司法实践中发生了相应的案例。

领事观审会审问题上发生的案件以荷兰副领事范登堡越权观审案最为典型。该案发生在 1929 年 2 月和 3 月间，案由是因临时法院开审一敲诈勒索案，参加观审的荷兰副领事范登堡违反暂行章程规定的领事观审权限所致。

具体的案情是：1929 年 2 月 23 日，临时法院刑事庭审理郁谓章敲诈勒索案，起因是郁谓章怀疑周维新和蔡瑞林之妻严氏有暧昧私通关系，试图以此要挟周维新来勒索财物。周维新之兄将郁谓章此等行为向工部局巡捕房报案，不久郁谓章即被逮捕押往临时法院进行审理。该案由临时法院推事葛赐升担任主审官，荷兰副领事范登堡参加观审。但在 2 月 23 日开审当天的庭审过程中，律师朱树桢代理蔡瑞林向法庭提交另一诉状，控诉周维新诱拐蔡妻严氏。担任主审官的推事葛赐升认为这是两个不同的案件，不能合并一起审理，因此裁定律师朱树桢停止发言，如欲控告，按照

---

① 　邱培豪：《收回临时法院问题》，《社会科学杂志》第二卷第一期，1930 年 3 月。

另行程序提起诉讼，不得当堂干扰郁谓章敲诈勒索案的审理。但朱树桢没有因此住口，仍然话语不断。这时在一旁观审的范登堡表现极不耐烦，在没有经过推事葛赐升的同意下，令捕头将律师朱树桢强制撵出法庭，并且擅自对朱树桢做出停职 3 个月的处分，推事葛赐升见状也无法阻止。

因范登堡在法庭上所作所为侵及推事职权、干涉惩戒律师职权、紊乱法庭秩序，时任临时法院院长何世桢立即召开推事会议，决定向领袖领事美国总领事克银汉对范登堡侵权提出抗议，要求范登堡在 7 天内引咎道歉，撤销其对朱树桢所作停职 3 个月的处分，并保证以后不得再有此举动。克银汉接函后召集驻沪领事团会议，但在 3 月 8 日的复函中拒绝了临时法院所提的要求。3 月 9 日上午，荷兰领事仍然到临时法院观审，于是临时法院全体推事表决：若此荷领越权案，无满意答复，则此后法院开庭，将不与观审领事合作。后来经过英、美、法、意四国副领事先后两次出面协调，承认此后唯有法院推事才有权惩戒律师。并决定：于十四日开庭，当仍允荷领出庭，惟须于开庭之际自动撤销其前次举动，否则法院仍保留其不与观审领事合作之决议。3 月 14 日，荷兰领事出庭正式宣告将朱树桢律师的处分取消。但是在退庭后，该领事忽又反悔，仍要求对朱树桢律师加以处分。临时法院院长何世桢于是向克银汉第二次提出抗议，声明如得不到圆满答复，临时法院决定于 3 月 19 日起拒绝与荷兰领事出庭合作。3 月 19 日，英国总领事魏特模（C. F. Whitamore）出来调解，请法院暂缓拒绝与荷领出庭合作。直到 3 月 21 日，荷兰领事才第二次宣布取消惩戒朱树桢律师的行为，越权观审案才告一段落。①

领事出庭观审，本已侵犯中国法权，但尚有暂行章程的规定。荷兰副领事范登堡观审引发的中外冲突，却是违反暂行章程关于观审的规定引起。外人在临时法院权限极力扩张的意图由此可见一斑，所幸临时法院院方坚持与驻沪领事团及荷兰领事作出了有理有力的交涉，总算挽回了这差一点失却的法权。

领事越权观审案以此项最为突出，而临时法院时期在领事非法干预下工部局巡捕房越权案件则不在少数。根据暂行章程规定，工部局所派司法

---

① 荷兰领事范登堡越权观审案散见于《申报》，具体内容请分别参见 1929 年 3 月 3 日、8 日、12 日、15 日、20 日、22 日《申报》的相关报道。

警察，应直接对临时法院负责，但法警名义上虽属于法院，实际执行往往秉承西人社会的理念和做法，自行其是，与法院的意旨相违。临时法院虽认为加以抗议不妥，但对于结果也无可奈何。如 1928 年 11 月发生的上海地方法院受理宓崇贵状诉杨阿三诱逃其女一案。杨阿三原住上海南市，犯罪行为地点亦在华界，案发后潜逃公共租界。上海地方法院函请临时法院予以协助，以便将杨阿三解来归案审理。工部局巡捕房在 1929 年 1 月 24 日将杨阿三逮捕，临时法院在第二天开庭审理，经过简单的预审程序后，裁决将杨阿三移送上海地方法院审理。这本来是一件较为简单的界外犯案逃匿界内应予移提的案件，但是因为观审领事的反对，虽然经过临时法院的移提裁决，巡捕房却根据观审领事的意见认为该案存在争议，迟迟不予执行。杨阿三一直被羁押在工部局巡捕房，后来临时法院再度开庭，声明原裁决有效，要求巡捕房立即将杨阿三移提上海地方法院。但巡捕房最终在 1929 年 11 月根据观审领事的命令，将被告杨阿三擅自释放。

　　杨阿三案仅仅是巡捕房越权的简单案例。法院作出的裁决与观审领事意见相左，而巡捕房违抗法院命令擅作主张，这样的现象在当时是比较常见的。尤其是涉及与观审领事所在国关系密切的案件时，这种冲突显得更为明显，如 1927 年 6 月发生的谢惠源伤害罪一案。谢惠源系广东香山人，生于美国檀香山，因在公共租界犯伤害罪被告到临时法院，谢惠源以加入美国籍为由拒绝临时法院传唤。临时法院根据相关法律将谢惠源拘押，但是引来了美国领事的阻挠。美国领事根据谢惠源加入美籍即为美国人的理由，对其进行庇护，在没有和临时法院协商的情况下，命令工部局巡捕房私下将谢惠源予以释放。事实上谢惠源一案的焦点问题就是谢惠源的双重国籍问题，按照国际公法："对于此种重复国籍之解决，应使从本人现所在地之国籍，如此人在中国时，即为中国籍，在美国时即从美国国籍。"[1]根据谢惠源得以证明真实身份的证件如律师证等都载明是中国国籍，而且其在临时法院开庭审理的初审中，自己也曾抛弃入美国籍的主张，但发觉初审对己不利之后遂改变口供，寻求美国领事的庇护。美国领事向临时法院抗议并对谢惠源提供庇护明显违反法理，干预法院裁判；巡捕房在法院开庭宣判之际私自将谢惠源释放，完全以美国领事的意志为转移，以致该

---

①　邱培豪：《收回临时法院问题》，《社会科学杂志》第二卷第一期，1930 年 3 月。

案虽经临时法院作出宣判，因谢惠源逃匿根本无法执行。巡捕房显然违背了暂行章程的规定，是严重的失职。

外籍律师出庭问题没有在暂行章程作出规定，但在中外双方的换文中是比较明确的，原被告若均为华人的，外籍律师是不能出庭的。这样一个规定，显然对于外籍律师来说不会不知晓，但在实际的诉讼中，外籍律师却又将换文规定置之一边，承接此类案件的代理事务。如 1927 年 3 月 30日临时法院开审徐又铮两妾控告徐子徐审义、徐道麟等虐待案，由推事许谟承审。原告徐又铮两妾聘请美籍律师阿乐满（Allman）为代理人。许谟面对外籍律师不按换文规定出席，即向该律师声明：刑事案件只有工部局为原告，外籍律师才可以出庭，现原被告双方均为华人，外籍律师是不能出庭的。因此许谟停止了本案的开审，并告知阿乐满，若对这一换文规定有什么不明了之处，可向临时法院书记官长咨询。在该案的外籍律师出庭问题的处理上，许谟遵循换文的规定，该案发生在临时法院成立不到 3个月，对于今后法院处理外籍律师出庭问题具有开先河的积极意义。

临时法院成立之后中外因法权问题冲突的案例不在少数，以上所举仅为比较典型的案例。在冲突问题上，各国驻沪领事往往加以抗议，但抗议的依据或是超出了暂行章程和换文的规定，或是源于对诉讼程序和对适用法律的不明导致。"据临时法院的报告，在施行暂行章程三年中，外领抗议的案件，多至二百零二起，然细按其实，则其中由于外领违反协定，任意抗议者达十之六，因不明中国诉讼手续者，达十之三，因中国法律与外国法律不同而生误会者，达十之一。"① 这样一系列由法权冲突问题引起的外领抗议案件，恰恰表明外人对于章程及换文之外的权力和利益的追求。不难理解，外人基于对章程及换文的认识，在案件处理上的行为态度不可能真的归因于自身的无知。真正的动机仍在于极力掌控临时法院的法权，仍在于争取其权力和利益在临时法院及公共租界的最大化。外人在这个问题上的态度没有发生转变，由此引发的法权问题案例，看似不合常理甚至几于荒谬，实际上并不足为奇。费唐（Richard Feetham）法官在报告书中也称冲突的造成外人是难辞其咎的："法院为时常发生争辩之场所，

---

① 　参见席涤尘《收回会审公廨交涉》，《上海通志馆期刊》第 1 卷第 3 期，1933 年 12 月。上海档案馆藏，档号：Y15 – 1 – 17 – 755。

使上海中外居民间之政治关系，益感不快，平心而论，不能由华人独任其咎。"①

因此，租界利益是租界当局最大的着眼点，尤其是涉及租界秩序的最高利益，其他问题对之则都是次要的了，法权最终是为治权服务，充当工具的作用。如在临时法院刚成立一个月后的 1927 年 2 月，工部局召开董事会特别会议，讨论中国邮政雇员罢工问题，因罢工事件直接危及租界的秩序，总董指出，对于罢工的首要分子应由捕房直接移交在租界境外的中国军事当局处理。"虽然工部局所持的态度一直是凡未经会审公堂听证，华人被告不能移交给中国官员，但鉴于目前形势，他认为工部局完全有理由把不良分子移交给军事当局，而不需要提交临时法院审理。"② 租界当局原本对于案犯移提问题所作的必先经过租界预审的限制，在租界秩序的根本利益面前，显得无足轻重。因为在外人看来，"这一程序只是一个惯例问题，而不是法律问题。"③ 通过将危及租界秩序的"肇事者"直接逮捕移送界外军事当局，借助界外军方的力量打击罢工事件，无疑更具有震慑力。"鉴于目前形势异常。而且如果不采取强有力的措施，局势可能更为严重。"④ 因为董事们一致认为："工部局方面的软弱政策对维持租界的正常秩序是非常不利的。"⑤ 由此作出决议，授权警务处长将逮捕的罢工首要分子直接递解界外军事当局。

二　卢兴原免职案

临时法院在 3 年多的时间里，除了法权问题冲突的系列案例值得关注之外，更加值得推究和思考的是此间发生的临时法院院长卢兴原免职案。1927 年 5 月，此时正值南京国民政府刚成立不久，卢兴原被视为比较合适的人选出任临时法院院长一职。但在 3 个月后其因违法抗令等原因遭到

---

① 费唐：《费唐法官研究上海公共租界情形报告书》（卷一），工部局华文处译述 1931 年版，第 354 页。

② 上海档案馆编：《工部局董事会会议录》（*The Minutes of Shanghai Municipal Council*），第二十三册，上海古籍出版社 2001 年版，第 680 页。

③ 同上。

④ 同上书，第 681 页。

⑤ 同上。

免职处分，这在当时影响很大，引起了各方的关注。该案并不是一起普通的人事任免事件，在社会上存在很大的争议。梳理该案并分析其缘由，对于进一步认识临时法院及其相关法权运行状况都是十分必要的。

卢兴原是广东澳门人，曾就学于英国牛津大学，并在伦敦获得律师资格，担任院长前一直致力于律师工作，这样的一个背景和经历对于担任公共租界临时法院院长无疑是很合适的。卢兴原本人也颇思在任上有所作为，这在卢兴原参加上海广肇公所、广东俱乐部两团体欢迎茶会上也有所反映。在该会上卢兴原发表演说，谈到就任院长的感言，以及临时法院的工作进展。感言中提到担任院长一职："才疏责重，深惧不胜，但既承政府委任，只好勉为其难，以身许国，一切秉公办理，以期无负委托。"并号召同乡群策群力，为法院工作出谋划策，"甚望同乡亦一致努力，鄙人与林、梁二君今既服务法院如有办理未心及应行改革之处，尚祈指示。试恐才力有不及之处，极盼我同乡及各帮与诸同志以法院事为大众之事，时时赐教，以使改良，鄙人固盼望人指教，亦甚愿人攻击，俾职责易于进行。"在报告法院工作进展时，针对某外报提出的法院工作效率低下，卢兴原指出案件审理要有相当之证据，已增派审判人员，上诉院亦拟增设四个法庭；针对沪上盗风日流火上，卢兴原则主张将来办理盗案，拟从严惩办。"从前华洋涉讼案件，外人每不交纳讼费，现已办妥照纳，前会审公廨存工部局十万元款，不日亦可提问，法院应有权限，当一一收回，务使人民得其保障，法院职权不受压迫，法律乃得其平。"①

可见，卢兴原对于院长任上是想要干出一番作为的，对于开展法院工作也是信心满怀，踌躇满志。卢兴原本人也受到了乡人的高度评价，如同为广东人的临时法院推事林彪称卢兴原："为粤人司法巨子，此次来沪任事，必能争回利权。"又如乡人冯少山评价卢兴原称："今日之欢迎非为院长，实欢迎院长之人格，上海百余万市民，粤人已有十余万，得公正廉明之院长为之保障。"乡人谢碧田演说则称："今天欢迎临时法院院长林梁二推事，深幸政府委任得人，上海民众最要得法律保障，以前是个人政府，今日是国民政府，从此我同乡及民众得法律之保障，深以为慰。"②

---

① 《粤人两团体欢迎上海临时法院院长卢兴原记》，《申报》1927年6月2日。
② 同上。

这些关于卢兴原的评价虽为茶话会上同乡之间的溢美之辞，但也反映出上海民众对于卢兴原担任临时法院院长的拥护和寄予的深切厚望。认为这是政府"委任得人"，希冀卢兴原在临时法院这个中外折冲的平台上为国家和民众争回利权。

然而，事与愿违，还没来得及等卢兴原争回利权，干出一番作为，临时法院的上级机关江苏省政府即对卢兴原院长的表现不满，并宣布解除其职务。究竟发生了什么重要的事件，以及江苏省政府是基于什么样理由给予卢兴原免职处分的呢？免职案件的官方理由开列多条，看似堂而皇之，其背后是否存在不足为人道的隐情？

关于卢兴原的免职事由，1928 年 7 月 16 日《申报》刊载《法官惩戒委员会议决卢兴原应受免职处分》一文，可以认为是官方对此意见的发布。法官惩戒委员会为国民政府关于法官惩戒最高议决部门，实际上已是代表了官方对卢兴原案所作的底定基调。该委员会于半个多月前即 6 月 28 日对卢兴原免职作出裁决，内载："法官惩戒委员会议决书（十七年惩字第一号）被付惩戒人卢兴原，上海公共租界临时法院院长兼上诉院院长……以违背并废弛职务交付惩戒，本会议决，卢兴原应受免职处分。"该议决书将卢兴原免职事由开列 5 项，主要如下：

（一）擅委推事。卢兴原对于该院推事吴廷祺、韩祖植、沈鸿、宋沅等辞职"擅行照准，复不呈明省政府，并擅派委新推事，视事数月，始行呈请任命，其率竟径行，殊属显而易见。"此项认为卢兴原违反章程行使推事的任职权，根据《收回会审公廨暂行章程》，临时法院推事及上诉庭推事，一律须由江苏省政府任命，推事的去留及人选的更定之权在于江苏省政府，而卢兴原此举系属越过江苏省政府擅作主张。

（二）逾越权限。此项旨在指责卢兴原擅拟上海临时法院改良法制讨论会组织条例，且卢兴原自兼该会会长，派定上诉庭推事等为会员，"从事与改良法治之讨论，其讨论结果，认某种法规有应兴应革之必要时，得由会长呈请政府核查施行，若该院长受有一部分立法权能之付与，并有自由组织审议机关……其逾越权限可见一斑。"这些权限既没有法律上的依据，也没有江苏省政府的授权，卢兴原此举动即被视为是超出其院长职权而定性为逾越权限。

（三）蔑视法令。议决书指出，对于临时法院推事梁仁杰代理该院刑庭庭长一事，江苏省政府已经照准，而卢兴原并不令该推事执行庭长职务，"实属并髦法令、蔑视纪纲"。弃江苏省政府的法令于不顾。

（四）干涉裁判。议决书称卢兴原于1927年10月5日召开临时法院院务会议，企图以不合法手续推翻梁仁杰推事依法作出的判决，实属侵越权限，非法干涉裁判。

（五）积压案件。根据临时法院1927年10月份的月报表，第一审民事未结案件1174起；执行未结案件535起；刑事未结案件441起，议决书据此认为"积压之多骇人闻听，其平日之废弛职务，尤唯讳饰。"法官惩戒委员会就此将案件积压归因于卢兴原的失职所致。①

根据议决书及以上分析来看，若情况属实，卢兴原受免职处分当在情理和意料之中。那么卢兴原本人又是持何种态度呢？对于议决结果及免职事由，卢兴原表示不服，并向国民政府呈文要求宣布议定书无效，内称："查阅议决书内容，诸多舛误，而尤其于根本组织上不合原颁条例，为极端之违法，此种议决，殊无以折服被处分者之心。"卢兴原在《呈国民政府文》中并就法官惩戒委员会开列的5项免职事由一一予以辩驳：（一）对于擅委推事一项，卢兴原认为此举是"派代"，属临时代理性质的暂时试用，"与任命性质截然不同"。（二）对于蔑视法令一项，卢兴原解释并未停止梁仁杰推事执行庭长职务，认为"刑庭尚无有合议庭组织，骤然设置庭长，易致发生影响，方在思一双方兼顾之法，并无始终不令执行职务之表示"。（三）对于干涉裁判一项，卢兴原认为这是梁仁杰推事的一面之辞，并非事实，"梁所陈，既无干涉确据，如判词之改动，又无干涉结果，如刑期之增减，即莫须有之谓也，莫须有之事而使之负责，天下宁有此理"。最后指出，本案议决之失当，情法均是其平，黑幕重重。惩戒委员会委托早有成见之人调查此案，有失公允，并点明调查此案的梁鋆立，在《现代评论》发表对卢兴原的攻击的文章。因此要求国民政府"撤销此次议决，另饬组织，依法进行。"②

对于卢兴原在申辩书中所陈梁鋆立抱有成见一说，梁本人在接受记者采访时指出，他在《现代评论》杂志上发表过评论临时法院问题的文章，

---

① 参见《法官惩戒委员会议决卢兴原应受免职处分》，《申报》1928年7月16日。

② 参见《卢兴原呈国民政府文》，《申报》1928年7月18日。

"但该文乃不批评该院本身,其关于易长问题一节,已完全由法律方面抽象的立论,对于卢君被付惩戒之各项具体事实,并未发表任何意见,原文具可以复按,要而言之,前项论文,与此次奉命调查之事项,实乃风牛马不相及。"在谈到法官惩戒委员会议决书的效力问题时,梁鋆立强调指出"为国府审议惩戒法官事项之机关,其议决书之效力,为最终的,换言之,即对于该会议决之事项,无提起上诉之可能。该会对于惩戒法官事项之议决权,与最高法院对于民刑诉讼事项之判决权,绝无二致。"①

　　一方面,卢兴原对于法官惩戒委员会议决结果表示不服,要求国民政府撤销议决,另行组织依法进行;另一方面,江苏省政府给予卢兴原免职处分,委派何世桢接任院长,但因卢兴原不服,交接一事无从谈起。卢兴原致函何世桢说明理由,"查卢兴原被议一案,既由司法部组织法官,惩戒委员会交付惩戒,依法官惩戒暂行条例第一条之法意,在未受惩戒处分以前,原有职务,自当继续尽其舆守之责。"何世桢表示不理解,认为卢兴原"玩视政府任免之大权,违背官吏服从之义务,显是有意反抗,延宕不交。"②并把这一情况呈报江苏省政府,省政府则将此事提请中央会议讨论。

　　江苏省政府以党政军联席会议的名义致电国民党中央党部、国民政府,严令卢兴原克日交卸。"窃查前上海临时法院院长卢兴原,业经江苏省政府令免本职,遗缺另委何世桢接充,乃近阅报载,何院长呈复省政府称,卢兴原抗不交卸,殊深应绝对服从,即日遵守交卸,若任其凭藉特殊势力,并氅法令,不特有负政府威信,亦具破坏国家纪纲。绝不愿官吏抗令之举,作俑于中外观瞻所系之上海,应请均部严令克日交卸。"③

　　这样双方都将此案付诸最高机关作最后裁决。卢兴原迟迟克不交卸的原因也是要等待国民政府批文,当被问及对国府批文有何意见时,表示正式公文到达后,自当依法办理。他在致函上海律师公会时说:"兴原此次为人中伤,经惩戒而免职,一俟奉到执行命令之后,如何交替,自有正当程序可循。"④

---

① 参见《梁鋆立对惩戒卢兴原之谈话》,《申报》1928 年 7 月 23 日。
② 参见《临时法院移交问题》,《申报》1928 年 7 月 1 日。
③ 《沪党政军联席会议呈中央电,严令卢兴原克日交卸》,《申报》1928 年 7 月 5 日。
④ 参见《卢兴原昨仍到临时法院办公》,《申报》1928 年 7 月 29 日。

　　但是卢兴原没有等到国民政府带来希望的回应，国民政府在批文中肯定了法官惩戒委员会的决议，指出该委员会议决书"即发生执行力，……仍着该具呈人，恪遵该会议决办理，不得再事违抗"。① 至此卢兴原免职案最后一锤定音。何世桢接任临时法院院长，交接仪式上卢兴原没有参加，委派书记官长惠勒代为交替，新院长发布就职报告："为布告事，案奉江苏省政府委任状第七十八号内开兹委任何世桢为上海临时法院院长兼上诉院院长，此状等因，奉此，遵于七月三十一日接印视事。"② 并于 8 月 6 日正式宣誓就职。

　　卢兴原免职案是上海公共租界临时法院的一件大事，因为这并非一起院长不称职而被撤职的普通案件，个中原因不能一一详考。费唐（Richard Feetham）法官在报告书中也曾提到法官惩戒委员会组织特别法庭议决卢兴原案，"一九二八年，临时法院院长卢兴原一案，曾经送交此项法庭处理，结果由该法庭令卢氏受免职处分。其时一般人皆承认，卢氏之去职，为其欲使司法独立之结果。缘卢氏对于政府所签没收某私人财产之命令，拒绝以行政方法执行。而对于外界之以其他程式干涉其司法职务者，亦不受屈服。但卢氏所被提交法官惩戒委员会之理由，则为其他问题。"③ 暂不论卢兴原免职是否系被冤枉，此案对于我们进一步认识和思考会审公廨收回后临时法院的相关法权问题，是有一定意义的。

　　该案反映出临时法院的院长任免权已完全掌握在中方手里。卢兴原自任命到免职，均由江苏省政府作出，法官惩戒委员会系国民政府审议法官惩戒的机关，其不服申诉最后也是由国民政府作出。

　　当然，临时法院发生这样大的院长免职事件，自然为驻沪领事团所瞩目。尽管外人在卢兴原案上没有产生实质性的影响，但外人的态度也是不能忽略的。是否真如交涉员金问泗所言，临时法院易长问题纯属中国内政，外人不应干涉？还是外人认为此案虽然不甚合理，但与己无关利害而漠然视之？

　　在外人的印象当中，卢兴原是一个称职的法官，他被免职则是一件遗

---

　　①　参见《卢兴原去矣》，《申报》1928 年 7 月 26 日。
　　②　参见《临时法院新旧易长昨日交替》，《申报》1928 年 8 月 1 日。
　　③　费唐：《费唐法官研究上海公共租界情形报告书》（卷一），工部局华文处译述 1931 年版，第 440 页。

憾的事情。1928 年 8 月 7 日英国驻沪总领事巴尔敦（S. Barton）在致英国
驻北京公使信中谈到："卢先生遭撤职的经历听上去当然不会令人愉
快。……在中国，司法独立还是一个新概念，尽管纸面上可能已经获得保
证，但还没有得到公众舆论的支持，不论是官方还是其他方面。"巴尔敦
的态度代表了外人看法，可见对于卢兴原被免职，外人是持同情态度的，
并将卢兴原的遭遇归因于中国的司法不独立，外人这一认识是比较客观
的。巴尔敦还谈到中国公众对这一案件的反应："中国公众在民国政府在
此次行动中没有觉得有什么不当的地方，中国报界的评论大多是说，卢先
生无端挑衅民国政府，是没有道理的，除此以外，我还没有看到别的什么
评论。"① 从邱培豪后来在述及领事团干涉临时法院易长问题时也可以看
出，领事团对该案起先的态度："……前临时法院院长卢兴原，因故免
职，领团竟越权提出抗议，指为系因政治作用，牺牲法院之独立精神，完
全违背交回会审公廨之协定，并声明保留将来自由行动。"②

　　正是基于外人对卢兴原案的同情态度，江苏省党政军联席会议在致国
民党中央党部和国民政府的电文中，也提到卢兴原抗令不遵系凭借"特
殊势力"，这一特殊势力系指在沪外人及驻沪领事团而言。起初，领事团
方面对于法官惩戒委员会给予卢兴原免职处分，认为该委员会未甚合法，
缺少正当理由。并由领袖领事克银汉为临时法院易长问题致函交涉员金问
泗。金问泗复函指明撤职原因，次即声明，临时法院易长，纯属中国内政
问题，在理各国不应干涉，即中国亦不必通知领事团，未谓此种呈文之说
明，以后不援引作例。"连日经交涉员金问泗君，将政府电免卢兴原之经
过情形，向领事团及工部局总董费信惇解释明白，外人方面始完全了解，
不持异议。""沪领团对江苏省政府合法罢免卢兴原颇有谅解，卢兴原即
将赶办交代新院长之到任，不过时间问题而已。"③ 驻沪领事团的这一态
度实际上宣告卢兴原案最后转机的希望破灭。

　　一方面外人是同情卢兴原被免职的；另一方面又表示理解中国当局的
做法，看似矛盾实则有隐藏背后的原因。在驻沪领事团看来，当初签订

① 　Barton to Beijing, 7 August 1928, para. 12.

② 　邱培豪：《收回临时法院问题》，《社会科学杂志》第二卷第一期，1930 年 3 月。

③ 　参见《临时法院易长问题解决》，《申报》1928 年 7 月 31 日。

《收回上海会审公廨暂行章程》之时中外双方各自利益作过切割，临时法院的院长人选及去留由江苏省政府决定，领事团若干涉其中，无疑要落下违反章程规定、干涉中国内政的口实。事实已证明：领事团抗议卢兴原免职问题遭到了强烈的指责。邱培豪指出："以一院长易人，干涉到我国内政，领团行动，真所谓无奇不有。"① 伍澄宇对此则更进一步对领事团的抗议提出批判："予不暇为吾国主权惜，而对于领团自认为法治国人民，致有自立法而自坏法之嫌，深为遗憾耳。"② 这些批判固然也是领事团所要考虑的，而使领事团态度发生转变更为重要的因素是，卢兴原案的结局以及卢兴原个人的去留对西人社会和租界当局而言并不存在利害攸关之处。因此，驻沪领事团不会因为卢兴原案的司法独立，抑或人治还是法治问题而与中国当局发生直接的冲突。

而真正引起外人不满也是外人对于临时法院最为关心的是：江苏省政府控制临时法院。这种认为谁控制了临时法院的心态在中外双方都存在，并始终影响着双方的行为。中方批判外人侵害临时法院法权如前文所述，不胜枚举；外人也在指责临时法院的司法不独立，是人治而不是法治。"上海临时法院并不是一个依法进行司法的法庭，而是一个受江苏省政府控制的机构，毫无疑问，它在执行省政府的意愿和指令，甚至连司法程序的表象也没有。"③ 外人这一言论虽然并非针对卢兴原案而发，但比照卢兴原免职的案由及程序结局，都是比较中肯的。费唐（Richard Feetham）法官后来在报告书中也称："中国司法机关仍受制于行政机关，且须遵照行政机关之意志而行。……临时法院之对于司法事件，系遵照界外中国政府行政机关之命令办理，为无疑义。"④ 但问题是，外人这一批判并非将临时法院引向真正司法独立，将临时法院真正塑造成一个法治的法院，而是对于中方控制临时法院所表示的不满之辞。这也反映出租界外人对于司

---

① 邱培豪：《收回临时法院问题》，《社会科学杂志》第二卷第一期，1930 年 3 月。

② 伍澄宇：《收回沪廨章程详论及其关系法规》，国际通讯社 1928 年 6 月发行，第 41 页。上海档案馆藏，档号：Y7 - 1 - 18 - 4。

③ Stephens, Thomas B., *Order and Discipline in China: the Shanghai Mixed Court* 1911—1927. Seattle: University of Washington Press. 1992, p. 141.

④ 费唐：《费唐法官研究上海公共租界情形报告书》（卷一），工部局华文处译述 1931 年版，第 354—355 页。

法独立和法治含义的认识，理论上这些概念外人是认同的，必要时还拿出来作为工具使用，但具体到实际，具体到案例上，其自身关于临时法院的法权问题、租界利益问题则放在了第一位。

第五章　上海特区法院及其法权问题

从临时法院存在的法权问题可知，所谓收回会审公廨只能算是名义上的收回，临时法院只是公共租界临时过渡性质的法院。特区法院就是在临时法院改组的基础上成立，依据中外双方签订的《关于上海公共租界内中国法院之协定》，于 1930 年 4 月 1 日在公共租界内设立特区地方法院及其上诉院江苏高等法院第二分院。和临时法院相比，特区法院挽回了一系列失去的法权，但是特区法院并没有真正自主地行使司法权，也没有完全摆脱租界当局的牵制，法权问题依然在一定程度上存在。本章探讨临时法院到特区法院的改组交涉，对特区法院收回法权的积极成就以及仍存在的问题加以评判和分析，最后通过对特区法院移提案件、牛兰案以及中山秀雄案件的分析，阐释中外双方在特区法院表现出来的法权关系，揭示法权关系下中外双方的利益原则。

第一节　改组临时法院的交涉

临时法院正如其名，是公共租界临时过渡性质的法院。当初移沪就地交涉之时，主政江苏的孙传芳出于其自身利益的考虑，因此在指导中方谈判的主导思想上，是将长期陷入外人手里的会审公廨先行收回，留下的问题待法院正式成立后再作计议。然而在临时法院存在的 3 年时间里，公共租界的司法状况没有发生多大的改变，法权问题着实令人堪忧。民国时期著名学者邱培豪针对这一问题指出："公共租界，则有直接听命于江苏省政府而间接受领团牵制之临时法院。一个独立国家领土内，司法事权，如此四分五裂，受外人侵略，真为世界各国，闻所未闻，而由此种法权旁落的怪现象，所生种种恶果，当地我国行政机关办事之受其障碍，国民权利之被其剥削，实际固已难枚举。五卅喋血未干，而租界上我国独立自主之法院，迄今尚不克实现，民刑案件审理之受外领干预也如故，法庭判决执行之受捕房阻扰也又如故，凡稍有血气之同胞，宁不为之同声一哭。"[1] 邱培豪对临时法院的不满溢于言表，情绪颇大，然对其存在的法权问题所做的分析和批判却是切中事实的，反映了国人对改组临时法院的愿望和强烈呼吁。洪均培先生也谈到，临时法院为世界稀有的奇特组织，"此种司法制度，丧权辱国，莫此为甚"。[2] 可见，临时法院亟需改组。

　　需要指出的是：临时法院的改组正是在南京国民政府改订新约，撤废领事裁判权的时代背景下展开，其本身也成为南京政府对外交涉的一项重要内容。早在1927年8月，时任南京政府外交部长的伍朝枢就发表修约宣言，要求废除不平等条约；1928年6月，新任外交部长王正廷重申了这一宣言，12月，随着政局的基本底定，又正式向各国提出撤废领事裁判权的要求；1929年4月，王正廷照会各国公使，要求他们接受中国政府撤废领事裁判权的提议。从南京政府外交部的这些举措来看，这一时期对于改订新约和撤废领事裁判权可谓是大张旗鼓，颇有志在必得之势。正是在这样有利的外交局势下，临时法院的改组也正式提上了议事日程。作为临时法院依据的《收回上海会审公廨暂行章程》的有效期为3年，到1929年12月31日期满，期满后章程是否继续施行则根据中外双方的协商来决定，若需改订要在6个月前提出，这样就为改组临时法院的交涉提供了依据。因此早在1929年5月8日，王正廷照会英、美、法、荷兰、挪威、巴西等六国公使要求改订章程。"现在该租界内审判机关，虽经变更，终以性质不明，系统紊乱，与全国制度歧异，人民因其不便，交相诟病。"因而需要"开诚商议，迅速妥订正当圆满之办法，俾谋最后之解决，以维法权，而重邦交。"[3] 照会提议六国公使派员讨论改组临时法院的办法。

　　在外交部向各国公使发出照会的同时，上海总商会、全国律师协会等社会团体，鉴于暂行章程施行期间将于半年后届满，也纷纷致电催促外交

---

① 邱培豪：《收回临时法院问题》，《社会科学杂志》第二卷第一期，1930年3月。
② 洪均培编：《国民政府外交史》第一集，上海华通书局1930年7月版，第326页。
③ 同上书，第326—327页。

部和司法部对临时法院进行改组。其中全国律师协会针对公共租界长期以来所存在的法权问题，语气尤为激烈："得之则生，弗得则死，与其偷生，莫如速死。"①

面对中国政府的改组要求和民间收回法权的强烈呼声，6 月 7 日，领袖荷兰公使欧登科（William James Oudendijk）在给外交部的复照中主张：改组法院问题须由一委员会研究考察，该委员会由驻在当地各关系国代表中推选，并会同中国代表组织而成，将来考察结果，须呈请各公使及国民政府鉴核。② 可见，公使团方面对此仍抱有敷衍的态度，仍想把改组临时法院作为一个地方问题交由驻沪领事团和地方当局解决。

临时法院之所以出现诸如此类的法权问题，与当初地方交涉酿成的苦果有关。法权问题的交涉本应由外交部代表中央与驻京公使团进行解决，而对于直接酿成法权问题的驻沪领事团，避之犹恐不及，由地方与之直接交涉而出现临时法院这样结局的教训无疑是非常深刻的。邱培豪在临时法院改组交涉之时曾就此指出，"临时法院之收回，其成败利钝，关系我国恢复法权前途甚巨，勿谨以局部事件目之，尤冀我国外交当局，本革命精神，贯彻主张，勿徒讬诸空言委曲求全也可。"③ 显然是敦促外交部出面和驻京公使团就改组临时法院作全局的解决。

7 月 3 日，王正廷再次照会欧登科：认为改组临时法院问题非局部问题，不宜委诸地方代表审议，而应由中央政府与各关系国公使，开诚继续会商为适当。但 8 月 6 日公使团在讨论改组临时法院时，提议谈判不用使团出面办，仅由享有领判权之各国使馆派参赞或馆员与该部当交涉之冲，遭有讨论事项，仍须咨询沪领事团。④ 可以看出，公使团实际上还是主张移沪由地方交涉。由于公使团这样的一个延宕态度，此后近两个月交涉都没有取得什么进展。到 11 月 1 日，公使团才派出代表参加谈判，其中大部分是驻沪领事。尽管王正廷一再表示"沪领事只能充任顾问，处咨询

① 《全国律师协会力争收回临时法院问题》，《申报》1929 年 5 月 22 日。
② 洪均培编：《国民政府外交史》第一集，上海华通书局 1930 年 7 月版，第 326 页。
③ 邱培豪：《收回临时法院问题》，《社会科学杂志》第二卷第一期，1930 年 3 月。
④ 吴健熙：《上海公共租界临时法院改组问题初探》，《史林》1987 年第 3 期。

赞助地位",① 但最后结果还是中方作出妥协:领事作为全权代表身份出席谈判,且"与公使列席者无异"。②

1929 年 12 月 9 日,改组临时法院会议在南京开幕,一直到次年 1 月 20 日,中外双方召开会议共计 28 次,关于改组的协定草案基本议妥。2 月 17 日,南京政府外交部代表徐谟与英、美、法、荷兰、挪威及巴西等六国代表签订《关于上海公共租界内中国法院之协定》并正式确认换文附件。随着新协定的签字,中外双方的改组交涉宣告结束,但这中间的谈判过程是费尽了不少周折。交涉之初,中方设定的谈判目标是将临时法院改组为完全的中国法院,该法院完全适用中国法律,取消外人在该法院的一切特权。"此次会商,根据设立完全中国法院及完全适用中国法律之两大原则与之周旋,外国委员争执甚力,虽经我方委员反复辩论,而彼方总以事实上特殊情形为辞,未肯多让,颇多周折。"③

在一个多月颇费周折的交涉中,中外双方谈判的问题主要聚焦在四个方面:即领事观审会审问题、书记官长和法警问题、检察官和承发吏设置问题以及监狱管理权问题。

第一,关于领事观审会审问题的交涉。领事观审会审问题是改组法院的核心问题,王宠惠在关于上海公共租界法院交涉情形的报告中提道:"从前上海临时法院承会审公廨之弊,每有外国官员列座法庭与我国法官抗衡,甚至侵越权限,当堂发表反对法官之言论,其有损法院威信,莫此为甚。"④ 因此在该问题上,中方主张完全收回,绝不让步。谈判伊始,中国代表提出领事观审会审于"条约上并无明文规定,力主取消"。⑤ 外国代表主张"对华洋诉讼案,凡有直接各侨民者,不论民事、刑事,须由关系国领事承审",⑥ 并提出由中外双方各出一人组成的二人委员会,

① 《昨日王正廷抵沪后谈话》,《申报》1929 年 11 月 8 日。

② 《改组临时法院会议各国派定代表》,《申报》1929 年 12 月 2 日。

③ 《王宠惠等关于上海公共租界法院交涉情形的报告》(国民政府行政院档案),中国第二历史档案馆编:《中华民国史档案资料汇编》第五辑第一编外交(一),江苏古籍出版社 1994 年 5 月版,第 56 页。

④ 同上书,第 57 页。

⑤ 《临时法院会议继续讨论双方提案》,《申报》1929 年 12 月 14 日。

⑥ 《临时法院会议外委允向本国请示》,《申报》1929 年 12 月 15 日。

审查外国领事的抗议书以及决定案件审判的全权，领事代表可饬令工部局停止他认为严重违法的判决。① 在该提议无法坚持后，外人又退而求其次，提出将观审员改为特别旁听员，关于特种案件，有陈述意见之权。这实际上只是把领事观审作名称上的变动而已，若按此提议，领事观审会审问题的实质仍不会改变。这对于中方来说是没法接受的。外国代表的这一提议也遭到了舆论的谴责，如全国律师协会在致函中国代表中称："若承认其领事有观审陪审权，直无异宣告，撤回取消领事裁判权之提议，……若各国代表终无觉悟，……仅可停止会议，留与领事裁判权作整个解决。"② 这样一直到当年年底，围绕该问题的谈判没有取得任何实质性的突破。

正当谈判处于困顿之际，南京政府于 12 月 28 日发布国民政府特令，宣称："查凡统治权完整之国家，其侨居该国之外国人民应与本国人民同样受该国法律之支配，及司法机关之管辖，此系国家固有之要素，亦为国际公法确定不易之原则。……国家法权不能及于外人，其弊害之深无容赘述，……兹为恢复吾固有之法权起见，定自民国十九年一月一日起，凡侨居中国之外国人民现时享有领事裁判权者，应一律遵守中国中央政府及地方政府依法颁布之法令、规章。"③ 第二天即 12 月 29 日，江苏省政府电令上海交涉员通知驻沪领事团《收回上海会审公廨暂行章程》将于 12 月31 日期满失效，司法行政部也电令临时法院院长徐维震听候改组。中方的这些举措打破了观审会审问题谈判的僵局，最终收回了外国领事的观审会审权。王宠惠在谈到该问题时也称："此次我方决定，无论如何外国人不能再参与审判权之举动，各国委员初仅允将观审员改为特别旁听员，关于特种案件有陈述意见之权。几经争执，始允将观审、会审制度完全放弃，其后特别旁听员亦允放弃。"④ 因此，关于领事观审会审问题的交涉，

---

① 梁敬錞：《上海租界法院改组会议小史》，《时事月报》第 2 卷第 3 期，1930 年 3 月。

② 《临时法院会议今日继续开会》，《申报》1929 年 12 月 19 日。

③ 《国民政府特令》（国史馆档案），中国第二历史档案馆编：《中华民国史档案资料汇编》第五辑第一编外交（一），江苏古籍出版社 1994 年 5 月版，第 52 页。

④ 《王宠惠等关于上海公共租界法院交涉情形的报告》（国民政府行政院档案），中国第二历史档案馆编：《中华民国史档案资料汇编》第五辑第一编外交（一），江苏古籍出版社 1994 年5 月版，第 57 页。

虽经较长时间的延宕，中方最终实现了完全收回的目标。

第二，关于书记官长和法警问题的交涉。书记官长和法警都涉及法院的司法行政权问题。临时法院时期书记官长由领袖领事推荐，实际上用的也都是外国人，书记官长掌握法院内诉讼案件分配、判决命令执行、交保查案和财务会计等大权，可见由外人担任的书记官长无疑是对临时法院法权的一大侵害。此次谈判，中国代表力主取消外国人担任的书记官长制度。法院的法警问题也是谈判的重点，警权和租界利益关系密切相关。在会审公廨和临时法院时期，通过警权掌控租界法权是外人由来已久的一贯做法。因此收回法警权的要求遇到很大的阻碍，外方"唯恐法警权操诸我国之手，则法警势力可伸张于租界"。① 最后双方关于书记官长和法警问题达成协议：取消外国人担任书记官长制度，但法院在签发传票、拘票以及各种司法命令前应先交司法警长登记备案，警长、警员仍由工部局推荐和指定，但在着装上须服中国法警制服，服从法院命令及指挥，而且江苏高等法院第二分院有将其免职之权。

第三，关于检察官和承发吏设置问题的交涉。检察官一职是会审公廨和临时法院时期向来所无，其主要的职权即充当刑事案件公诉人的角色，先前都是由工部局警务处行使。而当时租界外的各级法院都已设有检察官制度，此次收回临时法院，中方代表提出按照中国司法制度在新法院内设立中国检察官，从而取代捕房担任租界刑事案件的公诉人。外国代表则以英美法系向无检察官制度为借口，反对在新法院设立检察官，仍坚持租界刑事案件的公诉人由工部局警务处担任。最后双方在互相妥协的情况下议定在新法院设立中国检察官，但检察官的职权只限于《中华民国刑法》第 103—186 条规定相关案件，对于其他案件仅能陈述意见。若案件捕房已经作出起诉，检察官则无需再行起诉。相比较检察官问题，关于承发吏设置的谈判则开展得比较顺利。承发吏的职责是专门送达和执行民事判决令，由法院院长任免和管理。这样，公共租界中与捕房无关的民事案件即由中方自行办理。这一提案得到外国代表的认可，但承发吏在履行送达和执行民事判决令时，须有外人掌控的法警相协助。

第四，关于法院的监狱管理权问题的交涉。监狱管理权是法院法权的

---

① 《临时法院会议改组临时法院》，《申报》1930 年 1 月 11 日。

一个重要标志，会审公廨和临时法院时期的监狱管理权基本上由外人把持。捕房对于拘押监狱的人犯"可任意释放，或从中作弊，我亦无法制止。"① 因监狱管理权涉及租界当局的切身利益，交涉该问题时，开始双方都坚持自己的立场，后在具体管理对象上进行分割而达成妥协，即（一）民事拘留所和女监归中国法院管理；（二）除上两项之外的监狱仍归捕房管理，并又作了具体的规定：（1）新法院在押或判决人犯是否在租界内外执行，由各该法院自行决定；（2）违警案及违反《洋泾浜章程》及其附则之人犯及候讯之人应在公共租界内拘押；（3）判处死刑的人犯须送交界外中国主管机关执行。

以上四个方面为改组临时法院的焦点所在，双方争执颇力，所倾注的时间也最长。此外双方还就新法院组织、管辖范围、适用法律、法院行政、上诉程序、外国律师出庭、协定争执调解办法等方面的其他问题展开会谈。相比较上述四个方面，双方则各有让步，很快达成一致。这些谈判的成果有的直接在协定草案中作出明确规定，有的通过中外双方换文的形式在附件中加以确认。

经过多次会议的谈判协商后，中外双方终于在1930年1月20日达成协定10条，换文8则作为协定的附件。在经各关系国政府批准后，于2月17日在南京签订《关于上海公共租界内中国法院之协定》并交换了换文，宣布特区法院于1930年4月1日正式成立。本书所指特区法院系一统称，包括特区地方法院及其上诉院江苏高等法院第二分院。

特区地方法院为国民政府司法机关，负责审理公共租界范围内发生的民刑案件及违警案件。特区地方法院下设：（1）民刑事庭，又分民庭、刑庭。（2）民刑事简易庭。（3）民事执行处。（4）民事调解处。管辖初级民事案件，由民事简易庭各推事轮流担任民事调解处主任。民事调解借用民事法庭，不用开庭形式，不发旁听券。调解程序依法令用民事诉讼法及其处理方法。（5）违警庭。办理违警案件，法院指定刑事简易庭1名推事专办，或由该庭各推事轮流兼办，处理事务时遵守关于刑事庭的规定。（6）书记室。受书记官长领导，下分文牍科、民事纪录科、刑事纪录科、统计科和会计科，各科设1名主科书记官领导工作。此外，设翻译

① 《改组沪法院案》，《申报》1930年1月19日。

室、录事室，受书记官长监督。刑事简易庭、民事简易庭后被取消，事务并入民事庭、刑事庭办理。后另设公证处，办理公证事务。特区地方法院在人事编制上设院长 1 人，推事 30 余人，书记官长 1 人，书记官 50 余人，录事 20 余人，主任翻译官 6 人，执达员 10 余人，庭丁和勤工 20 余人，总共 160 余人。院长先后由杨肇煴、周先觉、郭云观担任。①

江苏高等法院第二分院是特区地方法院的上诉法院，和特区地方法院于 1930 年 4 月 1 日同时成立，简称高二分院。该院隶属于中华民国最高法院，主要审理公共租界范围内一般民刑上诉案件和"内乱"、"外患"、"妨碍国家"等第一审政治性案件。高二分院的第一审件，可上诉于最高法院，法院院长、推事、检察官均由国民政府任命。该院下设民事、刑事各一庭，1935 年 7 月，增设民事第二庭，各庭设庭长 1 人，推事 3 人，分别办理民刑上诉案件。法院院长下设书记室和检察处，此外属高二分院管辖的有特区地方法院检察处和江苏第二监狱分监。②高二分院先后由徐维震、沈家彝、郭云观担任院长。

特区法院的成立，公共租界的法权问题进入了新的局面。一方面，特区法院收回了公共租界的系列法权，这是会审公廨和临时法院不能同日而语的；另一方面，特区法院的法权问题依然存在，这又是和租界本身的制度缠结一起的。总的来说，改组临时法院的交涉还是比较成功的，这是与社会各界对临时法院改组的强烈要求和国民政府在外交上的努力分不开的。民国学者吴颂皋也肯定了国民政府在改组临时法院所起的作用。"国民政府当局对于上海公共租界法权之收回，颇有相当决心。"③ 至于特区法院存在的缺点，在租界没有收回之前，确实难就收回法权问题获得圆满的结果。

第二节　特区法院收回法权的积极成就

根据临时法院的改组交涉以及结合《关于上海公共租界内中国法院

---

① 参见史梅定主编《上海租界志》，上海社会科学院出版社 2001 年版，第 288—289 页。
② 高二分院的组织结构与特区地方法院基本相同，不同之处是高二分院另附设有监狱，机构人数也相对较少。参见王立民《上海法制史》，上海人民出版社 1998 年 12 月版，第 280 页。
③ 吴颂皋：《治外法权》，商务印书馆 1933 年 1 月版，第 272 页。

之协定》相关内容和换文的规定，特区法院虽然也是中外双方妥协的产物，但在收回法权方面的积极成就是较为明显的。"自此，中国正式的司法机关得以在租界内行使司法权力"。① 这些成就不仅临时法院无法与之比拟，而且还收回了会审公廨设立之初《洋泾浜设官会审章程》所失去的法权。主要表现在 9 个方面，如关于中国法律的适用、管辖范围的变更、观审会审的取消、外国书记官长的取消以及外国律师出庭的限制等等。

一，中国法律的适用。临时法院在中国法律的适用问题上，因其自身存在的诉讼程序问题，与当时全国普遍实行的四级三审制是相冲突的，实是紊乱了全国司法的审级制度，中国的法律适用在公共租界很难施行，这个问题在新协定的前面两条规定中首先得到解决。第一条规定："自本协定发生效力之日起，所有以前关于在上海公共租界内，设置中国审判机关之一切章程协定换文，及其他文件，概行废止。"② 这就宣布了临时法院协定中关于中国法律适用问题上的约束力。新协定的第二条进一步明确规定中国法律在公共租界的适用，"中国政府依照关于司法制度之中国法律章程，及本协定之规定，在上海公共租界内，设置地方法院，及高等法院分院各一所。所有中国现行有效及将来依法制定公布之法律章程，无论其为实体法或程序法，一律适用于各该法院。"③ 这条内容说明了特区法院在中国法律适用上，无论是实体法还是程序法在具体案件中都应得到施行，一切案件依照中国法律规定都可上诉至国民政府最高法院。这样，临时法院时期造成的司法紊乱现象得到遏制，特区法院实行了当时中国司法案件审判上的四级三审制。

二，管辖范围的变更。特区法院成立后，临时法院时期的司法管辖权得到限制。原先公共租界外上海宝山境内外人地产上发生的华洋刑事案件以及上海宝山境内发生的华洋民事案件，均归临时法院管辖。新协定签订后，这些案件归由上海地方法院管辖，特区法院所能

---

① 熊月之、周武主编：《上海：一座现代化都市的编年史》，上海书店出版社 2007 年 1 月版，第 252 页。

② 《关于上海公共租界内中国法院之协定》，王铁崖编：《中外旧约章汇编》第 3 册，生活·读书·新知三联书店 1962 年 3 月版，第 770—772 页。

③ 同上。

管辖的范围回到会审公廨设立之初以公共租界为界的状态，从而有效抑制了外人势力向界外扩张。新协定关于司法管辖权的规定在换文中得到说明："兹经双方了解，依本协定设置各该法院，对于上海公共租界内民刑及违警案件并检验事务，均有管辖权，其属人管辖与中国其他法院相同，其土地管辖与上海公共租界现有中国审判机关相同，但（甲）租界外外人私有地产上发生之华洋刑事案件，及（乙）租界外四周之华洋民事案件，不在上述土地管辖之内。"① 据在特区法院做过 3 年左右候补推事的俞履德回忆：为了严格注意租界的四至范围，每个法庭的审判台上，都摆着一张铅印的上海公共租界地图，详细写明四至交界的路名和门牌号数及越界筑路地段。并列载有领事裁判权国家名称，记明其享有领事裁判权的理由，审理案件时可随时查看，所有审判人员和其他员役都要严格遵守这个范围，不得稍加扩大，否则将受处分。②

三，废除了领事观审会审制度。如前一节所述，领事会审观审是法权问题的核心所在，这一制度是否保留，是中外双方力争的焦点。新协定取消了这一严重侵犯中国法权的制度，具体在新协定第三条予以明确："领事委员或领事官员出庭观审或会同出庭公共租界内现有中国审判机关之旧习惯，在依本协定设置之各该法院内，不得再行继续适用。"③ 从而结束了租界内法院审判席长期被外人染指的历史。王宠惠在国民党中央执行委员会政治会议第二一六次会议上报告时谈到该问题时也强调指出："从此，我国法庭不致再有外人参与审判之恶例也。"④ 这一点也是标志特区法院法权回归的最主要收获。值得一提的是：在特区法院成立后不久，荷

---

① 《关于上海公共租界内中国法院之协定》，王铁崖编：《中外旧约章汇编》第 3 册，生活·读书·新知三联书店 1962 年 3 月版，第 774—775 页。

② 参见俞履德《旧上海第一特区地方法院》，载《20 世纪上海文史资料文库·司法社会》，上海书店出版社 1999 年 9 月版，第 89 页。另见史梅定主编《上海租界志》，上海社会科学院出版社 2001 年版，第 287 页。

③ 《关于上海公共租界内中国法院之协定》，王铁崖编：《中外旧约章汇编》第 3 册，生活·读书·新知三联书店 1962 年 3 月版，第 770—772 页。

④ 《王宠惠等关于上海公共租界法院交涉情形的报告》（国民政府行政院档案），中国第二历史档案馆编：《中华民国史档案资料汇编》第五辑第一编外交（一），江苏古籍出版社 1994 年 5 月版，第 57 页。

兰领事仍企图来特区法院会审与其有关的案件。在遭到中国推事的拒绝后，该领事甚至从窗户爬入法庭，坚持要并坐会审，致使愤怒的法院推事与其角力，将其推下审判台。[①] 在随后的交涉中，中国方面以特区法院已取消领事观审会审为依据，各国领事也都认为荷兰领事违反新协定，这样废除领事观审会审制度的成果得到了巩固。

四，取消外国书记官长制度。在分析临时法院存在的法权问题时，即可知外人担任的书记官长一职权限极大。临时法院内举凡一切诉讼案件自递呈、分配案件、交保、查案以至执行均须经过书记官长，不仅如此，法院的财务会计也为外国书记官长所把持，这种畸形的制度自其产生以来就为国人所诟病。新协定将这一侵及国家法权的制度予以废止，外国人推荐任命的书记官长在特区法院不复存在，相关系列的司法行政权得以收回，分由特区法院自行设立的书记室和其他相关部门行使。

五，检察官和承发吏的设置。临时法院时期，没有设置检察官和承发吏，其职务统一由工部局巡捕房执行。改组临时法院谈判时，外人极力反对中方的这一提议，以维护业已掌控的这一权力。经过诸多争执，始允许承认检察官和承发吏的设置。虽然在职权上加以限制，但多少还是挽回了一些法权，因而其设置的积极意义是应加以肯定的。新协定第五条和第六条分别对这两项职权作了规定，其中第五条是关于检察官的规定："应各置检察官若干员，由中国政府任命之，办理各该法院管辖区域内之检验事务，及所有关于适用中华民国刑法第一百零三条至第一百八十六条之案件，依照中国法律，执行检察官职务。"第六条是关于承发吏的规定："承发吏由各该法院院长分别派充，办理送达一切传票，及送达关于民事案件之一切文件。"[②]

六，法院判决的执行。临时法院的判决，一些涉及外人利益较密切的案件往往会因陪审员的不同意见，公共租界巡捕房不予执行，使得法院的判决等于一纸空文，发生不了法律效力。新协定第六条明确规定法院的判决一经确定即应执行，"一切诉讼文件，如传票拘票命令其他诉讼文件

---

① 费成康：《中国租界史》，上海社会科学院出版社 1991 年 10 月版，第 158 页。

② 《关于上海公共租界内中国法院之协定》，王铁崖编：《中外旧约章汇编》第 3 册，生活·读书·新知三联书店 1962 年 3 月版，第 770—772 页。

等，经依本协定设置之各该法院推事一人签署后，发生效力。"①

七，女监及民事拘留所由中国主管机关管理。临时法院时期女监及民事拘留所由外国书记官长管理，法院无权过问。新协定改变了这一状况，特区法院获得了女监及民事拘留所的管理权。"附属于上海公共租界内现有中国审判机关之民事管所及女监，应以归一本协定设置之各该法院，由中国主管机关监督并管理之。"②

八，赃物库的设置。临时法院时期法院判决所没收的赃物，向来由公共租界巡捕房来处置，实际上排斥了中方对法院没收所得赃物的处分权。特区法院成立后，中方的这一处分权得到了保证。相关的规定由中外换文的第七款作出，"依本协定设置之各该法院，应依中国法律，设置赃物库，凡法院没收之赃物，均为中国政府之所有。"③

九，外国律师出庭的限制。特区法院成立之前，凡是有领事观审会审的案件，法院均允许外国律师代表任何方面出庭。而且，外国律师没有遵守我国律师章程的义务。新协定使外国律师出庭得到限制，外国律师，仅以代表外国人及工部局，且以外国人为一造及工部局为民事原告或刑事告诉人及捕房起诉案件为限。又规定外国律师出庭"应向司法行政部呈领律师证书，并应遵守关于律师之中国法令，其惩戒法令，亦包括在内。"④并以代表该外国人为限，尤其是有关工部局的案件，外国律师只能以书面形式向法庭陈述意见。

综上可见，临时法院时期有损我国法权的各点得到了较为有效的挽回。而且与会审公廨时期相比，中国不仅收回了会审公廨被领事团接管后所扩展的权力，还收回了《洋泾浜设官会审章程》中被外国领事攫取的观审会审权。可见，特区法院收回法权的积极意义是值得肯定的。"自上海开辟租界以来，中国之正式司法机关，得在界内执行职务，实自此

---

① 《关于上海公共租界内中国法院之协定》，王铁崖编：《中外旧约章汇编》第3册，生活·读书·新知三联书店1962年3月版，第770—772页。

② 同上。

③ 《关于上海公共租界内中国法院之协定附件》，王铁崖编：《中外旧约章汇编》第3册，生活·读书·新知三联书店1962年3月版，第773—776页。

④ 《关于上海公共租界内中国法院之协定》，王铁崖编：《中外旧约章汇编》第3册，生活·读书·新知三联书店1962年3月版，第770—772页。

始。"① 此外，上海市政府还曾就中国颁行的法律通过特区法院如何施行于租界作了一些努力，如国民政府颁布的包活工厂法等劳动法规，上海市政府认为租界内工厂理所当然应受这些法令的约束，双方几经交涉，也取得了一定的进展。②

邱培豪曾对临时法院及以前的会审公廨的管辖归属作了比较，称"辛亥革命"前为完全我国人管辖时期，"辛亥革命"后到 1926 年间为完全外国人管辖时期，1927 年临时法院成立后则是我国人半管辖时期。③ 那么，在 1930 年后对特区法院的管辖问题上，除了租界本身所起的牵制作用外，特区法院基本上是中国政府自己管辖的司法机关。特区法院成立不久的一个事例也证明了这一点。1930 年 6 月 16 日，特区法院开庭审理日商三井洋行对因亏负潜逃的买办何耿星和保人洪沧亭提起的诉讼案，保人律师张镕西向法庭提出三井洋行从未向中国政府登记，依法不能取得法人权利，因此不能作为原告提起诉讼，法庭决定延期。此事一时引起哄动，据报称，本埠各国洋行均无向中国工商部呈请注册，历来华洋诉讼案亦无提出此问题者，此实收回法权后对外更进一步之动作也。此后，遂有多数外商纷纷向工商部驻沪办事处探询注册办法。④ 这一案例所引起的社会反响显然是特区法院收回相关法权的直接成果，这也从事实上证明了处在通商大埠的上海公共租界法权问题的重要性及敏感性。

特区法院法权问题的积极成就还在于为法公廨的收回起了促进作用，并提供了可资借鉴的模板作用。法公廨的历史几乎和公共租界会审公廨同步，其设立就是参照会审公廨的模式进行的。⑤ 在公共租界会审公廨法权

---

① 孙科：《十年来的中国司法界》，中国文化建设协会编：《十年来的中国》，第 81 页。

② 参见熊月之、周武主编《上海：一座现代化都市的编年史》，上海书店出版社 2007 年 1 月版，第 253 页。

③ 参见邱培豪《收回临时法院问题》，《社会科学杂志》第二卷第一期，1930 年 3 月。

④ 参见任建树主编《现代上海大事记》，上海辞书出版社 1996 年 5 月版，第 435 页。

⑤ 公共租界会审公廨筹设之初，管辖范围原拟包括法租界。法国领事提出会审公廨章程第一条和第五条规定与法租界司法习惯不和，不予参加。1869 年 4 月，法国领事与上海道台杜文澜协议，在法租界另行建立一个定期会审的常设法庭（即法租界会审公廨），由道台派一委员每周三次到法国领事馆，同法国领事代表会审华洋诉讼案。此后凡属法租界内发生的案件，无论民刑案件，一概由道台派员和法籍会审官会同审理。

参见史梅定主编《上海租界志》，上海社会科学院出版社 2001 年版，第 284 页。

变迁中，法公廨也是唯会审公廨马首是瞻，作出相应的变化。如 1911 年
11 月辛亥革命上海光复后，法国驻沪总领事乘机接管法租界会审公廨；
1927 年公共租界会审公廨改为临时法院后，法租界也只是将纯属华人民
事案件改归华人审判人员独自审理。因此 1930 年特区法院收回系列法权
后，势必会对法公廨的收回产生直接的影响。"且公共租界外领观审会审
之陋制，一旦废除，则法界之会审公廨，自不成问题。"①

　　在南京国民政府外交部与各国代表谈判上海公共租界临时法院问题
时，法国驻沪总领事甘格霖（E. Koechlin）作为法国谈判代表也参与其
中。因此法租界当局自知法公廨现状难以维系，于是在 1930 年 1 月 27
日，甘格霖下令改组法公廨，规定自 1 月 27 日起，任何华人刑事案件，
概由华人审判员单独审理；华洋混合的刑事案件，如法国人或公董局为
原告，无论初审还是复审，仍由华官与陪审官会审；凡在法公廨登记认
可的律师，不分中外国籍，都可出庭辩护等。② 甘格霖此举显是敷衍中
方的要求，比及《关于上海公共租界内中国法院之协定》草案则落后
很多，自然为中方所不允。1931 年 6 月 16 日，中法双方代表在南京开
始谈判。双方仅召开会议 3 次，就达成了协议 14 条及换文 1 件，原因
就是在法租界设立中国法院的办法仿照上海公共租界特区法院的办法。
7 月 28 日，中法双方在南京签订《关于上海法租界内设置中国法院之
协定》，8 月 1 日，法租界设立了上海第二特区地方法院，法公廨自此
收回。③

第三节　特区法院存在的法权问题分析

　　特区法院是国民政府设在公共租界的司法机关，在收回法权上所取得
的积极成就无疑是值得肯定的，然而，特区法院仍不能等同于租界外的司
法机关，其法权问题依然在一定程度上存在。民国学者徐公肃指出特区法

---

　　①　邱培豪：《收回临时法院问题》，《社会科学杂志》第二卷第一期，1930 年 3 月。
　　②　史梅定主编：《上海租界志》，上海社会科学院出版社 2001 年版，第 286 页。
　　③　法租界和公共租界关于设立中国法院的协定基本上是一致的，仅有枝节的差异。其中
值得一提的是，附属于法公廨的拘禁处所系由中国建造，至此该拘禁处所便完全归中国司法当
局管理。参见费成康《中国租界史》，上海社会科学院出版社 1991 年 10 月版，第 158 页。

院在产生方式上就出现问题："盖法院组织，由于协定，根本上已与吾主权抵触。按司法机关为国家根本组织之一，法院之设立，应完全由主权国自由规定，外人不得侵犯或干预。今特区法院直接根据协定而产生，法庭来源，已异于国内其他法院，故特区法院之设，实为中国司法中之一种特殊状态。"① 而且就协定条文的内容而论，租界当局仍然用隐蔽的方式渗入法院。主要体现在：土地章程和中国法律的适用问题、工部局法律部的设立问题、检察官职权的受限问题、司法警察的推荐和法警权问题、人犯移提和监狱管理权问题、以及外国律师出庭等问题上。兹分别分析如下：

一　土地章程和中国法律的适用问题

土地章程即《洋泾浜设官会审章程》及附则，可谓是公共租界的根本大法，租界各项制度均根源于此，集中体现了租界当局的权益所在。该章程起初于 1845 年由上海道台和驻沪英国总领事签订，内容相对简单，主要规定外人在租界租地造屋等项，但租界当局后又三次单方面修改章程并擅自增加附则，因此这样一个被视为公共租界根本大法的章程实为未经中国政府承认的非法章程。而根植于章程之上的公共租界现行各项制度机构正是租界当局极力维护的利益所在。此次临时法院改组谈判涉及租界司法机构的重组，但是在交涉中并没有触及到租界利益的根源即土地章程问题，在双方签订的新协定中对土地章程及附则依然承认并沿用，土地章程作为公共租界的根本大法地位没有发生动摇，租界当局仍可享有土地章程规定的各项权益。

问题是：土地章程与中国法律发生冲突时，特区法院如何处理？是适用中国法律，还是适用土地章程？从法理角度来看，特区法院既是中国在公共租界设置的法院，法官在承审案件当援引中国法律判案，即使中国法律与土地章程冲突，也应以中国法律为准。西人社会自身的做法是，当土地章程和各关系国法律发生冲突时，往往是以其本国法律作为依据。"即各领事法庭遇《洋泾浜设官会审章程》及附则与其本国法律发生冲突时，

---

① 徐公肃、丘瑾章：《上海公共租界制度》，载《民国丛书》第四编第 24 册，上海书店 1992 年版，第 150 页。

亦多适用本国法律而置《洋泾浜设官会审章程》于不顾。"① 但是特区法院新协定在法律适用上竟有"须顾及之"等语，实际上是规定了中国法律和土地章程发生冲突时，法院就不能自由适用中国法律。而且《洋泾浜设官会审章程》及附则本系租界当局非法扩权产物，是外人利益的根本代表，中国政府始终未曾加以正式承认。而今将之规定在特区法院新协定中，等于是承认了土地章程的效力，也给外人适用土地章程提供法理上的依据。这对租界当局而言，是做到了用隐蔽的方式将在土地章程中取得的特殊权利渗入特区法院；对中国而言，则损害了中国法律的尊严，是完整法权的缺失。

二 工部局法律部的设立问题

工部局法律部从根源上说是从警务处法律顾问发展而来，属工部局内部机构的升级变化。其从法律顾问升级为法律部，除了面临相关案件增多的因素，主要就是应对特区法院设立的需要。在临时法院时代，西人社会在法院的代言者为参与观审会审的领事及法院内由外人担任的书记官长。特区法院废除了观审会审制度及取消了书记官长的设置，对于西人社会而言，在特区法院寻求一席之地是一件迫在眉睫的事，工部局法律部就是在这样的形势下开始建立。1930 年 3 月 31 日，也就是特区法院成立前一天，工部局召开董事会会议讨论并通过了该问题，根据工部局总董的提议："关于上海特区法院明日成立以及西人人事方面的变动，为了租界的利益，在中国法院和工部局之间亟需有一个联络机构，主持这个机构的关于应对组建情况和对与此有关的一些特殊问题具有比警务处所能具有的要丰富得多的法律知识。"② 法律部的组织方案里具体规定了该部的职责和权限：（1）法律部是工部局及所属各部门的法律咨询机构，由总董直接领导；（2）法律部是工部局对法院的全权代表，负责起诉和联系工作以

---

① 徐公肃、丘瑾章：《上海公共租界制度》，载《民国丛书》第四编第 24 册，上海书店 1992 年版，第 150 页。

② 上海档案馆编：《工部局董事会会议录》（*The Minutes of Shanghai Municipal Council*），第二十四册，上海古籍出版社 2001 年版，第 610 页。

及参加一切同租界利益有关的各类案件。① 在法律部主任的人选问题上，博良被认为最适合这个职位。"在维护工部局权益方面，博良先生是迄今为止最适于担任这一职位的人了。"②

由此可见，在特区法院时代，租界利益的代言人转移到工部局内专门为此设立的法律部。法律部代表工部局向特区法院起诉和联络，一般案件法律部可直接向特区法院交涉，遇有困难则由驻沪领事团出面。法律部标榜法院的纯粹司法性及完全独立性，把适用于特区法院的中国法律片面解释为仅由立法院制定，中央政府正式公布的法律。至于地方制定的行政法令，在公共租界内不发生法律效力。费唐（Richard Feetham）法官在报告书中也称特区法院适用的中国法律"仅指一般之民法刑法"，至于其他法律，则不能适用。主要原因是："此种法律倘经施行于公共租界，必致侵越工部局之行政职权。"③而且，法律部系工部局内设一行政部门，对于中国地方向特区法院提出各种行政协助事件本当职责所在，但其往往限定于只能依据司法程序来处理的司法案件，极力维护租界当局的利益，这对于中国在公共租界行使法权构成了很大的挑战，这在具体的法权关系案例中有明显的体现。因此，工部局法律部的设立是租界当局渗入特区法院的重要手段之一。

三 检察官职权的受限问题

特区法院设置检察官制度是法权谈判的一项积极成就，但是检察官的职权却受到了严格的限制。按照新协定第五条规定，检察官的职权除办理法院管辖区域内的检验事务外，仅限于中华民国刑法第 103 条至 186 条范围内的案件，方能依照中国法律，执行检察官职务。而且关于此类案件，若工部局捕房或关系人已经起诉，检察官无庸再行起诉。可见在特区法院检察官不得行使中国法律赋予一般检察官应有的权力，检察官对于此类案

---

① 汝葆彝：《上海公共租界的点滴回忆》，《20 世纪上海文史资料文库·司法社会》，上海书店出版社 1999 年 9 月版，第 7 页。

② 上海档案馆编：《工部局董事会会议录》（*The Minutes of Shanghai Municipal Council*），第二十四册，上海古籍出版社 2001 年版，第 610 页。

③ 费唐：《费唐法官研究上海公共租界情形报告书》（卷一），工部局华文处译述 1931 年版，第 367 页。

件本应行使的权力，已为工部局捕房侵越。这样在特区法院里，工部局巡捕房仍有专门提出刑事案件的公诉权，检察官反而要让位于工部局捕房，不能行使正常的职权。由于捕房的越权，使得检察官形同虚设，行使职权非常有限。徐公肃谈到这一问题时指出："夫检察官为代表国家主持公讼之官，所藉以维持善良风俗，公共治安，与便利人民起诉者，然此次法院所设检察官之职权，受极大限制，致与租界善良风俗公共治安有重大关系之案件，检察官均无权起诉。"①

四　司法警察的推荐和法警权问题

司法警察隶属于法院，其录用与免职该法院院长即可全权决定。从改组临时法院法警权的交涉可知，司法警察"由高等法院分院院长于工部局推荐后委派之，高等法院分院院长有指明理由将其免职之权，或因工部局指明理由之请求，亦得终止其职务。"② 需要指出的是：在特区法院，司法警察虽由江苏高等法院第二分院院长任命，但是具体选用的推荐权在于工部局。在理论上，院长不同意工部局推荐的人选时可以拒绝任命。但在事实上，司法警察人选的源头由工部局掌握，最终录用的还是工部局推荐的人。因此特区法院的司法警察名义上由中方委派，事实上实权掌握在工部局。而且缘于特区法院的法警权仍在外人手中，特区法院警长往往又同时是捕房总警长，该警长指挥整个租界的警力，直接关系到法院工作能否顺利展开。对法警权的掌握是工部局渗入特区法院最有效的手段，法权离不开警权的保障实施，租界当局掌控了警权，实为执特区法院法权之牛耳。

五　人犯移提和监狱管理权问题

和法警权相关联，特区法院的人犯移提也主要控制在捕房那里。虽然新协定规定，人犯经法院判决后如何处置由法院自行决定。但在移提人犯上，主导权往往在捕房手里。捕房套用国际法上国与国之间的引渡概念，

---

① 徐公肃、丘瑾章：《上海公共租界制度》，载《民国丛书》第四编第 24 册，上海书店 1992 年版，第 151 页。

② 《关于上海公共租界内中国法院之协定》，王铁崖编：《中外旧约章汇编》第 3 册，生活·读书·新知三联书店 1962 年 3 月版，第 770—772 页。

将移提人犯称为引渡，给特区法院设定障碍，即移提人犯的中国机关只能是新式法院，而且要提供明显的证据。因此在移提问题上，特区法院和捕房发生冲突时，捕房以此进行限制，法院往往只能妥协。在监狱管理权上，特区法院协定载明中国主管机关所能管理和监督的是附属于前临时法院的民事拘留所和女监，其他监狱仍由工部局捕房管理。法院和监狱本是同一司法体系两个密切关联的组织要素，特区法院虽然回归为中国在租界设置的法院，但监狱管理权仍在工部局手里，这也是法权的一大缺憾。

六 外国律师出庭问题

特区法院协定第八条对外籍律师的出庭问题作出了限制，并对外籍律师得以出庭的案件类别予以明确。具体分为三类：（一）关于一造为外国人的诉讼案件；（二）工部局为刑事告诉人或民事原告及工部局捕房起诉的案件；（三）凡工部局认为有关公共租界利益的案件。可见，外籍律师得以出庭的案件范围还是相当广泛的。虽然新协定规定，外籍律师仅得代表外人及工部局的案件为限，但是关于第三类案件，凡是工部局认为与公共租界利益有关，即便该案纯属华人之间的诉讼，工部局也可以延请外籍律师出庭。因此新协定对于外籍律师出庭的限制实际上为工部局予以解除。

综观特区法院的法权问题，从公共租界临时法院到特区法院，从法权回归的角度而论，公共租界一系列长期为外人把持的司法特权得到收回，其积极意义是较为显著的。这些成就和当时的时代背景也是合拍的，此时也正值南京国民政府发起废除领事裁判权运动，一方面，改组临时法院交涉是废除领事裁判权运动的重要组成部分；另一方面，特区法院的设立也为废除领事裁判权运动开创了一个良好的开端和局面。在改组临时法院之际，邱培豪也曾谈到收回临时法院对于撤废领事裁判权的积极意义。"则如此次收回，交涉成功，殊足为撤废领事裁判权之张本"。①

但是特区法院存在的法权问题表明，法院并没有真正行使自主的司法权，也没有完全摆脱租界当局的牵制。而且，外人对于其在特区法院协定上的权利是倍加维护的。如在特区法院刚成立没几天的 1930 年 4 月 9 日，

---

① 邱培豪：《收回临时法院问题》，《社会科学杂志》第二卷第一期，1930 年 3 月。

工部局董事会讨论关于法院没有根据协议向法警负责人提供案件记录的问题。为此工部局总董立即就此问题与领袖领事联系，认为法院当局没有将案情记录提供法警部门人员，这显然是违背了协议条款，领袖领事将向国民政府提出尽可能强烈的抗议，以保证这项要求得以履行。"万一抗议无效，工部局可以通过法警直接采取行动"。① 一个多月后，从工部局董事会 5 月 14 日的记录来看，该问题让外人得到了满意的结果。"总董报告说，作为此事提交专为解决这类问题而设立的委员会的结果，董事会所作关于向法警提供法院处理诉讼详细情况的解释，已获得支持，这个问题现已友好地解决。"② 费成康先生针对由新协定建立起来的特区地方法院和高二分院问题时指出："尽管这两个法院已经脱胎换骨，但它们身上仍带着其前身会审公廨所造成的胎记。"③ 可见，特区法院毕竟不是普通的法院，其所谓"特"仍然是表征租界特色的司法机关。从法院创建的依据来看，特区法院和普通法院不同，不是由国家自主设立而是依据中外协定而创建；从法院适用的法律来看，特区法院不仅适用中国的法律，还须顾及代表外人特殊权益的土地章程。

探其根源，特区法院的法权问题不外乎两个障碍因素：一是领事裁判权制度严重干扰法权的独立，南京政府在领事裁判权问题上虽经努力但没有取得实质性的突破，中外全局的法权问题没有得到妥善的解决方案，很难就租界内的局部法权问题作一彻底解决；二是公共租界本身的问题，无论是临时法院，还是特区法院，都依附于公共租界，租界问题的存在势必和法院的法权交相作用。租界问题得不到解决，与租界利益紧密相连的法权问题也就很难真正解决。况且在特区法院之前，中国在公共租界的司法权实已丧失数十年，外人把持这一特权业已根深蒂固。更加上租界行政权仍属外人，对于和行政权关系密切的司法权，外人自然不会轻易放弃，因此特区法院不可能从根本上将租界当局排斥在法院之外。

王宠惠等在关于上海公共租界法院交涉情形的报告中也指出，特区法院"未能完全达到我国愿望之点则以上海租界尚未收回，行政权操之于

---

① 上海档案馆编：《工部局董事会会议录》（*The Minutes of Shanghai Municipal Council*），第二十四册，上海古籍出版社 2001 年版，第 612 页。

② 同上书，第 614 页。

③ 费成康：《中国租界史》，上海社会科学院出版社 1991 年 10 月版，第 157 页。

人，形格势禁有不能不兼顾事实之处。"① 并认为，新协定的有效期为 3 年，期满非经双方同意不得延长，3 年内随着租界问题的解决，特区法院存在的法权问题也能随之而解。"本协定虽未能尽如人意，而三年之期为时尚短，在此期间内，上海租界问题当有相当之解决。是今兹未能满意之点，将来必归于自然解决矣。"② 民国学者钱泰也认为特区法院的法权问题和租界问题有密切关系，"租界问题，一经解决，自可迎刃而解耳。"③ 但这仅仅是王宠惠、钱泰等的乐观估计，随着特区法院成立一年多后"九一八"事变的发生，无论是领事裁判权问题还是租界问题因时局变化而被搁置，新协定在公共租界一直发生效力。费成康先生分析指出："行政与司法关系密切。当租界的行政权尚为外人把持时，他们对租界的司法权当然不肯完全放弃。只有到正式收回租界的行政权时，中国才有可能彻底地收回租界的司法权。"④ 可见，租界问题的复杂性使特区法院的法权问题无法得到彻底地解决。

　　尽管法权问题难以在公共租界厘清，特区法院此后的命运和租界的局势发展是紧密相连的。随着国际形势的变化，"南京国民政府放慢了收回上海租界各项权益的步伐。"⑤ 对于特区法院，因新协定的有效期为 3 年，1933 年 2 月 8 日中外双方签字，表示同意延长协定的有效期 3 年，之后新协定在租界一直视为有效。1937 年上海华界沦陷，公共租界成为孤岛，特区法院仍照常工作；1941 年 12 月太平洋战争爆发后，日军占领公共租界；次年 2 月 2 日，日伪上海市政府接收特区法院，成立日伪上海第一特区法院，管辖公共租界内的民刑案件及检验事务等。1943 年 8 月，日伪政权收回公共租界后，该法院并入日伪其他司法机关。⑥

---

　　① 《王宠惠等关于上海公共租界法院交涉情形的报告》（国民政府行政院档案），中国第二历史档案馆：《中华民国史档案资料汇编》第五辑第一编外交（一），江苏古籍出版社 1994 年 5 月版，第 60 页。

　　② 同上。

　　③ 钱泰：《上海特区法院成立之回顾》，《中华法学杂志》第 1 卷第 3 期，1930 年 11 月。

　　④ 费成康：《中国租界史》，上海社会科学院出版社 1991 年 10 月版，第 158 页。

　　⑤ 熊月之、周武主编：《上海：一座现代化都市的编年史》，上海书店出版社 2007 年 1 月版，第 253 页。

　　⑥ 参见史梅定主编《上海租界志》，上海社会科学院出版社 2001 年版，第 289 页。

第四节　法权关系典型案例评析

　　特区法院成立后，在特区地方法院及其上诉法院江苏高等法院第二分院的实际运行中，一般的司法案件都能够得以较为顺利地展开，"就关于寻常刑事案件之司法而言，在此时期中之新法院成绩，多方面均可乐观。"① 当然租界法院的特殊性势必在一些具体的案例中牵涉到中外法权的关系，司法实践中表现这一主题往往涉及政治性案件。这些案件本身的高度敏感性，牵动了租界内外当局注意力，双方都给予了高度的关注并积极介入其中。本节通过对特区法院移提案件、牛兰案以及中山秀雄案件的分析，阐释中外双方在特区法院表现出来的法权关系，揭示法权关系下的利益原则。

一　陈荣喜和邓演达移提案件

　　移提案件到了特区法院时代已不算是陌生的司法事件，前几章的法权关系案例表明，会审公廨时期和临时法院时期就已存在着大量移提案件。由于租界的客观存在和租界内外的政治格局并没有发生多大变化，新成立的特区法院依然要面临移提案件如何处理的问题。这类案件所表现出来的政治特性必然会引起租界内外当局的极大关注，声请移提一方往往是界外当局，能否得到移提则主要视租界当局的态度而结果不一。在具体的移提案件处理中，工部局针对不同的移提案件，所表现出来的态度是不同的，有时坚持以新协定为依据，表示反对移提案件，有时却又作出变通的做法，同意界外的移提要求。在这看似矛盾的法权关系中，工部局的态度和行为是遵循一定的利益原则的。特区法院成立不久发生的陈荣喜移提案件和邓演达移提案件，租界当局就表现出来前后两件同类性质案件的态度不一问题，反映出了工部局对移提案件干预的出发点问题。

　　陈荣喜案件是特区法院成立后发生的首件移提案件，此案系由陈荣喜被怀疑是共产党员而起。陈荣喜是一名中医，当时在公共租界新闻路开了

---

　　① 费唐：《费唐法官研究上海公共租界情形报告书》（卷一），工部局华文处译述 1931 年版，第 364 页。

一家诊所。陈荣喜涉案后，据时在工部局法律部工作的汝葆彝回忆，中方所采取的做法是：由上海市公安局应淞沪警备司令部要求向特区法院声请移提，上海市公安局在致特区法院的公函里指出："奉到中央密令，共党案件应由军事机关处理，陈是共产党员，已由其他被捕的共产党员在南京供出。"这个所谓"密令"是指 1930 年 8 月 1 日以国民政府五院院长的名义签发，其主要内容是一切有关共产党案件应由军事法庭依法办理，已在各级法院进行审理的也应立即交给军事法庭。"若不严行震慑，不足以靖地方，并令将各地所捕获之共党，其情节重大者，应讯以军法从事，其首要逆犯，如有已送法院者，亦应迅即交回军法机关办理，以杜乱萌"。①

特区法院在收到上海市公安局发来的公函之前，也接到了上述所谓的中央密令。在对陈荣喜案件的处理态度上，作为中国政府在公共租界设立的法院，是秉承国民政府意旨的。因此在此案的处理上，特区法院在没有对陈荣喜是否为共产党员进一步调查取证，也没有要求上海市公安局和淞沪警备司令部提供确切证据的情况下，当庭宣布陈荣喜案件系行政协助案件，对于上海市公安局的移提声请表示同意。

对于特区法院的这一态度和做法，工部局表示反对。在工部局看来，移提陈荣喜的条件不能成立，界外当局没能提供确切的证据证明陈荣喜是共产党员，而且特区法院在处理此案时没有遵循租界既定的司法程序，这些都是和刚刚签订不久的《关于上海公共租界内中国法院之协定》规定不相符合的。我们知道协定签订交涉过程中关于公共租界的人犯移提与否的决定权，实际上为租界当局力争所得，对于这一成果工部局是非常重视的，尤其此案发生在协定的实际施行之初，对于是否移提更不会轻易放弃话语权。"捕房在公共租界内逮捕之人犯，倘可由租界内法院，自由送交界外之民政或军事官署，则协定所定，关于租界法院审理案件所须遵循之手续，藉为界内居民保障者，将毫无价值。"② 而且，特区法院准予陈荣喜移提界外的理由是此案属行政协助事件，实际上作出了工部局无权过问行政协助事件的表示，从而绕开了租界当局的干预，工部局自然不会

---

①　费唐：《费唐法官研究上海公共租界情形报告书》（卷一），工部局华文处译述 1931 年版，第 376 页。

②　同上书，第 372 页。

同意开此先例。工部局的这一态度等于否决了特区法院所作的准予移提的决定，认为特区法院和上海市公安局移提陈荣喜属"法院违反协定，政府侵犯人权"。① 在工部局的干预下，特区法院被迫撤销了准予移提的决定，上海市公安局和淞沪警备司令部也放弃了移提的声请，陈荣喜也就获得了开释。

工部局此举在当时引起了很大的社会反响，其宣称的尊重中国法律，保护租界居民的努力使得很多人认为公共租界毕竟是一个讲法律、有保障的地方。客观地分析，公共租界的确具有司法独立的环境。费唐在其报告书中也提出建议要树立一种司法独立的惯例，"公共租界内之情况，对于树立此种惯例，远比界外之华界为顺适。"② 但问题是，租界当局依然跳不出租界利益原则的窠臼，其处理案件的思维无非是以巩固自身的权益为着眼点。移提在租界当局被称为引渡，公共租界向来将之视为租界的一项重要权能，也是作为和界外党政军当局交涉的一个重要筹码，尤其此时正值南京国民政府成立初期，工部局更是提高警惕，格外戒备界外当局所提的各项要求。此番新成立的特区法院以行政协助案件为由，试图规避工部局的干预，这在租界当局看来是难以接受的。工部局声明："在能将被告移送公安局以前，该局必须证明，谓被捕之人，有未经答辩则可认为确曾犯罪之处。"③ 工部局捕房律师针对此案还进一步指出："审理共犯之密令，不能适用于公共租界。"④ 工部局在该案中的努力，维持住了租界当局干预移提案件惯例，在很大程度上巩固了协定上的特权。

那么，在涉及移提的问题上，租界当局是否一向采取以上做法呢？其实不然，在陈荣喜案件不久，即发生了著名的邓演达移提案，租界当局在后一案件所表现的态度和做法与前案相比可谓大相径庭。1931 年 8 月17 日，第三党领袖邓演达在公共租界愚园路愚园坊二十号被工部局巡捕

---

① 汝葆彝：《上海公共租界的点滴回忆》，《20 世纪上海文史资料文库·司法社会》，上海书店出版社 1999 年 9 月版，第 11 页。

② 费唐：《费唐法官研究上海公共租界情形报告书》（卷一），工部局华文处译述 1931 年版，第 386 页。

③ 同上书，第 376 页。

④ 同上书，第 376—377 页。

逮捕，21 日，邓演达被解送南京。① 从法理而言，邓演达案件和陈荣喜有很多趋同的地方，都是界外当局向特区法院声请移提，且声请方未能提出明显的证据来证明当事人的犯罪行为。但是工部局在邓演达移提的问题上未提出任何异议，十分配合地同意南京政府的要求，将邓演达移提到界外。该案在具体做法上，是由南京方面和驻沪领事团取得联系，工部局在领事团的授意下表示完全同意将邓演达移提到南京受审。结果是，邓演达未经司法程序的审判即遭不幸，于当月 29 日被杀害于南京麒麟门外。

邓演达移提案件和陈荣喜案件放在一起比较，结果的迥异确实令人匪夷所思。租界当局根据新协定的规定以及比照先例，是有比较充足的理由干涉其中，本可不让邓演达移提到界外的，而问题的关键是租界当局在这个案件上的态度问题。据汝葆彝回忆，时任工部局法律部主任博良谈及该案时曾说：像邓演达这样一个过激的危险人物，留在租界以内决不妥当，"驱逐出境"的办法目前已行不通，南京既然来声请移提，那正是求之不得的好事，表面上给了南京一个特大的面子，实际上又解决了自身的困难，工部局对这样一件一举两得的好事还有什么不同意的理由呢?② 从博良的这段解释中可以看出，租界当局在处理邓演达案件上将法律弃之一边，关注的是邓演达的去留和租界的利弊关系，从这个角度上来说，租界当局的这种做法似乎是值得理解的，也是和租界利益原则相吻合的。

邓演达移提案件道出了租界当局在移提问题上的价值取向，后来发生的七君子移提事件更加证明了租界当局移提理念。七君子事件发生后，驻沪领事团同意了南京方面的移提要求，工部局相应地在特区法院也表示准予移提的态度。在司法程序上，七君子移提案件因当时的舆论声援及各方的努力，则比邓演达案件要规范许多，在声请移提的机关上，由新式法院江苏高等法院出面，而且对当事人经过了司法上的预审程序。在工部局法律部传达同意移提的意见后，舆论哗然，在罪与非罪问题上，认为七君子等被告系众望所归，没有犯罪行为，工部局不该同意移提。在社会舆情的影响下，工部局法律部主任博良往见工部局董事会总董费信惇，谈及七君

---

① 任建树主编：《现代上海大事记》，上海辞书出版社 1996 年 5 月版，第 475 页。

② 汝葆彝：《上海公共租界的点滴回忆》，《20 世纪上海文史资料文库·司法社会》，上海书店出版社 1999 年 9 月版，第 11—12 页。

子移提案件的法理问题，费信惇在言谈中道出了租界的利益原则。"我们都是当律师的，大家懂得法律究竟是怎么一回事，何必在法律理论上争吵不休呢？请记住工部局是我们的当事人，我们的主要任务就是要最有效地保护它的利益。法律只不过许多工具的一种，有用的时候就利用它，没用的时候就丢掉它。我们搞市政兼搞外交的人应当在有利可图的条件下巧妙地运用各种政策，应当知道，许多外交上的买卖就是这样成交的。至于你们所说的舆论，在我们董事会里不是已经有了五位专门代表中国舆论的朋友（指五个华董）么？看样子，他们倒并不怎样重视你们所说的那种舆论呢！"①

费信惇法律出身，当过法学院教授，做过多年律师，他这一番论断和他的法律背景是格格不入的。但我们从他当时担任的工部局总董的角度来审视他的观点时，尽管有藐视法律之嫌，但他却着力维护租界的根本利益，租界利益是租界当局的出发点和归宿点，法律不过是实现利益的工具和手段而已。从这一点上来看租界当局对于移提案件的态度，其真实意图也就不难理解了。

二　牛兰案

除移提案件界内外发生法权关系外，发生在租界内的一些起诉案件也会引起界内外当局的高度关注，牛兰案就是其中的典型案件之一。牛兰案涉及第三国际情报事件，因此该案具有很高的保密性，中外报纸对此很少报道，案件从逮捕到审判，外界弗知其详。据杨奎松先生《牛兰案件及其共产国际在华秘密组织》一文称："牛兰被捕不仅引起国内国际众多团体和著名人士出面营救，而且直到最后都弄不清楚其真实国籍和具体身份。"②

牛兰系第三国际远东局情报人员，原名保罗·鲁埃格。于1930年3月到上海，担任第三国际远东局的秘书，他对外公开的身份是泛太平洋职工会秘书处上海办事处的秘书。③为顺利开展工作，他持有数国护照，使

---

① 汝葆彝：《上海公共租界的点滴回忆》，《20世纪上海文史资料文库·司法社会》，上海书店出版社1999年9月版，第12—13页。

② 杨奎松：《民国人物过眼录》，广东人民出版社2009年1月版，第69页。

③ 《牛兰夫妇过狱中的第三个冬季了》，上海档案馆藏，档号：D2－0－333－7。

用好几个假名，并在上海公共租界租用了多处住所并拥有 8 个信箱。远东局的工作人员中，除牛兰本人外，还有另外 9 人，其夫人汪得利曾是他最重要的助手。在到上海后的一年多时间里，牛兰夫妇取得卓有成效的工作业绩，多次完成了共产国际交付的工作任务，不仅与中国共产党取得了密切的联系，还与日本、朝鲜以及东南亚国家共产党进行着有效的联系。

1931 年 4 月，随着中共中央特科主要负责人顾顺章的被捕叛变，牛兰夫妇在上海的活动浮出水面。顾顺章供出了中国共产党与第三国际活动的大量情报，其中就包括牛兰夫妇在上海租界的活动情况。国民政府相关部门将这一情况通告租界当局，设法逮捕牛兰夫妇等，但由于具体住址无处获悉，搜捕未果。然而 1931 年 6 月 1 日，随着新加坡一起和牛兰有过联系的共产党案件的侦破，上海租界当局查明了牛兰使用过的信箱号，顺藤摸瓜获知牛兰住在四川路 235 号。1931 年 6 月 15 日上午，公共租界巡捕房在牛兰的四川路住所将其逮捕，并搜出大量文件，计有 600 多份，其中重要的有 76 份，内有第三国际对中国革命和远东其他国家革命运动的指示，有远东局向第三国际总部的报告。此外，捕房根据有关线索，也很快逮捕了牛兰夫人汪得利曾。

1931 年 6 月 22 日，时任中共中央总书记向忠发在上海被逮捕叛变，也供出了牛兰夫妇在上海的相关情况，从而进一步确认了牛兰夫妇的真实身份。向忠发在供词中称："共产国际驻上海之东方部负责人，前为米夫，现已回国。现由波兰人负责，该波兰人自称为比国人，现因事被关押在英租界捕房……"① 界外当局将这一重要信息传递给公共租界捕房，牛兰为共产国际远东局重要官员的身份完全暴露。"由于牛兰是在中国被捕的第一位共产国际的工作人员，从他那里搜得的共产党文件又如此之多，因此他的被捕迅速成为轰动一时的新闻。再加上苏联下大力气动用了中国当时的著名人士宋庆龄、蔡元培、鲁迅、林语堂等，以及国际著名人士爱因斯坦、杜威、罗曼·罗兰、德莱塞等，以各种方式要求南京国民政府释放牛兰，这就让包括国民党当局和公共租界巡捕房认为，牛兰应当是共产

---

① 经盛鸿：《"牛兰案"始末》，近代中国社会史料丛书：《近代中国大案纪实》（下卷），河北人民出版社 1997 年 4 月版，第 612 页。

国际在中国的最高负责人。"①

　　牛兰案是当时轰动中外的重大政治案件，尤其是在牛兰住处查获的大量文件和情报，更引起了各方的极力关注。关于牛兰是否为远东局的负责人，据杨奎松先生考证：直到被捕为止，这个牛兰也并没有成为远东局的负责人。他的工作主要是负责交通系统而已，用中共的称呼，或者应叫他做"交通毛子"。如果考虑到他同时还负责或兼管太平洋产业联合会的工作，或者还可以管他叫"太平洋毛子"之类，如此而已。②

　　公共租界巡捕房逮捕牛兰夫妇后，将他们关押两个多月，多次进行审讯，牛兰夫妇就实质性的问题丝毫不作吐露，因此捕房的审讯没有取得什么突破；另一方面，国民政府要求将牛兰夫妇移提至南京进行审理。在这样情况下，工部局巡捕房先是向租界法院提起诉讼，鉴于牛兰案件属当时重大政治案件，一审没有放在特区地方法院，而是由特区地方法院的上一级法院即江苏高等法院第二分院开审。1931 年 8 月 9 日，高二分院正式受理牛兰夫妇案，经过一系列的庭审程序后，法院最后宣布将牛兰夫妇移提给南京国民政府。由此牛兰夫妇于 8 月 14 日从上海公共租界移押至南京警备司令部看守所监狱关押。

　　牛兰夫妇从公共租界被移提出去后，据时人称："经过差不多一年，牛兰夫妇辗转于南京、苏州的军事监狱、法院监狱中，待遇极为恶劣。"③一方面国民政府相关司法部门对其进行秘密审讯，但迟迟未提交法院进行正式审判。另一方面，以宋庆龄为首的营救牛兰夫妇的活动也全力展开。牛兰夫妇自身也在监狱内绝食抗议"南京当局不许他俩延请外籍律师，在上海受审。"④ 在各种力量的综合作用下，1932 年 8 月 10 日，江苏高等法院刑事一庭正式开审牛兰夫妇案，经过多次庭审，最后以"危害民国，扰乱治安"罪判处牛兰夫妇无期徒刑，其判词为："牛兰及汪得利曾犯罪一切证据，不外扰乱治安、勾结叛徒、煽惑军队、破坏纪律为目的，实触犯《危害民国紧急治罪法》第一条第一、第三、第四各款，第二条第一、第二两款，及第六条，又犯《中华民国刑法》第七十四条，各应并科判

①　杨奎松：《民国人物过眼录》，广东人民出版社 2009 年 1 月版，第 78 页。

②　同上书，第 87 页。

③　《牛兰夫妇过狱中的第三个冬季了》，上海档案馆藏，档号：D2 - 0 - 333 - 7。

④　同上。

以死刑。兹援照大赦条例第二条，各处以无期徒刑。"① 对于牛兰夫妇的判决，尽管引起了营救者的强烈反响和抗议，认为："法官不能提出他俩危害民国罪名的证据"，其所谓的证人仅仅是具体参与办案的工部局巡捕而不具说服力。② 但判决的实效性没有受到影响。牛兰夫妇在狱中被关押了近 6 年后，到 1937 年 7 月抗日战争爆发，中苏两国重又开始在抗日问题上进行合作，国民政府很快以"驱逐出境"为名释放了牛兰夫妇。③ 牛兰夫妇取道上海公共租界，于 1938 年初离开中国。

对牛兰夫妇案的案情梳理后，因该案在公共租界首先发生，有必要就中外双方对牛兰夫妇案的着眼点进行分析。由于该案涉及十分重要的情报文件，租界当局和界外当局对之重视的程度是不言而喻的。案件的处理也是在中外双方密切合作的态势下进行。汝葆彝曾从工部局法律部主任博良处获悉："这起案件始终是由领事团特别是英领事馆和南京通力合作的，他们事前所设下的计划和步骤是先由工部局向高二分院请发拘票及搜查命令，交警务处政治科执行，并由工部局起诉，法院审判处刑，刑期执行完毕之后再由南京用'中央'命令把他们驱逐出国。"④ 对于这样一个重要的政治性案件，从南京政府的角度来看，当时国内正值国共对峙时期，牛兰夫妇案涉及共产国际和中国共产党的诸多情报信息，其要求将牛兰夫妇移提到界外审理，自然是不遗余力。那么，从租界当局的角度来看，他们对于牛兰夫妇案最为关注的又是什么呢？答案依然是牛兰夫妇案涉及的情报问题和租界的安全问题。这个问题在公共租界巡捕房逮捕牛兰夫妇之际，租界当局基本上达到了目的。"抄获的文件绝大部分是用德文写的，分装了几只大铁箱，送到法院作证物的仅是一小部分汉语译文，原件全部留在工部局警务处政治科和英领署情报处。"⑤ 租界当局在达到了自身目的之后，对于界外当局作出的移提声请予以配合，这样既保障了租界的安

①　经盛鸿：《"牛兰案"始末》，近代中国社会史料丛书：《近代中国大案纪实》（下卷），河北人民出版社 1997 年 4 月版，第 617 页。

②　《牛兰夫妇过狱中的第三个冬季了》，上海档案馆藏，档号：D2 - 0 - 333 - 7。

③　杨奎松：《民国人物过眼录》，广东人民出版社 2009 年 1 月版，第 78 页。

④　汝葆彝：《上海公共租界的点滴回忆》，《20 世纪上海文史资料文库·司法社会》，上海书店出版社 1999 年 9 月版，第 14 页。

⑤　同上。

全问题，又顾及南京政府的要求，因此也就乐而为之了。

三　中山秀雄案

中山秀雄案是在日军大量进入租界，上海抗日情绪不断高涨的背景下发生，由特区法院审理的涉及租界各方关系的政治案件。案件的结果又一次证明了公共租界理和力、法和利益以及法权和治权的冲突关系，力的决定性作用再次打破了租界当局标榜的所谓在公共租界有法律保障的论调。

该案案由实际上比较简单，原本是一起普通的杀人案件，然发生在中国排日风潮日盛的形势下，经日方的渲染，人为地制造了一起十分严重的政治案件，一时间气氛剑拔弩张，日方甚至扬言动用军队介入。被害者中山秀雄系日本上海特别陆战队一等水兵，于 1935 年 11 月 9 日晚 9 点半左右，在回陆战队本部的路上在窦乐安路（今多伦路）遭到枪击毙命。① 事件发生后，引起了日本军方的高度重视，陆战队紧急派遣一个武装大队在窦乐安路、北四川路一带设立了警戒线。宪兵也紧急集合，开始搜查犯人。② 日军司令部坚持认为这是一件中国民众抗日的政治性暗杀，由日本驻沪总领事石射出面分别向工部局和上海市政府提出严正交涉，要求严缉凶手限期破案。

因案件发生在公共租界越界筑路上，既属租界的警力范围，同时越界筑路的四周均属华界地区，上海市政府也牵涉其中。案件本身的侦破看起来没费多大的周折，没过几天工部局警务处政治科根据密告很快将嫌犯拿获归案。两名嫌犯分别是杨文道和叶海生，同时在北四川路杨文道家中被捕，工部局巡捕还当场查获了手枪等作案工具。案件侦破后，工部局和上海市政府均松了一口气，以为对日方有了交代，接下来就是特区法院根据案件审理程序作出判决的事了。但是事件并非想象中如此简单，日方以驻华大使的名义发布了《希望中国官民猛省、希望同胞自重——有吉大使表明态度》电文，宣称："关于水兵事件，帝国海军目前仍坚持慎重的态度，但我相信，为了保持帝国海军的威信，必要的时候，海军自会自行采

---

① 任建树主编：《现代上海大事记》，上海辞书出版社 1996 年 5 月版，第 622 页。

② ［日］松本重治：《上海时代》，曹振威、沈中琦译，上海书店出版社 2005 年 3 月版，第 255 页。

取果断措施。"① 日方以案件的特殊性为由，借此渲染严重气氛。其所谓在必要时自行采取果断措施，就是扬言在案件审理时动用军队列席观审。公共租界自设立法院以来，从来没有出现过军队开进法庭的现象，但这种近乎荒唐的举动在当时却是极为可能发生的，这给界内外当局带来了很大的压力。在工部局和上海市政府向日方保证特区法院对案件的严肃查处的承诺下，这场闹剧始得以避免。

特区法院受理此案后，引起了院方的高度重视，为此专门组织合议庭，由刑一庭庭长钱鸿业担任主审，工部局方面则由法律部主任博良和汝葆彝代表起诉，鉴于特区法院取消领事观审会审制度，日方由日总领事馆法律顾问村上列席法庭，被告方由著名律师张志让担任辩护律师。据在庭审现场的汝葆彝回忆："政治气氛虽然被搞得十分浓厚，但案情内容恰恰还是简单得异乎寻常。起诉方面所能提出的犯罪证据只有供单、凶器，供单里最初说争风吃醋，后来又说是见财起意，连杀人原因都没法肯定，……开了几次庭，证据还是这样薄弱，案情还是没有什么进展。"②

案件审理缺乏有力的证据，没能取得实质性的突破，法庭也就很难做出定罪量刑。但是鉴于日方咄咄逼人的姿势，界内外当局只得妥协，决定不论证据如何，先由特区法院在一审中判处死刑，以应付日方的要求，在上诉环节再加以拖延。两名嫌犯因此没有被立即执行而是羁押狱中，叶海生后来在狱中病死，杨文道一直被关押到抗战胜利后才被宣告无罪开释，度过了近 10 年的牢狱生活。

中山秀雄案是上海沦陷前，日方在公共租界日益强势的一个具体案例，反映了向来由英美主导的公共租界面临新的力量的挑战。在该案发生的第二天早上，中国报纸和日本报纸都在显著位置作了报道，"一时间上海人心惶惶，中国人中间流传着将再次发生上海事变、中日战争即将爆发的谣言"，当天傍晚就有数千人穿过公共租界向南市方向逃难，

---

① ［日］松本重治：《上海时代》，曹振威、沈中琦译，上海书店出版社 2005 年 3 月版，第 257 页。

② 汝葆彝：《上海公共租界的点滴回忆》，《20 世纪上海文史资料文库·司法社会》，上海书店出版社 1999 年 9 月版，第 16 页。

"一天之内上海就已一片混乱"。① 正是在这样一个气氛紧张的局势下，为了避免事件的扩大化，无论是界外当局还是界内当局都选择了妥协，至于案件本身的法理证据的欠合理性，则已不是首当其冲所要考虑的问题。

实际上，界内外当局面临日方的强硬势头，处理涉日案件的妥协思维在中山秀雄案前的杜重远案即已显露，尽管这两案案情的种类不同，性质也各不相同。杜重远案与中山秀雄案同年发生并早几个月，1935 年 5 月 4 日，《新生》周刊登载易水（匿名投稿者）的《闲话皇帝》一文，泛论中外君主制度，文中涉及日本天皇，称"在日本，说是天皇神圣不可侵犯，事实上只不过是实际统治者的傀儡罢了"。② 6 月 7 日，日本驻沪领事石射以该文妨碍邦交，侮辱日本国家元首为由，向南京政府提出抗议，南京政府即令上海市政府出面向日道歉，并撤换上海市公安局长。6 月 24 日，市公安局以"妨碍邦交"，迫令《新生》停刊。③ 然事件并未就此了结，在日方的要求下，虽然匿名作者不明，但《新生》周刊总编辑兼发行人杜重远被提起公诉。7 月 1 日，高二分院开庭审理杜重远案，7 月 9 日，法庭以诽谤罪和妨害邦交罪判决杜重远有期徒刑一年二个月，并规定不得上诉，立即送监执行。杜重远的辩护律师申请缓刑或改科罚金，庭长答称"环境不许可"。杜重远在法庭抗议疾呼："法律被日本人征服了，我不相信中国还有什么法律。"④ 据时任日本同盟通讯社上海分社社长的松本重治回忆：杜重远针对检察官的盘问，做过无罪的申辩，"也许是检察官感到了来自日方的压力，所以最终还是以上述罪名的最重刑，判决杜重远有期徒刑一年零两个月"。⑤

杜重远案就是在日方在租界强势的"环境"下，以牺牲当事人合法的权益，作出的切合日方意图的判决。时人对该案审理就曾做尖锐地批

---

① ［日］松本重治：《上海时代》，曹振威、沈中琦译，上海书店出版社 2005 年 3 月版，第 255—256 页。

② 同上书，第 223 页。

③ 任建树主编：《现代上海大事记》，上海辞书出版社 1996 年 5 月版，第 613 页。

④ 夏东元主编：《20 世纪上海大博览》，文汇出版社 2001 年 4 月版，第 456 页。

⑤ ［日］松本重治：《上海时代》，曹振威、沈中琦译，上海书店出版社 2005 年 3 月版，第 224—225 页。

评，指出其违法及不合情理之处。① 松本重治也认为"这次事件实际上只是很微不足道的一个不敬事件"，但由于日方的煽动，致使整个事态扩大化。② 界外当局和租界英美当局为避免日方进一步小题大作，对此也只能委曲求全。工部局法律部还向高二分院提出申请，最后裁定禁止《新生》周刊发行。③ 可见，杜重远案所体现的界内外当局的思维态势和具体做法和中山秀雄案如出一辙。

　　无论是中山秀雄案，还是杜重远案，尽管该类案件与公共租界传统法权关系案例有很大不同，但是租界当局在处理案件的思维中，其着眼于租界利益原则的理念是相一致的。传统的法权关系案例往往是租界当局通过自身的力来保障租界的秩序和治权，而面对日方在租界的强力，租界当局选择妥协而换取租界安定的全局利益，至于法律本身则降为不太重要的位置了。这也进一步说明了在特区法院时代公共租界所谓法也不过是力的体现，租界是有法律保障的这一论断不攻自破；在租界的治权面前，法权也不过是为其服务的工具，租界秩序和治权的最高利益才是第一位的。

---

　　①　该年 7 月 19 日，穆藕初致函市商会，认为杜重远案有三点不当：1. 宣告不准上诉为违法；2. 不采用轻刑法，为故意加重行为人之损害；3. 不予缓刑为不合人情。参见任建树主编《现代上海大事记》，上海辞书出版社 1996 年 5 月版，第 616 页。

　　②　［日］松本重治：《上海时代》，曹振威、沈中琦译，上海书店出版社 2005 年 3 月版，第 227 页。

　　③　任建树主编：《现代上海大事记》，上海辞书出版社 1996 年 5 月版，第 616 页。

结　语

　　会审公廨、临时法院、特区法院这三个一脉相承的司法机关，在公共租界法权的变迁中既带来了客观上值得肯定的事物，对近代中国的法律观念和法律制度起过积极的影响；又不可避免地产生了消极的影响，导致了长期以来国家法权在公共租界不能直接行使，中外在这一系列的司法平台上是冲突远大于融合。而在肯定和否定之间，更值得我们深思的问题则是法权变迁的规律、推动力量以及法权变迁的实质。

　　法权变迁客观上给近代中国带来了一些值得肯定的事物。从会审公廨到特区法院的这段历史，正是中国法制走向近代化的时期，公共租界作为展示西方法律思想和制度的一扇窗口，其对近代中国法制的影响是潜移默化和比较深远的。

　　外国陪审官和中国审判官同堂理案，实际上是中西两种不同法律制度和观念的交汇与碰撞。他们之间由于立场的不同，法律文化背景的迥异，在对同一案件的判断和处理上时常存在着各不相同的认识和做法，双方发生矛盾和冲突也就在所难免。中国传统法律的保守落后常常授外人以口实，转而使法庭的审判为外国陪审官所主导。比如，在会审公廨时期，由于当时中国法律诸法合体，缺乏独立的民法和民事法律审判机制，公廨谳员在处理民事案件时也采用和对待刑事案件同样的处罚方式，这在西人社会看来显然不合适。外国陪审官往往主张按照西方处理民事案件的方法处理，在落后和先进之间权衡，中方谳员也只好听任其做法，这样西方法制中比较文明的做法被引进到法庭上来，这些虽带有强制性，但客观上是具有进步积极意义的。又如肉刑等身体刑作为古代社会传统的刑罚方式已为西方近代法制所摒弃，废止肉刑、限制刑讯无疑是西方法文化中应当值得肯定的地方，传统的中国法文化与之相比显然比较落后，西方法律上这些先进的理念和做法都在会审公廨率先推行，尽管会审公廨早期还保留笞杖等身体刑，但法官在判决时都采取慎用态度，后来则完全取消了这一刑罚方式，这些都直接影响了清末的法制改革。

在法律制度建设上值得一提的是，关于律师制度的建立。律师制度是西方法制的一项重要内容，在中国首先出现律师这一职业的是各国在华的领事法庭，而律师这一西来的职业在中国司法机构首先出现就是在会审公廨。虽然作为会审公廨依据的《洋泾浜设官会审章程》，并没有规定在法庭使用律师辩护问题，但在司法实践上却几乎和会审公廨的产生相同步，早在1870年代，会审公廨在审判华洋混合案件时，已明确允许原被告双方均可延请律师出庭。会审公廨在案件诉讼过程中采用律师辩护这一做法，对我国当时司法的改革还是有一定借鉴作用和先导意义的，20世纪初律师制度也得以在全国顺利确立、发展，而律师制度正是法制近代化不可或缺的要素。

司法案件的审判上也有一些值得肯定的地方。如苏报案的审理，客观上给近代中国带来了西方的民主、自由思想；司法独立、法律面前人人平等的西方法律思想对中国也产生了深远的影响。孙中山先生在其《建国方略》曾评论苏报案称："此案涉及清帝个人，为朝廷与人民聚讼之始，清朝以来所未有也。清廷虽讼胜，而章、邹不过仅囚禁两年而已，于是民气为之大壮。邹容著有《革命军》一书，为排满最激烈之言论。"[①] 苏报案的客观效果和租界当局的主观动机当是两码事，其对中国近代社会所产生的深远影响则是不容抹杀的。又如特区法院刚成立时的陈荣喜案，租界当局作出拒绝移提的决定，在客观上驳斥了国民政府当局的行政干预司法行为，有效地保证了一定程度上的司法独立。费唐法官因而评论称："在一种区域之内，如公共租界，因有条约之规定为根据，故能设置一种深足保障中国法院独立之方法。"[②] 虽然费唐法官关于租界司法独立的评论有溢美之词，但租界当局此种行为对于行政干预司法的限制也是有其值得肯定的地方。

---

① 孙中山：《建国方略》，三民公司编辑：《孙中山全集（上册）》，1927年1月版，第690页。

② 费唐：《费唐法官研究上海公共租界情形报告书》（卷一），工部局华文处译述1931年版，第385页。

　　在肯定的同时，不可否认：法权的变迁给近代中国带来的沧桑和辛酸，导致了长期以来国家法权不能直接行使于公共租界。"司法为国家之绝对权，他国不能加以丝毫干涉。"① 法权关系到国家主权，正是基于这一点，中外因法权问题的现实利益展开了激烈的较量和博弈，造成了很多负面的影响。

　　会审公廨、临时法院、特区法院这些司法平台虽然客观上可以成为中西法文化的交流和传播的窗口，但这些司法机关是在公共租界这样一个时代背景和地域背景下设立的，其创建之初中国的法权即受侵染，在实际的变迁过程中，或多或少被租界当局所牵制，甚至曾长期遭到西人社会的全局掌控。因此，透过这一窗口所能看到的是中外双方的冲突远远大于融合。民国著名学者邱培豪曾对此作强烈的批判："租界制度流毒最甚者，厥惟所在国家法权之不能直接行使于界内人民。在领事裁判权未取消以前，我国人及无条约国人平等条约国人，固受中国法权之支配，然在上海公共租界，以历来不平等习惯及租界行政权之操自外人，我国司法权，备受制限，因是界内居民，不啻处于另一国家保护之下。在公共租界外犯罪而逃入于租界内者，顿可脱离中国司法权之管辖，而一般政治犯，则租界当局，又援用国际法政治犯不得引渡原则，公然加以庇护，致上海境内，我国法令不能普及，而租界则几成为一般犯及政治犯之逋逃薮。"② 邱培豪先生在语气上出于民族义愤，但联系从会审公廨到特区法院法权变迁的这一段真实历史，这些批判则不无道理，即使现在看起来也并不为过。1926 年收回会审公廨之际，关絅之在《会审补阙记》中不无感叹地写道："此十余年中备尝艰苦，历尽风潮，弱国外交本无办法，卑官鞅掌又乏后援，只得尽一分心力，藉保一分之主权。"③ 关絅之这一感叹正是基于法权遭凌夷而作出的无奈表示。

　　那么，在对法权变迁的肯定和否定的梳理中，留给我们的思考又是什么呢？综合审视会审公廨到特区法院法权的变迁轨迹，可以发现，这一变迁轨迹不仅表现在法院名称的相继更替，而且阐释了法权这一核心问题的

---

① 洪均培编：《国民政府外交史》第一集，上海华通书局 1930 年 7 月版，第 323 页。
② 邱培豪：《收回临时法院问题》，《社会科学杂志》第二卷第一期，1930 年 3 月。
③ 关絅之：《会审补阙记》，《档案与历史》1988 年第 4 期。

产生、发展、演变以及趋于回归的过程。这一过程是否有其历史发展的规律？法权问题在不同时期呈现出不同的特点，表征这些特点的究系何种推动力量？法权问题的当事者又是如何应对其所面临的理和力、法和利益、法权和治权等之间关系？这些都是值得引以为思的重要问题。

首先来看第一个问题，法权变迁是否为历史发展的规律？上海开埠之初实行华洋分居的格局，也是符合中外各治其民的需要，生活在租界的基本上都是外国侨民，华人基本不踏入租界，甚至以入租界为耻，此时的租界并无根植会审公廨的土壤，也无须会审公廨这样的司法机构。然而小刀会的起义打破了华洋分居的局面，华人大量涌进租界不可避免地形成了华洋杂居的复杂局面，领事裁判权案件以外的诉讼纠纷如何处理就是摆在租界内外当局面前的一个问题，在洋泾浜北首理事衙门的基础上，会审公廨应运而生。可以说，会审公廨的产生是偶然性和必然性的统一。应当承认，会审公廨在公共租界的设立是有积极的现实意义，我们知道，在公共租界的诸项治权中，行政权为工部局所有，立法权为西人纳税会所有，警察权乃至作为租界军事力量的万国商团也都为外人所掌控。唯有司法权有中国在公共租界设立的会审公廨，属中国的司法机构。

然而会审公廨自其产生，法权问题亦随之而来，而且在公共租界的生态环境下，租界当局的扩权努力使得会审公廨法权问题日渐严重，中方为维护法权亦作不少努力。辛亥革命后，领事团接管会审公廨，中国法权丧失殆尽，为此，政府层面关于会审公廨收回交涉多次展开，民间团体和个人亦为收回法权摇旗呐喊作为政府外交的后援。沪案成为会审公廨问题的分水岭，"五卅运动"为问题的解决带来了契机。但随着时局的变化和发展，本由中央交涉移交地方交涉，会审公廨改换招牌而为临时法院，由于临时法院在法权问题上诸多缺陷，收回会审公廨只是名义上收回。临时法院是过渡性质的法院，运行3年多后，特区法院取而代之。特区法院收回法权的积极成就是值得肯定的，但依然存在不少的法权问题，其根源在于领事裁判权制度和租界制度本身的原因所致。可见，通过以上的梳理，法权变迁的轨迹是有一定的规律可循的。

那么，又是何种推动力量促使法权变迁沿着这一轨迹运行呢？是时局的变迁及其产生的客观需要。会审公廨是在特定的时代背景下，在特定的地域环境中产生的，迎合了公共租界日益增多并亟需处理的华洋诉讼案件的客观需要，其必要性及其历史意义都是应当值得肯定的。其后公廨法权日渐为外人侵蚀，是西人社会出于保障租界利益力图控制司法权的难以更改的路径。"辛亥革命"的变局为外人这一既定路径提供了契机，对租界司法权的掌控得以如愿。但法权涉及国家主权，随着中国社会的发展，主权意识的增强以及法律制度和法律观念的进步，收回会审公廨的交涉自当必然。外人在经过十几年的敷衍，到沪案发生后，也意识到非有个总解决不可。遂有地方交涉而产生的临时法院，临时法院呈现的法权问题说明它只能是个临时过渡的法院，必然要被特区法院所代替。特区法院正是基于租界的特殊区域，难以和普通法院相等同，因此虽然在收回法权上有积极的成果，但仍然存在一定的法权问题，这又是和租界和领事裁判权问题呈现的时局特点及其客观需要相吻合的。

　　无论从法权变迁所呈现的轨迹来看，还是涉及法权关系的具体案例来分析，租界当局在处理理和力、法和利益、法权和治权等之间的关系的取舍是值得重视的，这应当是探寻租界当局在法权问题上态度和行为的出发点和落脚点之所在。

　　在理和力的关系上：在公共租界，"理"字先行，理为一种合理依据，具体表现为中外双方的章程协定，体现中外双方权利的配置。从《洋泾浜设官会审章程》到特区法院新协定等章程的制定和修改，都是租界当局表现在"理"字上所下的功夫。如鉴于特区法院时代界外当局的介入，费唐建议工部局对章程加以完善。"倘工部局自有附则，包括界外官署所图处分之工业教育社会经济各问题在内，则对于界外行政官署之要求，尽可直接答复。"① 可见，"理"所体现的重要性。但是，单凭"理"字往往是很难行得通的，有"理"未必即有发言权，需要"力"的保障。"力"是掌握在租界当局手中的，租界中很多案件乃至法院自身的变迁都是用"力"说话的。这也阐释了会审公廨设立之初差役由中方选派发展到由工部局巡捕房全面掌控法警权，即使到了特区法院时代，租界当局对于此项权利也没有任何放松。因此在"理"和"力"相脱节时，"理"让位于"力"。

---

　　① 费唐：《费唐法官研究上海公共租界情形报告书》（卷一），工部局华文处译述 1931 年版，第 368 页。

　　在法和利益的关系上：这是摆在租界当局面前的选择题，从法理而言，法是利益的保障，这也是租界当局掌控法权的根源所在。然在公共租界，当法和利益发生冲突时，"法"本身却退至次要的地位，租界当局奉行的是利益优先原则。这在许多具体的案例中都有很明显的体现：如公共租界历史上出现的大量界内外移提案件，无论是会审公廨时期，还是临时法院、特区法院时期，当法能为利益服务时，租界当局将法视为工具和手段的效用，自然不遗余力地予以推行；在"法"和"利"出现冲突时，也就是"法"作为工具和手段不能体现利益时，舍法而取利益就成了当局者的准则。因此，所谓租界是一个法治社会，也不过是当局者在描述理想时进行标榜而已。

　　在法权和治权的关系上：这层关系是前两层关系的出发点和落脚点，在租界当局视野里，法权是维系租界的保障，自然要设法予以掌控。但从更开阔的眼界来看，法权和治权相比，却是手段之于目的。因此，在法权和治权的关系上，法权是为治权服务的，两者不能兼而有之时，法权也就让位于治权。如民国初年租界当局以推广租界作为交还会审公廨条件，这看起来是不相关的两码事，若从法权和治权的这层关系来看，也就不足为奇了。因为在外人看来，若以会审公廨这个筹码能够换来扩充租界这一实实在在的好处，自然是非常划算的。又如在对五卅时期学生案的审理上，租界当局原本要严惩的案件而最终作出宽大处理的原因何在？显然不是出于同情学生的考虑，真正的原因是考虑到整个租界的秩序稳定，以求息事宁人。租界当局在司法上所作的让步正是为了换来租界稳定这个大局。可见，争取法权的努力最终是为了服务于租界的治权，也就是所谓的租界全局利益。

　　通过对以上问题的回答和分析，综观上海公共租界的法权变迁问题，笔者认为法权变迁的轨迹是有一定的规律可循的，推动其沿着这一轨迹运行的正是时局的变迁及其产生的客观需要，从而导出了法权变迁的实质所在：即在中外力量的配置和竞逐中，租界当局奉行理让位于力、法让位于利益、法权让位于治权的原则，无论是在权力或权利的划分和重组上，还是在具体的司法实践中，其出发点和落脚点终究是为了迎合租界全局利益的最高需要。

附录一：洋泾浜设官会审章程①

1. 遴委同知一员，专驻洋泾浜，管理各国租地界内钱债、斗殴、窃盗、词讼各等案件。立一公馆，置备枷杖以下刑具，并设饭歇。凡有华民控告华民及洋商控告华民，无论钱债与交易各事，均准其提讯定断，并照中国常例审讯，并准其将华民刑讯、管押及发落枷杖以下罪名。

2. 凡遇案件牵涉洋人必应到案者，必须领事官会同委员审问，或派洋官会审：若案情只系中国人，并无洋人在内，即听中国委员自行讯断，各国领事官，无庸干预。

3. 凡为外国服务及洋人延请之华民，如经涉讼，先由该委员将该人所犯案情移知领事官，立将应讯之人交案，不得庇匿。至讯案时，或由该领事官或由其所派之员，准其来堂听讼，如案中并不牵涉洋人者，不得干预。凡不作商人之领事官及其服役并雇用之人，如未得该领事官允准，不便拿获。

4. 华人犯案重大，或至死罪，或至军流徒罪以上，中国例由地方正印官详请臬司审转，由督抚配定奏咨，应仍由上海县审详办。倘有命案，亦归上海县相验，委员不得擅专。

5. 中国人犯逃避外国租界者，即由该委员选差径提，不用县票，亦不必再用洋局华巡捕。

6. 华洋互控案件，审断必须两得其平，按约办理，不得各怀意见。如系有领事管束之洋人，仍须按约办理，倘系无领事管束之洋人，则由委员自行审断，仍邀一外国官员陪审，一面详报上海道查核。倘两造有不服

---

① 王铁崖编：《中外旧约章汇编》第 1 册，生活·读书·新知三联书店 1957 年版，第 269—270 页。

委员所断者，准赴上海道及领事官处控告复审。

7. 有领事之洋人犯罪，按约由领事惩办，其无领事之洋人犯罪，即由委员酌拟罪名，详告上海道核定，并与一有约之领事公商酌办。至华民犯罪，即由该委员核明重轻，照例办理。

8. 委员应用通事、翻译、书差人等，由该委员自行招募，并雇洋人一、二名，看管一切；其无领事管束之洋人犯罪，即由该委员派令所雇之洋人，随时传提管押。所需经费，按月赴道具领。倘书差人等有讹诈索扰情弊，从严究办。

9. 委员审断案件及访拿人犯，须设立一印簿，将如何拿人、如何定断缘由，逐日记明，以便上司查考。倘办理不善或声名平常，由道随时参撤，另行委员接办。

10. 委员审断案件，倘有原告捏砌诉词诬控本人者，无论华、洋，一经讯明，即由该委员将诬告之家，照章严行罚办，其罚办章程即先由该委员会同领事官酌定，一面送道核准，总期华、洋一律，不得稍有偏袒，以昭公允。

附录二：收回上海会审公廨暂行章程及换文^①

收回上海会审公廨暂行章程

一、（甲）江苏省政府就上海公共租界原有之会审公廨改设临时法庭，除照条约属于各国领事裁判权之案件外，凡租界内民刑案件均由临时法庭审理。（乙）凡现在适用于中国法庭之一切法律（诉讼法在内）及条例，及以后制定公布之法律条例，均适用于临时法庭，唯当顾及本章程之规定及经将来协议所承认之会审公廨诉讼惯例。（丙）凡与租界治安直接有关之刑事案件，以及违犯洋泾浜章程及附则各案件，暨有领事裁判权约国人民所雇华人为刑事被告之案件，均得由领袖领事派委员一人观审，该员得与审判官并坐。凡审判官之判决，无须得该委员之同意，即生效力，但该委员有权将其不同意之点登载记录；又，如无中国审判官之许可，该委员对于证人及被告人，不得加以讯问。（丁）所有法庭之传票、拘票及命令，经由审判官签字，即生效力。前项传票、拘票及命令，在施行前，应责成书记官长编号登记。凡在有领事裁判权约国人民居住之所执行之传票、拘票及命令，该关系国领事或该管官员于送到时，应即加签，不得迟延。（戊）凡有领事裁判权约国人民或工部局为原告之民事案件，及有领事裁判权条约国人民为告诉人之刑事案件，得由该关系国领事或领袖领事按照条约规定，派官员一人，会同审判官出庭。（己）临时法庭之外另设上诉庭，专办与租界治安直接有关之刑事上诉案件及华洋诉讼之刑事上诉

① 王铁崖编：《中外旧约章汇编》第 3 册，生活·读书·新知三联书店 1962 年版，第 591—595 页。

案件，其庭长由临时法庭庭长兼任。但五等有期徒刑以下及违犯洋泾浜章程与附则之案件，不得上诉。凡初审时领袖领事派员观审之案件，上诉时，该领袖领事得另派委员观审，其权利及委派手续与初审时委员相同。至华洋诉讼之刑事上诉案件亦照同样办法，由领事易员出庭。（庚）临时法庭之庭长、推事及上诉庭之推事，由省政府任命之。

二、临时法庭判处十年以上徒刑及死刑案件，须由该法庭呈请省政府核准，其不核准之案件，即由省政府将不核准理由令知法庭，复行讯断，呈请省政府再核。凡核准死刑之案，送交租界外官厅执行。租界内检验事宜，由临时法庭推事会同领袖领事所派之委员执行。

三、凡附属临时法庭之监狱，除民事拘留所及女监当另行规定外，应责成工部局警务处派员专管。但一切管理方法，应在可以实行范围之内，遵照中国管理监狱章程办理，并受临时法庭之监督。法庭庭长应派视察委员团随时前往调查。该委员团应于领袖领事所派委员中加入一人。如对于管理人犯认有欠妥之处，应即报告法庭，将不妥之处责成工部局立予改良，工部局警务处应即照办，不得迟延。

四、临时法庭之传票、拘票、命令，应由司法警察执行。此项法警由工部局警务处选派，但在其执行法警职务时，应直接对于法庭负责。凡临时法庭向工部局警务处所需求或委托事件，工部局警务处应即竭力协助进行。至工部局警察所拘提之人，除放假时日不计外，应于二十四小时内送由临时法庭讯办，逾时应即释放。

五、凡经有领事派员会同审判官出庭之华洋民事案件，如有不服初审判决之时，应向特派交涉员署提起上诉，由交涉员按照条约，约同有关系领事审理，但得交原审法庭易员复审，其领事所派之官员，亦须更易。倘交涉员与领事对于曾经复审案件上诉时不能同意，即以复审判决为定。

六、法庭出纳及双方合组委员会所规定之事务，应责成书记官长管理，该书记官长由领袖领事推荐，再由临时法庭呈请省政府委派，受临时法庭庭长之监督指挥，管理属员，并妥为监督法庭度支。如该书记官长有不胜任及溺职之行为，临时法庭庭长得加以惩戒。如遇必要时，经领袖领事同意，得将其撤换。

七、以上六条，系江苏省政府收回会审公廨之暂行章程。其施行期限为三年，以交还会审公廨之日起计算。在此期内，中央政府得随时向有关系之各国公使交涉最后解决办法，如上项办法，双方一经同意，本暂行章程当即废止。如三年期满，北京交涉仍无最后解决办法。本暂行章程应继续施行三年，惟于第一次三年期满时，省政府得于期满前六个月通知提议修正。

八、将来不论何时，中国中央政府与各国政府交涉撤销领事裁判权时，不受本暂行章程任何拘束。

九、本暂行章程所规定交还会审公廨办法之履行日期，应由江苏省政府代表与领袖领事另行换文决定之。

换　文：挪威总领事、领袖领事致
江苏省政府特派代表照会

径启者：依照一九二六年八月三十一日签订之收回上海会审公廨暂行章程第九条，兹谨通知台端，本人以领袖领事名义，经各领事授权，建议于一九二七年一月一日履行交还，并请台端确认下述关于该章程所引起若干问题之了解。

双方了解，交还后"Court"一词，中文应为"法院"，而非"法庭"。

双方了解，第一条甲款规定设立上海临时法院不影响会审公廨以往所作判决之效力。此项判决均认为有效及确认之判决，但下述民事案件除外：（甲）上诉权曾经保留而判决尚未执行者。（乙）缺席判决尚未执行者。以上两类案件均得依照临时法院之程序上诉或重审。

又经双方了解，江苏省政府应使交还前会审公廨之判决及交还后临时法院之判决，与该省内其他中国法院之判决有同等之效力。

双方了解，第一条甲款所载之法院职权尚包括下列三项：（甲）黄浦港内外国船只上发生之华洋刑事案件。（乙）外国人地产上，包括租界外上海、宝山两县境内工部局道路上发生之华洋刑事案件，但此项了解不妨碍将来进一步谈判此项道路之地位。（丙）租界外上海、宝山两县境内周围地区发生之华洋民事案件。

又经双方了解，法租界与公共租界会审公廨之各自管辖权仍依一九〇二年六月二十八日章程之规定。

双方了解，第一条丁款末句中"不得迟延"一语应解释为与条约规定相符之意义。

双方了解，第一条丙、己两款所提及之洋泾浜章程及附则系包括交还时现行有效之一切附则，所有将来之附则，均将照例送交中国官署，转知临时法院。关于第一条戊款，双方了解，凡无领事裁判权约国人民为被告、有领事裁判权约国人民为告诉人之刑事案件，均由临时法院审理，法院应请第三国领事官员一名出席观审。

双方了解，为尽量符合其他中国法院之司法惯例起见，第一条己款所载"但五等有期徒刑以下……之案件不得上诉"之规定，于会审公廨交还后第一年内暂不予施行，一年期满后，临时法院有权决之，施行该项规定是否合宜。关于第一条庚款，双方了解，临时法院之院长、推事及上诉法院之推事等名单，自应于任命时通知领袖领事。

双方了解，第二条关于临时法院判处十年以上徒刑须呈请省政府核准之规定，于交还会审公廨后第一年内不予施行，一年期满后，省政府应决定，施行该项规定是否合宜。

双方了解，华人民事案件于交还之日已部分审问或已列入审问单者，应处理如下：（甲）凡案卷载有外籍律师出庭代理当事人任一方之案件，应列于一特别审问单，并应准案卷所载之律师于初审法院审理此等案件时出庭，但以交还之日起十二个月之期间为限，在此期间内，此类案件均应终结。但法院得于案情需要时斟酌展延此期限。（乙）凡案卷未载有外籍律师出庭之案件，应按照临时法院之普通程序处理之。

双方了解，除前节规定暂准外籍律师出庭之案件外，凡领事官员与中国推事并坐之一切案件，不论初审与上诉，均应准外籍律师出庭代理当事人任何一方。又经双方了解，凡上海工部局为公诉人之案件，以及有领事裁判权外国人为原告、无领事裁判权外国人为被告之案件，均应准外籍律师出庭代理当事人任何一方。关于第七条之末句，双方了解，倘领袖领事愿提议修正，江苏省政府，应予以同样之考虑。相应照请查照，为荷。

换文：中方回复领袖领事挪威总领事的照会①

为照复事，本年十二月三十一日接准贵领袖总领事照会内开，照得一九二六年八月三十一日所订协定之收回上海会审公廨暂行章程第九条，本领袖总领事兹准各国总领事，嘱向贵特派委员提及，一九二七年一月一日为交还会审公廨履行日期。并请贵特派委员将对于该章程内逐条双方了解下列各节，备文照复确认，是为盼切等因，准此，本特派委员等确认。兹经双方了解，本协定中"Court"一字，中文应作为"法院"，不作"法庭"。

兹经双方了解，会审公廨以往判决之效力，不因第一条甲项所规定临时法院之成立而受任何影响。所有此项判决，均认为有效，并为最终之判决。但民事案件有下列情形之一者，不在此例：（甲）上诉权曾经保留而判决尚未执行者。（乙）缺席判决尚未执行者。以上两类案件，得按临时法院之诉讼程序，提出上诉，或请求复审。

双方又经了解，江苏省政府当令至交还之日为止，所有会审公廨之判决，及自交还之日始，所有临时法院之判决，与本身其他各法院之判决，完全一律有效。

兹经双方了解，临时法院之职权，照第一条甲项所开，包含下列三项：（甲）在黄浦港范围内外国船只发生之华洋刑事案件。（乙）在外国人地产上，包含工部局道路之在租界区外，上海宝山两县境内者所发生之华洋刑事案件。但此种了解，对于将来关于此项道路状况之谈判，不得妨碍。（丙）租界外上海宝山境内发生之华洋民事案件。

双方并经了解，法国租界及公共租界两会审公廨之管辖权限，仍照一九〇二年六月二十八日之临时协定划分。

兹经双方了解，第一条丁项文中之"不得迟延"一语，当与各项条约之规定，作同样之意义。

---

① 此项换文未收入到王铁崖先生编的《中外旧约章汇编》中，从内容上看，和前一换文所提各项均相照应，当为中方回复领袖领事挪威总领事的照会。标题为笔者拟加，换文内容见伍澄宇《收回沪廨章程详论及其关系法规》，国际通讯社 1928 年 6 月发行，第 55—58 页，上海档案馆藏，档号：Y7 – 1 – 18 – 4。

兹经双方了解，第一条丙项及己项所指公共租界附则，包含在交还之日有效之各附则，及嗣后之附则，当照例通知中国官厅，已备临时法院存查。关于第一条之戊项，兹经了解，凡刑事案件，被告为无领事裁判权约国人民，而告诉人为有领事裁判权约国人民者，归临时法院审理，由法院延请第三国领事官员一位，莅庭观审。

兹经双方了解，为与中国其他法院之司法程序力趋一致起见，第一条己项（五等有期徒刑以下不得上诉）之规定，在会审公廨交还之第一年内，暂缓实行，以资试办。一年期满，此项规定，是否施行，由临时法院决之。关于第一条庚项，兹经双方了解，临时法院及上诉院之院长及推事姓名于任命时，照例通知领袖领事。

兹经双方了解，第二条所规定十年以上徒刑案件，须临时法院呈请江苏省政府核准一节，在会审公廨交还之第一年内，暂缓施行。一年期满，是否施行，由省政府决之。

兹经双方了解，凡华人民事案件，于公廨交还时，在审理中，或已列于待审单内者，照下列办法处理之：（甲）凡案件中，有一造延有外籍律师出庭，列在记录者，列于一特别待审中者，其列名之律师，只许在该案件之初审出庭，以交还公廨后十二个月内为限，在此期内，此类案件，均须结束，但案件之性质，有必须延长此项期限者，法院亦得便宜延长之。（乙）凡无外籍律师出庭之案件，均照临时法院普通程序办理。

兹经双方了解，除前节之暂时许可出庭外，凡有领事官员与中国法官列席之案件，其初审及上诉，均许外籍律师代表任何方面出庭。兹又经双方了解，凡上海工部局为告发人之案件，及凡有领事裁判权约国人民为原告无领事裁判权约国人民为被告之民事案件，外籍律师，得代表任何方面出庭。兹经双方了解，关于第八条之末句，如领袖领事欲提出更改，江苏省政府，亦将予以同样之待遇各节，并定于民国十六年一月一日为接收上海会审公廨履行日期。相应照复贵领袖总领事查照为荷，须至照复者。

附录三：关于上海公共租界内中国
法院之协定及换文①

关于上海公共租界内中国法院之协定

第一条　自本协定发生效力之日起，所有以前关于在上海公共租界内设置中国审判机关之一切章程、协定、换文及其他文件概行废止。

第二条　中国政府依照关于司法制度之中国法律章程，及本协定之规定，在上海公共租界内设置地方法院及高等法院分院各一所。所有中国现行有效及将来依法制定公布之法律、章程，无论其为实体法或程序法，一律适用于各该法院。至现时沿用之洋泾浜章程及附则，在中国政府自行制定公布此项章程及附则以前，须顾及之；并须顾及本协定之规定。高等法院分院之民刑判决及裁决均得依中国法律上诉于中国最高法院。

第三条　领事委员或领事官员出庭观审或会同出庭于公共租界内现有中国审判机关之旧习惯，在依本协定设置之该法院内，不得再行继续适用。

第四条　无论何人经工部局捕房或司法警察逮捕者，除休息日不计外，应于二十四小时内送交依本协定设置之各该法院处理之；逾时不送交者，应即释放。

第五条　依本协定设置之各该法院应各置检察官若干员，由中国政府任命之，办理各该法院管辖区域内之检验事务及所有关于适用中华民国刑法第一百零三条至第一百八十六条之案件，依照中国法律执行检察官职

――――――――――――

①　王铁崖编：《中外旧约章汇编》第 3 册，生活·读书·新知三联书店 1962 年版，第 770—774 页。

务；但已经工部局捕房或关系人起诉者，检察官无庸再行起诉。至检察官一切侦查程序应公开之，被告律师并得到庭陈述意见。

其他案件在各该法院管辖区域内发生者，应由工部局捕房起诉或有关系人提起自诉。检察官对于工部局捕房或关系人起诉之一切刑事案件，均得莅庭陈述意见。

第六条　一切诉讼文件，如传票、拘票、命令其他诉讼文件等，经依本协定设置之各该法院推事一人签署后，发生效力即由司法警察或由承发吏依照下列规定分别送达或执行。

在公共租界内发现之人犯，经各该法院之法庭调查后，方得移送于租界外之官署，被告律师得到庭陈述意见；但由其他中国新式法院之嘱托者，经法庭认明确系本人后，即得移送。各该法院依照在各该法院适用之诉讼程序所为之一切民刑判决及裁决，一经确定，应即执行。工部局捕房于必要时，遇有委托，应尽力予以协助。

承发吏由各该法院院长分别派充，办理送达一切传票及送达关于民事案件之一切文件。但执行民事判决时，承发吏应由司法警察会同协助。各该法院之司法警察员警，由高等法院分院院长于工部局推荐后委派之；高等法院分院院长有指明理由将其免职之权，或因工部局指明理由之请求，亦得终止其职务。司法警察员警应服中国司法主管机关所规定之制服，应受各该法院之命令及指挥，并尽忠于其职务。

第七条　附属于上海公共租界内现有中国审判机关之民事管收所及女监，应移归依本协定设置之各该法院，由中国主管机关监督并管理之。

除依违警罚法、洋泾浜章程及附则处罚之人犯暨逮捕候讯之人，应在公共租界内禁押外，凡在公共租界现有中国审判机关附属监狱内执行中之一切人犯及依本协定设置之各该法院判处罪行之一切人犯，或在租界内监狱执行，或在租界外中国监狱执行，均由各该法院自行酌定。租界内监狱之管理办法，尽其可行之程度，应遵照中国监狱法令办理。中国司法主管机关，有随时派员视察之权。依本协定设置之各该法院判处死刑人犯，应送交租界外中国主管机关执行。

第八条　关于一造为外国人之诉讼案件，其有相当资格之外国律师，在依本协定设置之各该法院，许其执行职务，但以代表该外国当事人为限。关于工部局为刑事告诉人或民事原告及工部局捕房起诉之案件，工部局亦得由有相当资格之中国或外国律师同样代表出庭。

其他案件，工部局认为有关公共租界利益时，亦得由其延请有相当资格之中国或外国律师一人，于诉讼进行中代表出庭，以书面向法庭陈述意见。如该律师认为必要时，得依民事诉讼法之规定具状参加。依本条规定许可在上述各该法院出庭之外国律师应向司法行政部呈领律师证书，并应遵守关于律师之中国法令，其惩戒法令亦包括在内。

第九条　中国政府派常川代表二人，其他签字于本协定之各国政府，共派常川代表二人。高等法院分院院长或签字于本协定之外国主管官员，对于本协定之解释与其适用如发生意见不同时，得将其不同之意见送交该常川代表等，共同设法调解。但该代表等之报告书，除经签字国双方同意外，对于任何一方，均无拘束力。又，各该法院之民刑判决、裁决及命令之本体均不得送交该代表等研究。

第十条　本协定及其附属换文定于中华民国十九年四月一日，即西历一九三○年四月一日起发生效力，并自是日起继续有效三年。届期经双方同意，得延长其期间。

换　文

为照会事，查本日签订关于在上海公共租界内设置地方法院高等法院分院之协定，兹将双方委员所了解各点，开列如下，请贵部长照复证实：

一、兹经双方了解，依本协定设置之各该法院，对于上海公共租界内之民刑及违警案件并检验事务，均有管辖权。其属人管辖，与其他中国法院相同。其土地管辖，与上海公共租界现有中国审判机关相同。但（甲）租界外外人私有地产上发生之华洋刑事案件，及（乙）租界外四周之华洋民事案件，不在上述土地管辖之内。

二、兹经双方了解，公共租界内现有中国审判机关与法租界现有审判机关，划分管辖之现行习惯，在中国政府与关系国确定办法以前，仍照旧办理。

三、兹经双方了解，工部局尽其可行之程度，应推荐中国人于本协定设置之各该法院，备充司法警察员警，又经双方了解，高等法院分院院长依照本协定第六条之规定，所派充之司法警员，就其中工部局指定之一员，在院址内配给一办公室。凡一切诉讼文件，如传票拘票命令判决书，依上述本协定条款之规定，应送达执行者，为送达执行起见，由该员录载其事由。

四、兹经双方了解，公共租界内现有中国审判机关及其从前审判机关之判决，不因本协定各该法院之设置而影响其效力。上述各判决，除曾经合法上诉或保留上诉者外，均认为有效及确定之判决。兹又经双方了解，经依本协定设置之各该法院判决，应与其他中国法院之判决，有同等地位之效力。

五、兹经双方了解，将来关于租界外道路之法律上地位之谈判，不因本协定而受任何影响或妨碍。

六、兹经双方了解，公共租界内现有中国审判机关存放中国银行之六万元，中国政府应予维持，作为依本协定设置之各该法院之存款。

七、兹经双方同意，依本协定设置之各该法院，应依中国法律，设置赃物库，凡法院没收之赃物，均为中国政府之所有。又经双方了解，没收之鸦片及供吸食或制造鸦片之器具，均于每三个月，在公共租界内公开焚毁。至没收之枪支，工部局得建议处分办法，经各该法院院长，转呈于司法行政部。

八、兹经双方了解，自本协定发生效力之日起，所有公共租界内现有中国审判机关之一切案件，均由依本协定设置之各该法院适用之诉讼手续办理。但华洋诉讼案件，尽其可行之程度，须以接收时审判程度，赓续进行，并于十二个月内办结之。此项期间，依各案情形之需要，各该法院之法庭，得酌量延长之。相应照请查照见复为荷，须至照会者。

参考文献

一 档案及史料汇编

1. 上海档案馆藏，档号：Q179 – 4 – 2——Q179 – 4 – 8；Q179 – 1 – 151；Q179 – 1 – 154；U1 – 1 – 877 – 972——U1 – 1 – 973 – 1022；U1 – 3 – 1034；U1 – 3 – 1113；U1 – 3 – 4190；Y15 – 1 – 17 – 755；Y7 – 1 – 18 – 4；D2 – 0 – 333 – 7；Y7 – 1 – 4 – 39；Y7 – 1 – 4 – 56；Y7 – 1 – 4 – 70；D2 – 0 – 2981 – 80。

2. 上海档案馆编：《工部局董事会会议录》（*The Minutes of Shanghai Municipal Council*），第一册至第二十八册，上海古籍出版社 2001 年版。

3. 上海市档案馆编：《五卅运动》（共三辑），上海人民出版社 1991 年 10 月版。

4. 故宫博物院明清档案部编：《清末筹备立宪档案史料》，中华书局 1979 年版。

5. 中国第二历史档案馆编：《中华民国史档案资料汇编》第二辑，江苏人民出版社 1981 年版。

6. 中国第二历史档案馆编：《中华民国史档案资料汇编》第三辑外交，江苏古籍出版社 1991 年 6 月版。

7. 中国第二历史档案馆编：《一战期间上海各界呼吁收回上海会审公堂史料一组》，《民国档案》2004 年第 2 期。

8. 中国第二历史档案馆编：《五卅运动与省港罢工》，江苏古籍出版社 1985 年 4 月版。

9. 中国第二历史档案馆编：《中华民国史档案资料汇编》第五辑第一编外交，江苏古籍出版社 1994 年 5 月版。

10. 《收回会审公廨存档录》，《档案与史学》1996 年第 1 期。

11. 史梅定主编：《上海租界志》，上海社会科学院出版社 2001 年版。

12. 王铁崖编：《中外旧约章汇编》第 1 册，生活·读书·新知三联书店 1957 年版。

13. 王铁崖编：《中外旧约章汇编》第 3 册，生活·读书·新知三联书店出版社 1962 年版。

14. 上海社会科学院历史研究所编：《五卅运动史料》第三卷，上海人民出版社 2005 年版。

15. 中国史学会主编：《辛亥革命》第 1 册，上海人民出版社 1957 年版。

16. 上海社会科学院历史研究所编：《辛亥革命在上海史料选辑》，上海人民出版社 1966 年 2 月版。

17. 伍廷芳：《奏沪会审公廨情形黑暗请订章程片》，《清季外交史料》卷 173，书目文献出版社 1987 年版。

18. 李必樟译编：《上海近代贸易经济发展概况：1854—1898 年英国驻上海领事贸易报告汇编》，上海社会科学院出版社 1993 年版。

19. 关絅之：《会审补阙记》，《档案与历史》1988 年第 4 期。

20. 中国社会科学院近代史所编：《秘笈录存》，中国社会科学出版社 1984 年版，第 165 页。

21. 近代中国社会史料丛书：《近代中国大案纪实》（下卷），河北人民出版社 1997 年 4 月版。

22. 《20 世纪上海文史资料文库·司法社会》，上海书店出版社 1999 年 9 月版。

23. 《重要函电汇录·上海工商学联合会宣言》，《东方杂志》第二十二卷，五卅事件临时增刊，1925 年 7 月。

24. 《会审公堂记录摘要》，《东方杂志》第二十二卷，五卅事件临时增刊，1925 年 7 月。

25. 《法权会议报告书》，《东方杂志》第二十四卷，第二号。

26. 上海通社编：《上海研究资料续集》，上海书店 1984 年 12 月版。

27. 夏东元主编：《20 世纪上海大博览》，文汇出版社 2001 年 4 月版。

28. 汤志钧编：《近代上海大事记》，上海辞书出版社 1989 年版。

29. 任建树主编：《现代上海大事记》，上海辞书出版社 1996 年 5

月版。

二 专著

1. ［美］费正清编、杨品泉等译：《剑桥中华民国史》上卷，中国社会科学出版社 1998 年 7 月版。

2. 顾维钧：《外人在华之地位》，宪兵书局 1936 年印行。

3. ［美］威罗贝：《外人在华特权和利益》，王绍坊译，生活·读书·新知三联书店 1957 年版。

4. 蒯世勋：《上海公共租界史稿》，上海人民出版社 1980 年版。

5. 夏晋麟：《上海租界问题》，中国太平洋国际学会 1932 年版。

6. 徐公肃、丘瑾章：《上海公共租界制度》，载《民国丛书》第四编第 24 册，上海书店 1992 年版。

7. 费唐：《费唐法官研究上海公共租界情形报告书》（卷一），工部局华文处译述 1931 年版。

8. 梁敬錞：《在华领事裁判权论》，商务印书馆 1930 年版。

9. ［美］马士：《中华帝国对外关系史》第二卷，张汇文等译，上海书店出版社 2000 年 9 月版。

10. 吴颂皋：《治外法权》，商务印书馆 1933 年 1 月版。

11. 郝立舆：《领事裁判权问题》，商务印书馆 1930 年 4 月版。

12. 蒋廷黻：《中国近代史》，上海世纪出版集团 2006 年 4 月版。

13. 熊月之主编：《上海通史·晚清政治》，上海人民出版社 1999 年版。

14. 熊月之主编：《上海通史·民国政治》，上海人民出版社 1999 年版。

15. 陈伯熙编著：《上海轶事大观》，上海书店出版社 2000 年 6 月版。

16. 《列强在中国的租界》，中国文史出版社 1992 年版。

17. 吴圳义编：《上海租界问题》，正中书局 1981 年版。

18. 王建朗：《中国废除不平等条约的历程》，江西人民出版社 2000 年版。

19. 陈国璜：《领事裁判权在中国之形成与废除》，嘉新水泥公司文化基金会 1971 年版。

20. 伍澄宇:《收回沪廨章程详论及其关系法规》,国际通讯社 1928 年 6 月发行,上海档案馆藏,档号:Y7-1-18-4。

21. 孟森:《孟森政论文集刊》,中华书局 2008 年 4 月版。

22. 洪均培编:《国民政府外交史》第一集,上海华通书局 1930 年 7 月版。

23. [美] 马士、宓亨利著、姚曾廙等译:《远东国际关系史》,上海书店出版社 1998 年 12 月版。

24. 费成康:《中国租界史》,上海社会科学院出版社 1991 年 10 月版。

25. [美] 魏斐德:《上海警察,1927—1937》,章红等译,上海古籍出版社 2004 年 8 月版。

26. 杨湘钧:《帝国之鞭与寡头之链——上海会审公廨权力关系变迁研究》,北京大学出版社 2006 年 1 月版。

27. 刘惠吾主编:《上海近代史》,华东师范大学出版社 1987 年版。

28. 王立民:《上海法制史》,上海人民出版社 1998 年 12 月版。

29. 三民公司编辑:《孙中山全集(上册)》,1927 年 1 月版。

30. 石源华:《中华民国外交史》,上海人民出版社 1994 年版。

31. 李育民:《中国废约史》,中华书局 2005 年版。

32. 罗苏文:《上海传奇——文明嬗变的侧影(1553—1949)》,上海人民出版社 2004 年版。

33. 吴孟雪:《美国在华领事裁判权百年史》,社会科学文献出版社 1992 年版。

34. 葛元煦:《沪游杂记》,上海书店出版社 2006 年 10 月版。

35. 李贵连:《近代中国法制与法学》,北京大学出版社 2002 年 11 月版。

36. [日] 松本重治:《上海时代》,曹振威、沈中琦译,上海书店出版社 2005 年 3 月版。

37. 任建树主编:《现代上海大事记》,上海辞书出版社 1996 年 5 月。

38. [法] 白吉尔:《上海史:走向现代之路》,王菊等译,上海社会科学院出版社 2005 年 5 月版。

39. 熊月之、周武主编:《上海:一座现代化都市的编年史》,上海书店出版社 2007 年 1 月版。

40. 杨奎松：《民国人物过眼录》，广东人民出版社 2009 年 1 月版。

三　期刊专论

1. 邱培豪：《收回临时法院问题》，《社会科学杂志》第二卷第一期，1930 年 3 月。

2. 熊月之：《论上海租界的双重影响》，《史林》1987 年第 3 期。

3. 马长林：《晚清涉外法权的一个怪物——上海会审公廨剖析》，《档案与历史》1988 年第 4 期。

4. 张铨：《上海公共租界会审公廨论要》，《史林》1989 年第 4 期；《上海公共租界会审公廨论要（续）》，《史林》1990 年第 1 期。

5. 云海、黎霞：《1926 年上海公共租界会审公廨收回交涉背景及其经过》，《档案与历史》1988 年第 4 期。

6. 徐小松：《会审公廨的收回及其历史意义》，《民国档案》1990 年第 4 期。

7. 吴健熙：《上海公共租界临时法院改组问题初探》，《史林》1987 年第 3 期。

8. 姜屏藩：《上海租界时代的临时法院论述》，《上海社会科学院学术季刊》1987 年第 3 期。

9. 胡震：《清末民初上海公共租界会审公廨法权之变迁（1911 - 1912）》，《史学月刊》2006 年第 4 期。

10. 彭晓亮：《关絅之与上海会审公廨》，《史林》2006 年第 4 期。

11. 谷小水：《1926 年上海公共租界会审公廨收回交涉述评》，《历史档案》2007 年第 2 期。

12. 杨湘钧：《述评：汤玛士·史蒂芬斯〈上海公共租界会审公廨〉》，《法制史研究》第二期。

13. 王志强：《非西方法制传统的诠释——评史蒂芬斯的〈上海公共租界会审公廨〉》，《北大法律评论》第 2 卷第 1 期。

14. 法权讨论委员会：《上海会审公廨概述》，《东方杂志》第二十卷，第二十号。

15. 丁榕：《上海公共租界之治外法权及会审公廨》，《东方杂志》第十二卷，第四号，1915 年 4 月。

16. 曾友豪：《法权委员会与收回治外法权问题》，《东方杂志》第二十三卷，第七号，1926 年 4 月。

17. 钱泰：《上海特区法院成立之回顾》，《中华法学杂志》第 1 卷第 3 期，1930 年 11 月。

18. 陈霆锐：《收回会审公廨问题》，《东方杂志》第二十二卷，第十四号，1925 年 7 月。

19. 冯筱才：《沪案交涉、五卅运动与一九二五年的执政府》，《历史研究》2004 年第 1 期。

20. 燕树棠：《解决上海会审公廨问题之捷径》，《现代评论》第 2 卷第 36 期，1925 年 8 月。

21. 梁龙：《租借地内法权收回问题》，《东方杂志》第二十三卷，第十号，1926 年 5 月。

22. 王云五：《五卅事件之责任与善后》，《东方杂志》第二十二卷，五卅事件临时增刊，1925 年 7 月。

23. 燕树棠：《评〈收回沪廨协定〉》，《现代评论》第 4 卷第 85 期，1926 年 7 月。

24. 郭子均：《领事裁判权制度下之在华外国法院》，《东方杂志》第二十八卷，第十五号，1931 年 8 月。

25. 梁敬錞：《上海租界法院改组会议小史》，《时事月报》第 2 卷第 3 期，1930 年 3 月。

26. 席涤尘：《收回会审公廨交涉》，《上海通志馆期刊》第 1 卷第 3 期，1933 年 12 月。

27. 石子政：《关絅之与辛亥革命后的会审公廨》，《档案与历史》1988 年第 4 期。

四　报刊文章

1.《商会集议对付情形》，《申报》1905 年 12 月 10 日。

2.《纪中国官绅在洋务局会议情形》，《申报》1905 年 12 月 11 日。

3.《论会讯公廨哄堂事》，《申报》1905 年 12 月 10 日。

4.《论今日舆论之资格》，《申报》1905 年 12 月 17 日。

5. 《评收回沪公廨运动》，《国闻周报》第 1 卷，第 3 期。

6. 《沪公廨案的交涉》，《现代评论》第 4 卷第 79 期，1926 年 6 月。

7. 《美国律师维持公廨谬论》，《法律评论》第 160 期，1926 年 5 月。

8. 《上海会审公廨之史的回顾》（四），《大公报》1926 年 10 月 4 日。

9. 《临时法院易长问题解决》，《申报》1928 年 7 月 31 日。

10. 《公廨将归西人掌握矣》，《申报》1911 年 11 月 23 日。

11. 《外交要案》，《国闻周报》第 1 卷，第 3 期。

12. 熊希龄：《熊案不受公廨审讯之理由》，《法律评论》第 161 期，1926 年 8 月。

13. 《商务印书馆编译所所长王云五、发行所所长郭梅生受审》，《民国日报》1925 年 9 月 26 日。

14. 《最近之沪廨交涉》，《国闻周报》第 3 卷，第 27 期。

15. 《时事日志》，《东方杂志》第二十三卷，第十二号，1926 年 6 月。

16. 《交涉停顿，六国委员发表公报》，《申报》1925 年 6 月 19 日。

17. 《明星印刷所经理徐尚珍等被审》，《民国日报》1925 年 7 月 11 日。

18. 《商务印书馆编译所所长王云五、发行所所长郭梅生受审》，《民国日报》1925 年 9 月 26 日。

19. 《东方杂志发行〈五卅事件临时增刊〉》，《东方杂志》第二十二卷，第十二号，1925 年 6 月。

20. 《沪廨交涉》，《国闻周报》第 3 卷，第 21 期。

21. 《杂评》，《东方杂志》第二十三卷，第十一号，1926 年 6 月。

22. 《粤人两团体欢迎上海临时法院院长卢兴原记》，《申报》1927 年 6 月 2 日。

23. 《法官惩戒委员会议决卢兴原应受免职处分》，《申报》1928 年 7 月 16 日。

24. 《卢兴原呈国民政府文》，《申报》1928 年 7 月 18 日。

25. 《梁鋆立对惩戒卢兴原之谈话》，《申报》1928 年 7 月 23 日。

26. 《临时法院移交问题》，《申报》1928 年 7 月 1 日。

27.《卢兴原昨仍到临时法院办公》，《申报》1928 年 7 月 29 日。

28.《卢兴原去矣》，《申报》1928 年 7 月 26 日。

29.《临时法院新旧易长昨日交替》，《申报》1928 年 8 月 1 日。

30.《全国律师协会力争收回临时法院问题》，《申报》1929 年 5 月 22 日。

31.《昨日王正廷抵沪后谈话》，《申报》1929 年 11 月 8 日。

32.《改组临时法院会议各国派定代表》，《申报》1929 年 12 月 2 日。

33.《临时法院会议继续讨论双方提案》，《申报》1929 年 12 月 14 日。

34.《临时法院会议外委允向本国请示》，《申报》1929 年 12 月 15 日。

35.《临时法院会议今日继续开会》，《申报》1929 年 12 月 19 日。

36.《临时法院会议改组临时法院》，《申报》1930 年 1 月 11 日。

37.《改组沪法院案》，《申报》1930 年 1 月 19 日。

五　外文资料

1. Shanghai Municipal Archives, *The Minutes of Shanghai Municipal Council*, Shanghai Classics Publishing House, 2001.

2. Stephens. Thomas B. , *Order and Discipline in China: the Shanghai Mixed Court* 1911—1927. Seattle: University of Washington Press, 1992.

3. A. M. Kotenev, *Shanghai: Its Mixed Court and Council*, North – China Daily News and Herald, 1925.

4. A. M. Kotenev, *Shanghai: Its Municipality and the Chinese*, North – China Daily News and Herald, 1927.

5. Willoughby, Westel Woodbury, *Foreign rights and interests in China*, The Johns Hopkins Press, 1920.

6. Willam Crane Johnstone, *The Shanghai Problem*, Stanford University Press, 1937.

7. Hsia Ching – lin, *The Status of Shanghai: a Historical Review of the International Settlement, its Future Development and Possibilities through Sino – Foreign Cooperation*, Shanghai: Kelly&Walsh, 1929.

8. Report of the Commission on Extraterritoriality in China, as published in Washington by the Department of State.

9. Hsia Ching – lin, *Status of Shanghai.* Kelly and walsh, Limited and at Hong Kong and Singapore, 1929.

10. G. W. Keeton, *The development of extraterritallity in China*, Longmans, Green and Co. London, hfew fork and Toronto, 1928.

11. Keeton George Williams, *The Development of Extraterritoriality in China.* New York: H. Fertig, 1969.

12. North China Herald.

13. North China Daily News.

14. The Shanghai Municipal Gazette.

15. Tomas F. Millard, *The End of Exterritoriality in China*, The A. B. C. Press, Shanghai, 1931.

后 记

本书是我 2010 年申报的"教育部人文社会科学研究青年基金项目"的研究成果。在拙著即将付梓之际，回想起本课题研究的前因后果，不由思绪万千，在此主要谈谈自己的一些感受以及对师友的诚挚感谢。

我之所以选择"从会审公廨到特区法院——上海公共租界法权变迁研究"作为研究课题，那还得从在复旦大学攻读博士学位说起。上海这三年，除了学习生活在复旦校园外，去得最多的要数上海档案馆和上海图书馆，这两处离学校较远，因而往往每去一处就是一天。主要的收获就是邂逅了清末民国时期大量的关于上海公共租界会审公廨、上海公共租界临时法院、上海公共租界特区法院的档案资料和相关的报刊杂志，这些文献资料尘封已久，却见证了近代上海公共租界的繁华和没落，更是近代中国中外关系的一个缩影。从历史研究这个角度来看，这些文献资料显然是弥足珍贵的故纸堆，大有挖掘之地，大有文章可做。于是，自己有意识地搜罗和积攒各种关于上海公共租界司法问题的史料，还购买了《上海公共租界董事局会议录》这样一套大部头的资料。所谓兵马未动，粮草先行。文献资料就是历史研究的"粮草"，在积累这些粮草的过程中，也经常和业师及学友商讨起相关的研究课题，得到他们的积极鼓励和支持帮助。

饮水思源，在本课题成果即将出版之际，我要特别感谢我的导师金光耀教授，金老师是我最敬重的老师。老师平时学术和管理工作十分繁忙，而在我这名学生身上花了大量的时间、精力和心血。老师是一位宽厚的长者，更是我的人生导师。老师的言谈举止让人如沐春风，润泽心脾。人生路上有幸遇到了这样一位好老师，使我受益终生。同时要十分感谢关心和帮助过我的复旦大学王立诚、吴景平、戴鞍钢、朱荫贵诸位教授，上海档案馆马长林先生是本课题领域著名的专家，本课题研究所取得的成就很大得益于马先生高屋建瓴的指导，在此特向先生致以深深的谢意！

此外，我要特别感谢中国社会科学出版社冯春凤主任，本书能够在较短时间内顺利出版，若没有冯老师的大力支持和帮助，是不可能的。冯主任亲自担任本书的审定和校对工作，一定花费了很多时间和很大的精力，给拙著增色不少。谢谢您，冯老师！

最后我要向父母和妻子致敬！父母含辛茹苦，因工作的关系，很少侍奉膝下，感恩之情难以言表。妻子是医生，因我之故，也喜欢上了历史和法律史，我们之间也有了更多的共同语言。是为记。

陈策 谨记

2015 年 7 月 9 日